PETER SAGAN

Ouvrage original publié au Royaume-Uni
par Yellow Jersey, une filiale de Vintage
20 Vauxhall Bridge Road
London SW1V 2SA
sous le titre *My World*

Édition française publiée par
TALENT SPORT
115 rue de l'Abbé Groult, 75015 Paris

ISBN : 978-2-37815-068-6

PETER SAGAN

MON MONDE

Traduit de l'anglais (Grande-Bretagne) par Yannick Brolles

Talent Éditions

À mon fils Marlon.
Ce livre raconte mes plus grandes victoires en cyclisme.
Tu es ma plus grande victoire dans la vie.

SOMMAIRE

23 SEPTEMBRE 2017

PROLOGUE

Pour la dixième fois aujourd'hui, nous avons vu les mâts des grands voiliers se rapprocher sur notre droite. Les senteurs ont changé comme à chacun de nos passages à cet endroit du parcours. L'air frais et humide d'un dimanche après-midi dans la campagne scandinave laisse la place aux effluves du port auxquelles sont venues se mêler les odeurs de grillades qui s'élèvent au-dessus des nombreux stands des vendeurs de sandwich en train de faire rôtir tous les morceaux de viande ou de poisson que l'on peut glisser l'intérieur d'une miche de pain et vendre à un fan de cyclisme affamé.

Nous sommes entrés dans le long virage qui sépare le front de mer des maisons de ville colorées qui donnent tout son charme à ce magnifique vieux port. À notre premier passage, après à peine 40 kilomètres de course, nous roulions à une allure plutôt tranquille. Il devait être à peine plus de onze heures. Lors de nos six passages suivants devant ces mats qui dansent et leurs gréements qui claquent au gré du vent, l'intensité s'était suffisamment élevée pour amputer le peloton de quelques unités à chaque passage. Nous étions environ deux cents ce matin. Après deux ou trois tours sélectifs sur ce petit circuit vallonné autour de Bergen, nous ne sommes plus qu'une soixantaine. Un membre de l'UCI fait vigoureusement retentir une grosse cloche en cuivre pour nous indiquer qu'il ne reste plus qu'un tour à parcourir. Je prends soudain conscience du numéro 1 dans mon dos. Il est environ quatre heures de l'après-midi et, pour encore environ une demi-heure, je suis le champion du monde en titre de l'UCI.

La course a été plutôt étrange.

Elle a commencé lentement. Ce n'était pas pour me déplaire. Cela faisait deux jours que je ne pouvais rien avaler, solide ou liquide, à cause d'un problème d'estomac survenu au plus mauvais moment, vendredi, chez moi, à Monaco et cela juste après une grippe qui m'a tenu loin de mon vélo pendant une semaine. Je ne vais pas me plaindre d'être malade parce que cela ne m'arrive pas souvent. Mais force est de reconnaître que les quinze derniers jours n'ont pas été la préparation que j'aurais aimé suivre avant l'un des événements les plus importants du calendrier cycliste. Cela fait deux ans que je suis champion du monde et il y a de grandes chances que je doive abandonner le maillot arc-en-ciel aujourd'hui, et ce même si j'avais été en pleine forme. La plupart des suiveurs prédisaient que le circuit serait trop difficile pour un coureur qu'ils considéraient davantage comme un sprinteur capable de passer une bosse qu'un véritable *puncheur* comme Julian Alaphilippe, Philippe Gilbert ou mon prédécesseur, Michal Kwiatkowski (ou Kwiato comme nous l'appelons). Ils estimaient aussi que je serais trop bien marqué par mes rivaux pour espérer l'emporter une troisième fois dans une course dont les coureurs des plus grosses équipes prendraient le départ en sifflant intérieurement « Won't Get Fooled Again[1] ». Les parieurs avisés pensaient que les équipes plus nombreuses empêcheraient notre petite troupe de frères slovaques de contrôler la course.

Une échappée était partie de bonne heure. Le départ avait été donné dans une petite ville voisine à partir de laquelle nous avions rejoint le petit circuit autour de Bergen qui traversait le centre-ville, le port, le front de mer, Salmon Hill et que nous allions devoir effectuer douze fois. La majorité des courses sont extrêmement agitées pendant la première heure, lorsque tout le monde essaie de se faufiler dans l'échappée qui durera tout au long de la course avant d'être inévitablement reprise par les meilleurs coureurs. Mais, heureusement pour mon estomac en vrac, ce ne fut pas le cas. Une échappée s'était constituée. Lorsqu'elle a compté dix minutes d'avance, tous les prétendants à la victoire ont commencé à rouler un peu et je commençais à me sentir de nouveau dans la peau d'un coureur cycliste.

J'aurais déjà dû être là depuis environ dix jours. J'avais prévu de rejoindre mes équipiers de BORA-hansgrohe pour disputer le contre-la-montre par équipes dimanche dernier. Le CLM par équipes est une épreuve que l'UCI a récemment ajoutée au calendrier des Championnats du monde de cyclisme. C'est une épreuve un peu étrange parce que les coureurs y défendent les intérêts de leur équipe professionnelle et non pas ceux de leur pays comme dans toutes les autres épreuves des Championnats du monde. Et c'est justement la possibilité d'agiter un drapeau plutôt qu'une casquette à l'effigie d'une banque, d'un constructeur cycliste ou d'une hotte de cuisine qui explique le succès des Championnats du monde auprès du public. Et, bien sûr, à

1. *Titre des Who publié en 1971 sur l'album* Who's Next *que l'on peut traduire par « On ne m'aura pas cette fois » (NDT).*

l'instar de toutes les épreuves courues sur un circuit et non pas entre deux villes distantes, elle est plus facile à suivre pour les supporters qui viennent du monde entier pour encourager leurs champions, boire et – espérons-le – faire la fête. Des disciplines exigeantes dans lesquelles les Slovaques sont passés maîtres.

BORA-hansgrohe a signé quelques places dans les dix premiers pendant mon absence. Mes coéquipiers slovaques s'attendaient à devoir disputer l'épreuve sur route sans moi. J'avais réussi à extraire ma pauvre carcasse du lit pour prendre l'avion à Nice, la veille. Mais j'avais passé la plus grande partie des 2500 kilomètres accroupi à côté de la cuvette des toilettes.

Je m'étais fait plutôt discret sur la ligne de départ, heureux et franchement surpris d'être là. Lors de notre premier passage sur la ligne d'arrivée, en entrant sur le circuit de Bergen, je me suis tourné vers mon frère, Juraj[2], qui roulait à mes côtés. Nous étions tous les deux resplendissant dans nos tenues rouge, blanc et bleu aux couleurs de la Slovaquie. Je lui ai dit, « Regarde-la bien, je ne pense pas que nous la reverrons. »

Mais l'allure régulière me convenait à merveille, tout comme les températures clémentes. Un an auparavant, j'avais remporté le titre dans la chaleur étouffante du Qatar. Je n'imaginais pas mon corps déshydraté y parvenir à nouveau. Le climat norvégien était beaucoup plus accueillant.

Je me suis dissimulé au milieu du peloton qui se réduisait petit à petit au fur et à mesure que la course avançait. Il y a toujours un grand nombre d'abandons aux Championnats du monde, et ce pour plusieurs raisons. Un : les nations envoient des coureurs pour faire le nombre et faire acte de présence pour conserver le même nombre de coureurs lors des prochaines éditions. Deux : beaucoup de coureurs sont là pour contrôler les

---

2. Prononciation « youraille » (NDT).

échappées, leur faire la chasse ou s'y glisser pendant la première partie de la course pour défendre les intérêts de leurs leaders. Ils ont, par conséquent, rempli leur mission avant que la vraie course commence. Trois : la course est vraiment, vraiment longue – 267 kilomètres en 2017 – à la fin d'une longue saison et vous devez passer plusieurs fois devant des endroits chauds et accueillants. Vous pouvez sentir votre guidon tourner tout seul, l'attraction magnétique se faisant plus forte à chaque passage. Vous pouvez même apercevoir votre hôtel depuis la route.

La course a été régulière jusqu'à cinq tours de l'arrivée. Le moment que les coureurs néerlandais ont choisi pour se positionner en tête de peloton et où tout s'est accéléré. Les équipes néerlandaises semblent toujours venir aux Championnats du monde avec toute une tripotée de coureurs puissants et lorsque, dans le peloton, vous apercevez un groupe de coureurs avoisinant les quatre-vingts kilos et mesurant plus d'un mètre quatre-vingt avec un maillot orange se porter à l'avant du peloton, vous savez qu'il est temps de serrer les dents et de respirer un grand coup. Le voyant « attachez vos ceintures » s'allume dans votre tête. Vous savez que ça va secouer.

Paradoxalement, aucun coureur hollandais n'a remporté le titre depuis ma naissance. Mais même si cela fait longtemps qu'ils n'ont pas été couronnés, ils ont conservé leur statut de faiseurs de roi, parfois par inadvertance.

J'avais réussi plusieurs tests. Je les ai passés en revue dans ma tête. Test numéro un : arriver à Bergen. Réussi. Test numéro deux : prendre le départ de la course. Réussi. Test numéro trois : avoir l'air d'un cycliste pendant une heure. Réussi.

Et voilà le test numéro quatre : survivre à une accélération. Eh bien, j'allais connaître la réponse sous peu. Quand il faut y aller, il faut y aller, Peter.

Nous n'étions plus qu'une centaine. À la fin d'une course, les journalistes me demandent souvent comment les choses se sont décantées. Surtout lorsque je l'ai emporté. Un peu comme s'il s'agissait d'un roman que j'aurais écrit, en donnant vie aux différents personnages, mis au point le scénario, jeté en pâture deux ou trois fausse-pistes et mis le héros en péril. C'est une idée séduisante et je vois pourquoi ils aimeraient que je réponde à cette question mais c'est impossible. Ils ont raison de croire à l'existence d'un récit. Mais je n'en suis pas l'auteur. Il y a une centaine de coureurs, chacun a son histoire, et chaque histoire est différente. Je ne peux que leur raconter la mienne. Vous connaissez les caméras GoPro ? Elles sont géniales, n'est-ce pas ? Une caméra fixée à l'avant d'un vélo vous permettrait de voir la course de l'intérieur et ce qui se passe au milieu d'un peloton. Imaginez à présent que ce soit votre *seul* moyen de regarder la course. Les Championnats du monde à Bergen sans les hélicoptères, sans les motos, sans les caméras sur la ligne d'arrivée, sans les commentaires et cela pendant six heures et demie. Eh bien, vous verriez mon histoire, mon film, ma version étriquée des faits au milieu de ces cent autres versions. Et je ne crois pas que cela intéresserait beaucoup de téléspectateurs.

Je me suis accroché. Les yeux rivés sur la roue arrière du coureur qui me précédait. Je me suis caché. Vraiment. J'ai l'habitude de rouler près de la tête pour voir ce qu'il s'y passe et cela me faisait tout drôle de me trouver trente roues derrière. Mais je ne pensais pas à la victoire. Je pensais à rester en course et à conclure dignement mes deux années passées dans ce maillot arc-en-ciel au fabuleux passé.

Le bruit autour du circuit n'a pas faibli un instant. Cependant, même lorsque la course s'est accélérée, il était impossible de ne pas voir l'énorme contingent de fans slovaques qui avaient fait le voyage jusqu'en Norvège. Les drapeaux de mon pays flottaient haut dans le ciel sur des immenses poteaux. Chaque fois que j'entendais quelqu'un hurler mon nom, je me sentais un peu plus fort. Chaque cri émanant d'une bouche slovaque, sur le bord de la route, me rappelait qu'il y avait tout une nation, restée au pays, en train de m'encourager et de prier pour que l'impossible advienne. Il y avait des milliers de casques vikings, rouge, bleu et blanc, aux couleurs de la Norvège, une foule immense qui agitait des drapeaux, des hot-dogs ou des cannettes de bière. Le fumet des saucisses de Frankfort roussies ou les volutes de poisson fumé grillé formaient, devant chaque groupe, des rideaux d'odeurs à travers lesquels nous passions. Les fans suisses faisaient tinter d'improbables immenses cloches à vache. Aucune vache ne pourrait survivre, sur le Matterhorn[3], avec une cloche de cette taille accrochée à son cou. Il y avait aussi une profusion de Union Jacks : impossible pour les fanatiques britanniques de résister à un vol sur une compagnie low-cost pour s'offrir un week-end fantastique. Les rangées de supporters français et italiens étaient plus clairsemées mais donnaient de la voix pour encourager leur coureur favori. Et ils étaient faciles à reconnaître grâce à leurs t-shirts sur lesquels ils imploraient Tony Gallopin, Warren Barguil, Gianni Moscon ou encore Sonny Colbrelli de leur rapporter le maillot arc-en-ciel.

Je m'étais habitué à porter ce maillot au cours des vingt-quatre derniers mois et j'ai compris que je n'avais ni la force ni l'envie de le céder à un autre coureur. J'étais redevenu un coureur anonyme vêtu de ma tenue nationale dans laquelle le public a peu l'habitude de me voir au milieu d'un gros peloton en train d'accélérer, et pas Peter Sagan ou le champion du monde de l'UCI. Je n'étais qu'une des plumes d'une aile d'aigle en train

---

3. Nom allemand du célèbre Pic Cervin, à la frontière italo-suisse, haut de 4478 mètres (NDT).

de battre. Je n'entendais plus les « Peter ! » ou « Sagan ! » que me garantissent les rayures arc-en-ciel, surtout en étant aussi loin de la tête de la course. Cela ne me déplaisait pas d'être anonyme mais si je pensais que ce sentiment d'anonymat s'étendait à mes rivaux, je me racontais des histoires. Ils savaient que j'étais toujours là et pas en train de me réchauffer les orteils sur la table de massage ou dans un bain chaud à l'hôtel.

Il restait deux ascensions de Salmon Hill. À l'avant-dernière, les Néerlandais ont décidé de changer de braquet. Tom Dumoulin a durci la course et s'est montré un digne descendant de la longue lignée de spécialistes du contre-la-montre que compte le cyclisme néerlandais. Le peloton s'est soudain étiré et réduit de moitié. C'était le dernier arrêt pour beaucoup de coureurs qui, leur course terminée, décidèrent de finir tranquillement. Mais j'étais encore là, à ma grande surprise. Il restait un tour. La cloche a retenti pour nous indiquer ce que nous savions déjà. Je portais le numéro 1 mais j'entrais dans ma dernière demi-heure dans mes habits du champion du monde.

Avant la course, le nom de Julian Alaphilippe était sur presque toutes les lèvres. Ce jeune coureur français avait déjà fait une grosse impression sur la caravane grâce à plusieurs attaques osées – des échappées précoces qui avaient changé le visage de la course – et il avait rapidement gagné le respect de ses coéquipiers plus titrés et plus expérimentés de la Quick-Step. Pendant sa première saison, en 2015, il avait terminé deuxième, derrière moi, sur le Tour de Californie, sur La Flèche Wallonne et (à la grande surprise de beaucoup) sur Liège-Bastogne-Liège. Passer aussi près de remporter un Monument aussi long et aussi difficile que la plus vieille course cycliste à l'âge de 22 ans est un exploit incroyable. Sa carrière ressemblait un peu à la mienne au premier abord, mais en y regardant de plus près, vous constateriez qu'il est un meilleur grimpeur que moi et possède une accélération en côte de feu.

Alaphilippe nous avait fait admirer ses semelles immaculées en fibre de carbone sur les pentes de Salmon Hill lors de sa dernière ascension. Les Français étaient devenus fous. Je me trouvais environ vingt roues plus bas, en train d'essayer de comprendre ce qui se passait. Il m'avait semblé voir deux favoris, Philippe Gilbert ou Niki Terpstra, essayer de combler l'écart mais je n'en étais pas sûr. Je ne savais pas non plus si nous avions repris tous les fuyards. La confusion régnait et il ne restait plus que 10 kilomètres.

Je ne peux pas vous expliquer à quel point il est plus difficile de réagir aux changements d'allure après 250 kilomètres qu'après 150, une distance plus proche de celle des étapes moyennes pour sprinteurs sur un grand Tour. C'est un autre sport. J'ai regardé autour de moi, encore abasourdi de ne pas être en train de monter dans le bus avec les autres, et j'ai constaté qu'il restait tout un tas de coureurs rapides. Matteo Trentin, Fernando Gaviria, Michael Matthews, Alexander Kristoff, Edvald Boasson Hagen, Ben Swift... Une troupe de sprinteurs d'élite. Les choses s'annonçaient mal. À cet instant, dans une course longue et difficile, je voudrais à tout prix rattraper un groupe d'échappés si je pensais être le plus rapide du groupe de chasse. Mais je n'étais pas certain de battre ces mecs lorsque j'étais à mon meilleur niveau, et donc encore moins alors que j'étais avachi sur les toilettes de l'hôtel quelques heures plus tôt. Oui, je me sentais étonnamment en forme à présent, mais je n'avais aucune idée de ce qui se passerait si j'essayais de sprinter.

J'ai testé mes jambes en me portant au-devant de la meute pour la première fois depuis le départ, six heures plus tôt. Selon la sagesse populaire, pour aborder un virage en cyclisme, vous devez freiner, couper l'apex et accélérer. Quelques essais – et quelques erreurs – m'ont appris qu'en prenant large, vous n'avez pas besoin de freiner. Cela vous propulse, comme une fronde, et vous permet de sortir du virage plus vite que les autres. Pendant que Ben Swift essayait de combler l'écart avec tous ceux qui étaient devant nous, j'ai tenté cette manœuvre pour le rejoindre et inciter le groupe de poursuivants à augmenter l'allure. Je me suis instantanément souvenu ce que c'était que d'être Peter Sagan lorsque tout le monde s'est calé dans ma roue… et y est resté. Ils n'avaient pas envie de rattraper ces mecs ? Il restait environ 4 kilomètres à parcourir. Cinq minutes encore dans mes habits de champion du monde.

J'estimais que nous devions être encore une quinzaine dans mon groupe. Par la suite, nous avons appris que la retransmission télé a coupé à cet instant. Une panne qui a engendré confusion et désespoir sur le final et qui a été fatale à énormément d'ongles dans le public et le staff des équipes.

Sans preuve visuelle, je pourrais vous raconter n'importe quoi. Je pourrais, par exemple, vous dire que j'ai remonté tout le monde sur la roue arrière avant de mettre une terrible mine qui a laissé tout le monde sans réaction plusieurs kilomètres derrière, mais que je me suis ensuite arrêté pour prendre une bière à l'avant-dernier virage et les ai laissés me rattraper parce que je ne voulais pas ruiner la journée de tout le monde.

En réalité, il régnait la même confusion dans le peloton que devant les écrans de télévision vides. Dans le final, nous avons dépassé Vasil Kiryienka et Lukas Pöstlberger, mon coéquipier chez BORA-hansgrohe, qui courait pour l'Autriche. Tout le monde a été repris ? Non. Je n'avais pas vu Alaphilippe. Et j'étais certain d'avoir vu un Colombien plus loin sur la route,

Rigoberto Urán ou Fernando Gaviria ou peut-être même les deux. Oh ! C'est qui ce Danois ? Mais qui est en tête de la course ? Et va-t-on les rattraper ?

Oublie ça, Peter ! Tu sprintes jusqu'à la ligne et il sera toujours temps de s'inquiéter des positions ensuite. Nous roulions à bloc sur le port et il restait un virage à gauche et un à droite puis une ligne droite d'environ 300 mètres jusqu'à la ligne d'arrivée. Mon cœur battait à tout rompre. Je sentais l'odeur du sang. Tu es si proche, Peter. Ne te pose pas de question !

Alberto Bettiol roulait à bloc devant et il était clair que c'était le début du sprint. Personne ne faisait semblant. Tout le monde était à la limite après six heures et demie de course et je ne savais toujours pas s'il y avait quelqu'un à l'avant. L'écouteur qui me reliait à Ján Valach, dans la voiture de l'équipe slovaque, ne m'était d'aucune utilité à cause de l'interruption de la retransmission télé qui avait semé la confusion dans la caravane autant que dans le peloton. Je n'avais pas la possibilité de ralentir pour observer mes rivaux. Bettiol abattait un travail fantastique pour son partenaire plus rapide, Matteo Trentin. Mais cela faisait les affaires de tous ceux qui comptaient disputer le sprint. Putain ! Je ne pensais pas rouler aussi vite sur un vélo après 267 kilomètres. J'ai rarement roulé sur 267 kilomètres pendant ma carrière et encore moins eu envie de sprinter après cela.

Je n'arrivais pas à m'entendre réfléchir. Le bruit était énorme, surtout à cause de l'homme dans la roue duquel je m'étais positionné, Alexander Kristoff, le régional de la course, qui vivait peut-être le tournant de sa carrière. Il est très rapide, surtout lorsqu'il peut partir de loin parce que sa puissance lui permet de conserver sa pointe de vitesse très longtemps. Je les ai observés, lui, Trentin, Matthews et tous les autres et je me suis dit que si je devais parier sur le vainqueur, je miserais sur Kristoff sans hésiter. Sérieusement. Il était mon favori depuis l'annonce du choix de la ville hôte, plusieurs années auparavant – je n'allais pas changer d'avis à 500 mètres de la ligne.

Nous avons tourné à gauche. Les hurlements sont montés d'une octave. Les cris vikings ont envahi le circuit lorsque Kristoff a commencé sa longue accélération. Cela a mis fin à mes derniers doutes. Tous les fuyards avaient été repris. Nous étions en train de sprinter pour gagner le droit de porter cette tunique arc-en-ciel pendant la prochaine saison. *Mon* maillot arc-en-ciel. Je t'aime bien Alexander, tu es un chic type mais c'est *mon maillot.*

Il a négocié le dernier virage serré à droite à la perfection et était déjà en train de sprinter à fond. Bettiol était cuit. Ma manœuvre de la fronde a été annihilée par la vitesse de Kristoff. Mais, derrière moi, je pouvais sentir l'écart se creuser avec Matthews, Trentin et les autres. Ils s'attendaient à ce que le sprint commence après le virage et l'astucieuse accélération de Kristoff avait pris tout le monde par surprise. Cela allait se jouer entre lui et moi. Je n'avais plus qu'à dépasser ce grand gaillard norvégien. Je l'avais déjà fait. Mais lui aussi m'avait déjà battu.

300 mètres. C'est une distance fichtrement longue pour rouler à bloc. Derrière Mark Cavendish, j'aurais eu confiance en mes chances si j'avais pu rester dans sa roue après son démarrage explosif. Si nous avions été vingt à la lutte pour une place, j'aurais misé sur ma faculté à trouver une ouverture pour m'y engouffrer. Mais nous n'étions que deux sur cette large chaussée en train de lutter *mano* a *mano* pour l'or et ce mec était le plus rapide sur une longue ligne droite.

Les cris sont devenus encore plus perçants. Je n'aurais pas cru qu'il soit possible d'atteindre ces tonalités. J'avais l'impression que tout le pays hurlait aux oreilles de Kristoff et soufflait dans son dos pour lui faire franchir la ligne. Après avoir frôlé le point de rupture en essayant de rester dans sa roue pendant les premiers 100 mètres, j'ai essayé de profiter de son aspiration pour le dépasser. Oh, mon Dieu, il était trop rapide. Mon dernier gros effort qui m'a vidé le réservoir m'avait permis de revenir à sa hauteur mais le dernier coup de revolver, la dernière balle qui vous permet de dépasser le dernier coureur dans un sprint, a refusé de quitter le barillet. J'étais à sa hauteur. L'aspiration avait disparu. Il avait encore le nez devant. Il restait encore 2 mètres. Il doit être champion du monde.

En 2016, à Berne, en Suisse, sur le Tour de France, j'avais battu Kristoff de la largeur d'un pneu. Juste parce que j'avais réussi à « jeter » mon vélo sur la ligne au bon moment alors qu'il était encore en train de sprinter. Me souvenant de la Suisse, j'ai poussé avec mes bras de toutes mes forces vers l'avant, le dos projeté à l'arrière de la selle. Mes jambes étaient tendues, mes bras étaient tendus. Kristoff avait adopté une posture similaire sur ma gauche.

J'attendais derrière la ligne d'arrivée en avalant le maximum d'air en cherchant des yeux le résultat. Est-ce que j'en avais assez fait ? Est-ce que j'avais trop attendu ? Chaque seconde semblait s'écouler au ralenti. Je regardais désespérément autour de moi à la recherche d'un indice sur le résultat. La photo finish est enfin arrivée et elle était sans équivoque. Sa roue avant était une tranche de boyau de course derrière la mienne lorsque nous avons franchi la ligne.

Un énorme contingent de fans slovaques a fait exploser le cordon de sécurité et s'est précipité vers moi en hurlant pour m'étreindre et me féliciter. Ils étaient tellement contents pour moi et je l'étais pour eux. Nous avions réussi l'impossible, moi, Juraj, mes coéquipiers de l'équipe nationale, ces incroyables fans, tout le monde au pays. Champion du monde de l'UCI, trois fois de suite. Un maillot arc-en-ciel et une médaille d'or aux États-Unis, une au Moyen Orient, une en Scandinavie. Un exploit que personne n'avait encore réussi. Et voilà qu'un gamin soi-disant un peu sauvage, un peu fou, originaire d'un pays qui ne donnait naissance qu'à des joueurs de hockey et qui n'était indépendant de ses puissants voisins que depuis vingt-cinq ans venait d'y parvenir. Comment diable cela a-t-il pu se produire ?

PREMIÈRE PARTIE

RICHMOND

2015

HIVER

S'il y a une centaine de coureurs sur la ligne de départ, il y aura une centaine d'histoires à raconter à la fin de la course. Une centaine de carrières pourraient donner vie à une centaine de livres. Tout le monde est remarquable mais personne n'est spécial.

Je vous dis cela au début de mon histoire parce qu'il est important de se souvenir que tout le monde a une histoire. La mienne n'est pas plus importante que celle d'un autre. Elle est juste différente. Tout comme l'histoire de chacun est différente de la mienne et différente de celle des autres.

Mon histoire a changé depuis le début de ma carrière. Elle a changé au cours des trois dernières années et elle changera au cours de la prochaine. Elle changera avant que je termine ce livre. La vôtre aussi. Regardons les choses en face, certaines de nos histoires auront changé pendant que j'écris cette phrase.

Ce que j'essaie de vous dire, c'est que je ne peux pas vous raconter l'histoire de ma vie. Parce que ma vie change tous les jours. Comme la vôtre. Comme celle de tout le monde. Je n'ai que vingt-huit ans. J'espère être assis dans un grand fauteuil en cuir, une pipe qui empeste à la bouche, en train de passer la main dans ce qui me restera de cheveux blancs, lorsque je raconterai l'histoire de ma vie. Mais, indubitablement, il y a quelque chose que je peux vous raconter. Je peux vous raconter comment j'ai remporté trois titres consécutifs de champion du monde cycliste sur route. Et je suis le seul à pouvoir le faire. Personne, à ce jour, n'avait remporté ce titre trois années d'affilée.

La vie peut changer en un clin d'œil. Des portes se ferment, Des portes s'ouvrent. Vous pouvez gagner. Vous pouvez chuter. Vous pouvez tomber amoureux. Vous pouvez perdre quelqu'un en une seconde.

Il n'empêche qu'en janvier 2015, ma vie se trouvait à un carrefour important.

J'avais vingt-quatre ans. J'étais originaire de Žilina[4], en Slovaquie, mais je vivais à présent à Monte-Carlo. J'étais cycliste professionnel depuis cinq ans, période pendant laquelle j'avais remporté soixante-cinq courses, quatre titres de champion de Slovaquie et trois maillots verts sur le Tour de France.

Et, pour la première fois de ma carrière, je changeais d'équipe.

Je suppose que je devrais revenir un peu en arrière pour vous expliquer comment je suis arrivé à ce carrefour. Commençons par le début.

Gamin, j'adorais disputer des courses cyclistes et les gagner. Vous avez peut-être entendu certaines histoires à propos de courses sur lesquelles je serais arrivé sur un vélo emprunté à sa sœur ou sur un vélo acheté pour quelques *koruna*[5] au supermarché du

4. Prononciation « jilina » (NDT).

5. Couronne tchèque (NDT).

coin, en baskets et en t-shirts, pour battre tout le monde. Je ne dis pas que ces histoires sont fausses, juste qu'elles ne sont pas importantes. La Slovaquie était un pays émergent, en plein essor après un long sommeil derrière le rideau de fer. Un pays libéré de son mariage de raison avec les Tchèques, une séparation décrite dans les livres d'histoire sous le nom de « révolution de velours ». Tous les gamins croquaient la vie à pleines dents. J'avais deux frères aînés, Milan et Juraj et une sœur, Daniela. Mon père me conduisait sur toutes les courses cyclistes. Bien au-delà de Žilina et bien au-delà de la Slovaquie : Pologne, République Tchèque, Autriche, Slovénie, Italie… Nous allions partout. VTT, cyclo-cross – cela n'avait aucune importance. Je voulais juste courir. Parce que je gagnais et que j'aimais ça.

Je gagnais suffisamment de courses pour attirer l'attention des équipes professionnelles. Pendant ma dernière année junior, j'ai effectué un essai chez Quick-Step, dans leur centre de formation, la pépinière dans laquelle tellement de jeunes talents ont éclos. Un bâtiment anonyme que l'on pourrait facilement confondre avec une usinc ou lc bureau régional d'une entreprise quelconque, dans les couloirs duquel avaient résonné les cris de nombreux jeunes champions au cours des vingt dernières années. Au final, c'est ce grand nombre de jeunes cyclistes qui s'est révélé un frein à ma progression. Chaque année, ce centre de formation sort, littéralement, des centaines de gamins. Quick-Step garde aussi un œil sur des milliers d'autres juniors tout autour du globe dans l'espoir de découvrir le nouveau Merckx, Kelly ou Indurain. Mes résultats, en course et aux tests passés pendant mon séjour en ces lieux, ne me permettaient pas de m'élever au-dessus des autres juniors prometteurs. Ils m'ont conseillé de travailler dur chez les moins de vingt-trois ans pendant encore deux saisons et m'ont assuré qu'ils continueraient de suivre ma progression.

Ils ne me l'ont pas dit négativement mais c'est ainsi que je l'ai ressenti. Et donc, lorsque l'équipe Liquigas m'a contacté et m'a annoncé qu'ils étaient prêts à m'accueillir tout de suite, je n'ai pas hésité un instant. Ils n'avaient pas besoin d'attendre et je n'allais certainement pas attendre un appel de Quick-Step qui ne viendrait peut-être jamais.

Il y avait des quotas pour les coureurs étrangers dans les équipes de moins de vingt-trois ans en Italie. J'ai donc continué de courir dans le championnat national Slovaque, en VTT et sur route, et d'enchaîner les courses en Slovaquie, en Italie, en Allemagne et en Croatie. Je ne disputerai peut-être pas le Tour de France pour Liquigas mais j'avais dix-neuf ans et j'étais cycliste professionnel dans une équipe continentale gagnant mille euros par moi. C'était plutôt cool.

En juillet 2009, Liquigas m'a demandé de venir rencontrer l'équipe sur le Tour de Pologne. Ivan Basso en était le leader. C'est là que j'ai fait la connaissance de plusieurs coureurs qui deviendront des proches au fil des ans, des mecs comme Maciej Bodnar, Daniel Oss qui vient de me rejoindre chez BORA-hansgrohe et, surtout, Sylwester Szmyd, un excellent ami depuis de nombreuses années qui est aujourd'hui mon coach.

Cette présentation était la façon de Liquigas de me dire : « Tu fais partie de l'équipe. » Je n'avais que dix-neuf ans mais j'en avais fini avec les courses chez les moins de vingt-trois ans, les tribulations d'un coin à l'autre de l'Europe dans mon maillot slovaque et les courses de VTT. J'étais professionnel à plein temps sur le Pro Tour.

Liquigas m'a dégotté un appartement à San Donà di Piave, à côté de Venise. Il n'était pas très grand mais c'était chez moi. Mon frère Juraj et Maroš Hlad, mon soigneur au pays, sont venus habiter avec moi. C'était le début de la Team Peter, une petite troupe d'amis qui peuvent compter les uns sur les autres en toutes circonstances. J'avais également désormais un agent : Giovanni Lombardi, un ancien coureur de talent qui avait servi de poisson pilote à Erik Zabel lors de la conquête de la plupart de ses nombreux maillots verts. Giovanni ou Lomba, comme nous l'appelons affectueusement, a été le premier à entrevoir le potentiel de la Team Peter et il est celui qui a le plus fait pour qu'elle voie le jour. La Team Peter est officiellement née lorsque Juraj a signé son premier contrat pro chez Liquigas, grâce à Giovanni. Il savait que mon frère était assez bon pour passer pro mais il savait aussi qu'il se battrait comme un fou pour me protéger, sur le vélo et en dehors. Avec Juraj et Maroš, nous habitions ensemble, en Vénétie, mais nous nous étions rapprochés des montagnes pour pouvoir varier un peu les entraînements. Nous y avons vécu des moments extraordinaires. Nous y sommes restés deux ans jusqu'à ce que je déménage pour Monaco sur le conseil de Giovanni.

J'ai disputé ma première course professionnelle en 2010, au Tour Down Under. C'était la première fois que je me rendais à Adélaïde mais je connaissais un peu l'Australie. Six mois auparavant, j'avais disputé les Championnats du monde de VTT 2009 de l'UCI dans la capitale du pays, Canberra, où je m'étais classé quatrième chez les moins de vingt-trois ans. J'avais adoré la chaleur d'Adélaïde en janvier, pouvoir rouler tous les jours en short et en maillot sans avoir besoin de manchettes ou accessoires du même ordre. C'est un pays à part qui possède ses propres senteurs, l'eucalyptus ou le gommier comme les Australiens l'appellent. Chaque fois que je sens cette odeur dans un autre pays du globe, je me retrouve immédiatement transporté vers ces journées ensoleillées dans l'hémisphère sud, ces journées chaudes où le sol semble écrasé par la chaleur qui le surplombe.

J'aime aussi la course. Pas de longs transferts entre les étapes, pas besoin de faire sa valise tous les jours et le même hôtel sympa pendant toute la course. Comme dans tous les métiers, la vie de coureur cycliste professionnel comporte des aspects fastidieux. Je ne sais pas pourquoi mais, pendant le Tour Down Under, ces aspects sont moins présents. J'apprécie aussi de plus en plus la décontraction des Australiens en général. Rien n'est jamais vraiment un problème. Ils ont cette lueur dans le regard qui semble dire : Pourquoi cette tête d'enterrement ?

La course a été un peu mouvementée de l'autre côté du globe. J'ai couru, sprinté, chuté mais, dans l'ensemble, j'en étais ressorti en me disant, Eh bien, je n'ai que vingt ans et c'était ma première course. Si ces mecs qui ont tous la trentaine ont plusieurs années de course au compteur, je crois que je pourrais en remporter quelques-unes d'ici peu.

Et ce jour est arrivé dès notre retour en Europe. Je n'avais pas prévu de disputer une grosse course comme Paris-Nice aussi tôt, mais Bodnar étant malade, l'équipe a décidé de me lancer dans le grand bain, histoire de m'aguerrir mais sans rien attendre de ma part. Il gelait sur le centre de la France. Sur la deuxième étape qui nous conduisait à Limoges, il y a eu une chute, à 500 mètres de la ligne, provoquée par une collision entre les différents trains de sprinteurs. Comme toujours, je sprintais tout seul, l'œil rivé sur les roues devant moi. La chute m'a offert une ouverture et je m'y suis engouffré pour filer vers la ligne mais, juste au moment où je pensais que j'allais remporter ma première victoire, j'ai compris que j'avais produit mon effort trop tôt et le rapide sprinteur français, William Bonnet, m'a dépassé un peu avant la ligne.

J'ai été déçu pendant environ deux minutes. Jusqu'à ce que je comprenne que j'avais presque remporté ma première course en Europe, et sur une grosse course en plus. Les victoires finiraient par venir.

Et elles sont venues. La première, le lendemain lorsque j'ai réglé au sprint le petit groupe d'échappés avec lequel j'avais faussé compagnie au gros de la troupe au milieu de la campagne vallonnée. J'avais l'impression d'être à Žilina : un ciel gris qui semblait se fondre avec l'horizon et des rafales de neige qui ont obligé les organisateurs à supprimer les 50 premiers kilomètres.

Trois jours plus tard, je remettais ça. Cette fois en attaquant à 3 kilomètres de la ligne, alors que tout le monde attendait le sprint, pour arriver à Aix-en-Provence deux secondes avant tout le monde. C'est après cette victoire que les journalistes m'ont posé, pour la première fois, la question que j'entendrais très souvent tout au long de ma carrière chez les pros : « Êtes-vous un sprinteur ? »

C'est sur ce Paris-Nice que j'ai remporté mon premier classement aux points. Debout sur le podium, à côté d'Alberto Contador qui avait remporté la course avec son panache habituel, je me suis dit, *Peter, tu pourrais y prendre goût.*

J'ai également remporté le classement aux points sur le Tour de Californie. La saison s'est poursuivie. Un an plus tard, j'ai de nouveau remporté le maillot vert en Californie. J'ai ensuite remporté trois étapes sur mon premier grand tour, La Vuelta, où j'ai réussi à boucler les trois semaines de compétition. Au total, j'ai remporté quinze courses en 2011 et seize en 2012.

C'est au printemps 2012 que j'ai vraiment commencé à pointer le bout de mon nez sur les Classiques. Je n'ai pas réussi à m'imposer mais j'ai terminé dans les dix premiers sur

Milan-San Remo, Gand-Wevelgem et le Tour des Flandres. J'ai même réussi à monter sur le podium dans une course aussi vallonnée que l'Amstel Gold Race. Les journalistes m'ont demandé si en devenant un spécialiste des Classiques, je ne risquais pas d'émousser mes qualités de sprinteur. C'est une question complètement stupide. Un sprint pour remporter une étape dans une course où, pour la plupart des combattants, la priorité est de prendre, indemne, le départ de l'étape du lendemain n'a rien à voir avec une victoire sur un Monument comme le Tour des Flandres ou Paris-Roubaix. Tout d'abord, parce que sur une Classique, c'est « tout ou rien ». Vous gagnez ou vous rentrez chez vous. Il n'y a pas de deuxième chance qui vous attend le lendemain. En d'autres termes, ce sont des courses sur lesquelles l'ordre du jour se résume à marche ou crève. Un état de fait auquel s'ajoute la distance. Milan-San Remo peut avoisiner les 300 kilomètres. Le peloton jaillit de Milan sur le col du Turchino tels des lévriers bondissant hors de leur trappe. L'endurance dont vous avez besoin pour prétendre à la victoire après sept heures de course n'est pas la même que celle dont a besoin un pistard pour dépasser un adversaire sur le vélodrome olympique après deux tours de piste. Soudain, « sprinteur » devient un terme beaucoup plus compliqué qu'il ne le paraît de prime abord.

Le dernier outil dont vous avez besoin pour remporter une Classique reste l'expérience. Les Classiques ont une longue histoire. Des coureurs comme Cancellara ou Boonen qui les ont remportées plusieurs fois, connaissent chaque côte, chaque virage ou chaque secteur pavé comme les rues de leur quartier. En comparaison, la plupart des courses à étapes sont des kermesses itinérantes. Dans le final d'une étape du Tour de France, vous essayez de vous souvenir du roadbook que vous avez lu, pour la première fois, dans le bus de l'équipe et consulté une dernière fois le matin, avant le départ. Est-ce qu'il y a un virage ? C'est un virage à gauche ou à droite ? À quelle distance de la ligne ? Y aura-t-il vent de face ?

Mélangez le tout et vous n'avez besoin que d'une chose : toute la chance du monde.

J'avais eu l'occasion de montrer au monde que je savais sprinter, en juillet, lorsque j'avais disputé mon premier Tour de France.

Pendant une virée en boîte de nuit, à Žilina, avec Milan et tous mes potes, pour je ne sais quelle raison – et cette raison était probablement la bière – nous avons fait la danse du poulet, coudes et genoux écartés, nous nous dandinions autour du bar comme les adolescents attardés que nous étions. Et, comme Gabriele Uboldi, mon manager, vous le dira, parce qu'il en a perdu un paquet, un pari me donne toujours un surplus de motivation. Lorsque la première étape du Tour est arrivée sur la Côte de Seraing, une des montées escarpées que Liège-Bastogne-Liège escalade chaque année, je n'avais qu'une idée en tête : si j'arrivais le premier au sommet, je pourrais faire la danse du poulet sur la ligne d'arrivée comme je l'avais promis à mes potes, au pays.

Fabian Cancellara a tout donné dès que la route a commencé à s'élever et j'ai dû m'employer pour rester dans sa roue. Il portait le maillot jaune après sa victoire sur le prologue, la veille, et il était déterminé à remporter deux étapes en deux jours. Lorsque je me suis porté à sa hauteur, sur la partie la plus pentue de la côte, j'ai regardé derrière nous et j'ai vu que seul Edvald Boasson Hagen avait pu nous suivre. Le reste du peloton était englué plus bas. Au sommet, à quelques centaines de mètres de la ligne, Cancellara a essayé de m'inciter à le doubler.

Mais j'ai gardé la tête basse, les yeux rivés sur sa roue. Je savais que si je pouvais le laisser lancer le sprint, j'avais de grandes chances de le battre. Boasson Hagen était lui aussi collé à ma roue. Il pensait probablement la même chose que moi. Le peloton se rapprochait et, juste au moment où j'ai cru perdre mes nerfs et attaquer, craignant que nous nous fassions reprendre à 200 mètres de la ligne, Cancellara a heureusement lancé le sprint.

Il l'a fait au moment idéal pour moi, juste avant que l'allure chute. Je l'ai dépassé facilement pour remporter ma première étape sur le Tour de France et j'ai pu, pendant les quelques mètres en roue libre qui me séparaient de la ligne, faire la danse du poulet. Cancellara m'en a voulu. D'abord parce qu'il estimait que j'avais profité de son travail pour lui chiper la victoire. Ce qui était vrai, mais il était une superstar et moi, un débutant. Mais aussi à cause de cette célébration qui l'a vraiment énervé. Il l'a prise comme un affront personnel et un manque de respect.

À Paris, sur la ligne d'arrivée, je portais mon premier maillot vert et j'avais pu ajouter l'Incroyable Hulk et une imitation d'un homme en train de courir à la liste de mes célébrations. J'avais remporté une autre étape mais j'étais tombé en panne d'imagination pour célébrer mes victoires. Au moins, Cancellara savait à présent que ma célébration ne lui était pas destinée.

2013 avait été ma meilleure année jusque-là. J'avais remporté vingt-deux victoires dans toutes sortes de courses et sur toutes sortes de terrains. J'étais le cycliste qui avait eu le plus de succès sur le Pro Tour cette année-là. Ou, devrais-je dire, celui qui a remporté le plus de courses, à l'américaine ? Une formulation horrible mais plus adéquate. Qui peut dire qu'un coureur qui a remporté vingt-deux courses a eu plus de succès que celui qui a remporté le Tour de France et dix-sept autres courses comme l'a fait Chris Froome cette année-là ?

Et pourtant, au début de l'année, j'avais bien cru que ce serait l'année des deuxièmes places. Au mois de mars, j'ai terminé deuxième aux Strade Bianche, à Milan-San Remo, à l'E3 Harelbeke et sur le Tour des Flandres. Au milieu de cette série, j'ai remporté ma première Classique. Enfin. Un froid mordant s'était abattu sur la Belgique. Gand-Wevelgem a bien failli être annulé. Les organisateurs ont décidé d'amputer la course de 50 kilomètres. Cela m'a bien sûr arrangé, l'endurance étant (un avis qui n'engage que moi) l'apanage des coureurs plus âgés. J'ai fait toute la course aux avant-postes. À 4 kilomètres de la ligne, alors que mes camarades d'échappée se demandaient comment ils allaient me battre au sprint, j'ai attaqué pour l'emporter en solitaire. J'en ai profité pour gratifier le public de quelques roues arrière, histoire de faire plaisir aux spectateurs qui avaient bravé l'hypothermie pour me voir triompher.

Je suppose, avec le recul, que 2014 n'était pas mal non plus avec un troisième maillot vert d'affilée sur le Tour de France et sept victoires. Mais, en vérité, c'était l'enfer. J'étais assez réaliste pour comprendre que, jusque-là, ma trajectoire vers les sommets avait été telle qu'il me faudrait peut-être adapter ma stratégie de course à cause de mon nouveau statut. Tout le monde me connaissait et j'étais, à présent, marqué de près sur chaque course. Nul doute que cela risquait de réduire quelque peu mon nombre de victoires. J'ai décidé de me concentrer de plus en plus sur les grandes courses comme les Flandres et Roubaix qui seront toujours difficiles à remporter – c'est dans leur ADN – et sur lesquelles tout le monde a besoin d'un petit coup de pouce de la chance. Je pouvais même accepter de faire un peu de surplace pendant une saison si c'était le prix à payer pour gagner davantage par la suite.

Mais ce n'était pas du surplace que je faisais. C'était de la merde. J'étais nul à pleurer. J'étais épuisé tout le temps. J'avais encore remporté le maillot vert mais le Tour 2014 fut le premier sur lequel je n'ai pas remporté la moindre étape. Aucune célébration loufoque. Merde, pas même une célébration tout court. J'avais l'impression d'avoir laissé tomber tout le monde : mes amis, ma famille, la Team Peter, mes coéquipiers, Cannondale (le nouveau nom de Liquigas), tout le monde.

Il était temps de changer quelque chose. Ou alors de rentrer à la maison à Žilina et raccrocher mon vélo.

LA SLOVAQUIE

J'adore la Slovaquie. Il y a quelque chose d'excitant à être originaire d'un pays aussi jeune et aussi fier. Vous avez toujours l'impression de faire les choses pour la première fois. Cela semble fou quand on y réfléchit. Le peuple slovaque existe depuis deux mille ans. Nous possédons notre propre langue et notre propre style d'architecture médiévale, reconnaissable au premier coup d'œil.

Nous manquons cependant de souvenirs contemporains. La Slovaquie a passé la plus grosse partie du vingtième siècle tiraillée entre deux puissances rivales, l'Allemagne et l'Union Soviétique. Et pendant le plus gros de cette période, nous étions associés à nos voisins Tchèques desquels nous nous sommes finalement séparés avec une simple poignée de main et un au revoir, en 1993, un processus sans acrimonie que le monde entier connaît sous le nom de « révolution de velours ». Nous partageons encore beaucoup de choses avec les Tchèques. Ils produisent de la bière. Nous n'avons donc rien à gagner à nous fâcher avec eux. Oh, et nous faisons partie de l'UE aussi. Je suis impatient d'entendre un ami britannique m'expliquer pourquoi sortir de l'Europe est une si brillante idée. Et cela fait un petit moment que j'attends.

Nous sommes environ cinq millions de Slovaques. Cela nous place, en termes de taille de population, à peu près au même niveau que la Norvège, la Finlande et la République d'Irlande – oui je sais me servir de Google et de Wikipédia, merci – mais nous manquons de héros nationaux en histoire, en art ou en sport. D'où l'importance, pour les Slovaques, d'avoir un champion du monde en quelque chose. Je ressens véritablement un mélange de pression et de fierté. Impossible de l'éviter, lorsque tout le monde, dans la rue, veut vous serrer la main ou veut prendre un selfie avec vous, et je n'aurais pas le mauvais goût de le leur refuser. À leur place, j'en voudrais un moi aussi. Et comme nous ne sommes que cinq millions, j'accepte assez systématiquement d'en faire un avec tous ceux qui me le demandent. Ce n'est pas que je sois super célèbre, mais c'est plutôt que nous n'avons pas beaucoup de célébrités, si vous voyez ce que je veux dire. Les Slovaques n'ont pas trop le culte de la célébrité. Personne ne se jettera à vos pieds et personne ne fera de trucs stupides. Nous ne sommes pas d'un naturel exubérant.

Serais-je le coureur que je suis devenu si j'avais grandi ailleurs qu'en Slovaquie ? C'est une très bonne question. On me pose sans cesse des questions sur mes frasques sur le vélo. Ma façon de rouler, les trucs, les roues arrière, les facéties, ma faculté à éviter les chutes, ce genre de choses. Les gens me disent souvent, « Peto, c'est parce que tu viens du BMX que tu fais des roues arrière. Eh Peter, tu peux monter sur le toit de la voiture avec ton vélo pour le mettre sur le rack parce que tu as fait du VTT. »

C'est vrai, dans une certaine mesure. Vous avez besoin de tout un tas de qualités pour faire du BMX et du VTT. Mais je possédais beaucoup de ces qualités avant de pratiquer ces deux disciplines. Je pense que la formation la plus bénéfique pour n'importe quel sportif professionnel, dans à peu près tous les sports, est de passer son enfance à jouer dehors. Et, plus jeune, on m'a laissé toute latitude d'explorer et de jouer dans la campagne slovaque. Les autres familles me trouvaient probablement sauvage... En été, je grimpais aux arbres, je me promenais dans la forêt, je nageais dans les lacs et les rivières et je construisais des abris et des camps. En hiver, nous faisions du ski, de la luge et nous organisions les plus grosses batailles de boules de neige du monde.

En jouant et en prenant des risques, vous acquérez certaines compétences et certaines techniques. La coordination est probablement celle qui me vient en premier à l'esprit, mais vous acquérez également de la force. Vous apprenez aussi ce que votre corps est capable de faire, vous prenez conscience de vos limites et vous essayez de les fixer à un niveau plus élevé. C'est vraiment un excellent entraînement pour les footballeurs, les hockeyeurs ou les cyclistes. Aujourd'hui, dans les descentes en montagne ou lorsque je mets mes nerfs à l'épreuve dans un sprint massif très disputé, je me sers de ce que j'ai appris, enfant, avec mes grands frères, dans la campagne slovaque.

Je ne suis pas le premier champion cycliste slovaque. Cet honneur revient à Ján Valach qui a couru pour plusieurs équipes internationales et a participé aux grosses courses jusqu'en 2010. Il était le seul que nous pouvions prendre pour modèle lorsque nous étions jeunes. Mais, surtout, Ján avait une vision à long terme. Il était de ce fait l'homme idéal pour permettre au cyclisme slovaque de prendre son envol et d'obtenir des résultats avec l'équipe nationale. Il conduisait la voiture de l'équipe slovaque lors de chacun de mes succès au championnat du monde et j'ai également la chance, aujourd'hui, de l'avoir avec nous chez BORA-hansgrohe.

Malheureusement ces rôles de directeur sportif clairvoyant à Richmond, Doha ou Bergen ne sont qu'une partie de l'histoire. L'autre partie est le triste récit de ma Slovaquie telle que je la vois aujourd'hui.

Ján a commencé à s'impliquer dans les instances cyclistes bien avant la fin de sa carrière. Il voyait que la fédération slovaque ne possédait aucune ambition à long terme et que leur organisation avait des airs de fête du village. Sur la scène internationale, nous faisions rigoler. Avec Juraj et les autres, nous devions compter sur la motivation de nos parents pour nous conduire sur les courses au centre de l'Europe. Mon contemporain, Michal Kwiato, vous racontera que lorsqu'il se rendait sur une course junior, disons en Croatie, avec l'équipe de Pologne, il avait un vélo et une tenue assortis, etc. Une course sur laquelle j'arrivais dans la voiture de mon père, assis à l'arrière, les roues de mon vélo coincées sous mes pieds et mes chaussures de cyclisme calées sous le siège passager.

Ján était déterminé à y mettre fin et a exigé que l'argent perçu par la fédération soit redistribué aux coureurs licenciés. Vous imaginez bien que les costards qui tenaient les cordons de la bourse n'étaient pas très chauds à l'idée de priver leurs petits clubs et leurs petites courses de leur financement. Il y a eu aussi d'autres scandales – la construction du vélodrome national a été attribuée à un promoteur et il était convenu que cet argent servirait à construire un vélodrome dernier cri. Inutile de vous dire que nous l'attendons toujours. Il arrive un moment où un homme se fatigue à force de se cogner la tête contre des murs et Ján a préféré quitter les instances dirigeantes et consacrer toute son énergie à sa fonction de directeur sportif de l'équipe nationale. C'est dans ce rôle qu'il a eu le plus d'influence sur ma carrière. Quant à son ambition pour le cyclisme slovaque, elle continue de prendre la poussière.

La chose dont je suis le plus fier en Slovaquie, c'est la Peter Sagan Academy. Je l'ai montée après une discussion avec Ján dans laquelle je l'avais entendu expliquer que le programme national avait besoin d'être amélioré et qu'il rencontrait de la résistance à tous les étages.

Il y a trois ans, j'ai repris l'équipe cycliste junior au sein de laquelle j'ai appris mon métier pour les remercier et essayer d'offrir à d'autres gamins une chance de percer. Nous l'avons rebaptisée la Peter Sagan Academy pour lui donner un peu de notoriété et j'y ai investi un peu d'argent. Mon nom leur permet aussi d'attirer plus facilement d'autres sponsors. La fédération nationale s'attendait encore à ce que les parents paient pour que leurs gamins puissent courir et les transportent, à leurs frais, dans toute l'Europe. Aujourd'hui, grâce au sponsoring de Robert Spinazzè, le PDG du Groupe Spinazzè – qui fabrique des poteaux en béton et des structures pour protéger les vergers et les vignes – nous pouvons mettre en place un programme qui nous permet d'emmener des garçons et des filles qui ont entre huit et dix-huit ans sur les mêmes courses que les fédérations allemande, italienne et polonaise. Robert est un passionné de cyclisme et son implication est essentielle pour poursuivre notre recherche de futurs champions. Sportful, l'équipementier sportif, nous a lui aussi rejoints et fournit toutes les tenues aux membres de l'Academy et aux coureurs de l'équipe. Sans leur soutien, nous aurions été contraints de revoir nos ambitions à la baisse. Nous avons également créé une équipe de moins de vingt-trois ans pour leur permettre de poursuivre leur formation et de continuer de travailler ensemble au sein d'une équipe. L'objectif ultime est d'avoir davantage de coureurs slovaques dans le peloton professionnel et peut-être, un jour, une équipe Pro Tour basée en Slovaquie. Nous comptons aujourd'hui quatre-vingt-cinq coureurs en formation dans les rangs de l'Academy. J'espère qu'elle sera bientôt autonome lorsque les top teams commenceront à profiter des talents qui commencent à en sortir. Les grosses équipes cyclistes n'ont pas un besoin pressant d'investir dans la jeunesse comme peuvent le faire les clubs de football européens. Ce sont des entreprises commerciales éphémères avec des objectifs à court terme. Un programme qui part de la base comme celui-ci pourrait vraiment faire la différence. Beaucoup de facteurs peuvent éloigner des gamins prometteurs du cyclisme : le besoin de gagner de l'argent, les études pour avoir des carrières plus lucratives, les autres sports avec de meilleurs investissements qui écrèment les talents.

Il y a aussi le Peter Sagan Kids Tour, né en 2014. Ce sont des courses géniales. Chaque fois que je peux y assister, je passe un excellent moment. Il est dirigé par mon premier coach, Peter Zánický. Lorsque j'avais tout juste neuf ans, Peter nous emmenait, Juraj et moi, sur des courses à travers tout le pays. C'est tellement rassurant de savoir que mon ancien coach s'occupe, aujourd'hui, de presque cinq mille gamins enthousiastes qui viennent s'affronter et s'amuser au grand air pendant une journée. Aujourd'hui, le Kids Tour organise neuf courses, entre mars et septembre, chacune dans une jolie ville de Slovaquie. Cela fait tellement chaud au cœur de voir ces gosses, dont certains sont encore des bambins, rouler plus vite que leurs jambes le leur permettent sur leurs vélos équipés de roulettes sur ces courses. Une compétition est organisée sur chacune de ces étapes mais le principal est de permettre à toute la famille de passer une journée en plein air et, surtout, un bon moment ! À ce jour, des milliers de gamins y ont pris part et je suis certain qu'il y a plusieurs futures stars parmi eux. Ce sont les sourires sur leurs visages qui rendent cette entreprise particulièrement gratifiante.

J'aimerais croire que tous les jeunes Slovaques qui veulent faire carrière dans le cyclisme pourront le faire plus facilement que nous. Et, qui sait, peut-être qu'un jour ce sera moi qui serai assis dans la voiture en train d'encourager le prochain champion du monde slovaque. L'histoire se plaît à se répéter.

2015

PRINTEMPS

Oleg Tinkov est vraiment un drôle de zèbre. Drôle parce qu'il est toujours en train de faire le pitre, de raconter des blagues ou de commettre des impairs. Drôle parce qu'il ne peut pas s'empêcher de dire des choses qui ne devraient, en aucun cas, être dites. Mais drôle aussi parce qu'il est unique en son genre.

Ce n'était pas Oleg Tinkov qui m'avait convaincu de rejoindre l'équipe Tinkoff comme vous pourriez le croire. C'était Bjarne Riis qui était à l'origine du premier transfert de ma carrière.

Riis a embrassé la carrière de directeur sportif presque immédiatement après avoir pris sa retraite. Vainqueur du Tour de France en 1996, il s'était l'année suivante mis au service de Jan Ullrich, son jeune coéquipier, pour lui permettre de remporter le Tour. Très peu de temps après, il a joué un rôle essentiel dans la création de l'équipe danoise qui deviendrait CSC puis Saxo Bank, une équipe qui a remporté la plupart des courses qui pouvaient être remportées tout au long de sa carrière au sein des pelotons. Il avait la réputation de tirer le maximum de coureurs qui, sans cela, auraient connu une carrière moins stellaire, voire pas de carrière du tout. Il semblait le choix idéal pour moi. Après avoir convaincu Tinkov de sponsoriser l'équipe, il avait vendu peu de temps après l'équipe à l'oligarque russe mais en était resté le grand chef avec un contrat courant sur trois ans.

Giovanni avait reçu des appels de BMC, Sky, Quick-Step et du pilote Fernando Alonso qui, apparemment, était en train de monter une équipe de haut niveau. Toutes ces équipes étaient intéressées pour signer la Team Peter pour la saison 2015. Mais, au final, en dépit du bruit et des discussions, seule Tinkoff s'était montrée prête à négocier. Le courant était bien passé avec Riis, l'équipe s'était montrée à notre écoute. Toutes les conditions semblaient réunies. Giovanni avait terminé sa carrière sous les ordres de Riis. Il avait aussi été son équipier pendant plusieurs saisons et ne tarissait pas d'éloges sur le Danois. Sérieux, digne de confiance, motivé et fin stratège. Nouvelle équipe, nouveaux collègues, nouveaux systèmes, nouveaux vélos… Nouvelle motivation.

Giovanni n'avait pas ménagé ses efforts pour que toute la Team Peter rejoigne la structure de Tinkoff. Plus facile à dire qu'à faire. Il fallait rassurer les coureurs et les soigneurs qui travaillaient dans l'équipe depuis plusieurs années si tous les nombreux bras de la Team Peter devaient rejoindre Tinkoff. Au final, Juraj et Maroš m'ont accompagné.

Du jour au lendemain nous nous sommes retrouvés dans une plus grande organisation, dotée d'une approche plus professionnelle, avec des attentes plus importantes et la pression qui les accompagne.

L'UCI avait durci ses règlements dans un souci de mieux protéger la santé des coureurs mais aussi de repérer toute évolution suspecte des performances due au dopage. En toute honnêteté, une des choses qui me tapaient le plus sur les nerfs, chez Cannondale, était de devoir transmettre, chaque jour, mes statistiques : statistiques à l'entraînement, fréquences cardiaques, puissance, calories ingérées, nombre de respirations, nombre de fois où je suis allé pisser… Cela me prenait la tête. Mais je savais qu'il fallait en passer par là et je m'étais mis à la disposition de ma nouvelle équipe. Bjarne Riis m'avait alloué comme coach Bobby Julich, un coureur qui avait eu de bons résultats sous ses ordres chez CSC et, aujourd'hui, un coach reconnu dans le peloton.

Je m'entretenais avec Bobby tous les jours. « Comment te sens-tu, Peter ? Qu'est-ce que tu as fait aujourd'hui, Peter ? Quelle était ta fréquence cardiaque au repos, Peter ? Quelle était ta fréquence cardiaque pendant la séance, Peter ? Comment dors-tu, Peter ? Qu'est-ce que tu as mangé, Peter ? Quelle était la couleur de ta merde, Peter ? »

Pendant que j'essayais de m'adapter à cette nouvelle méthode de travail intrusive, les choses ont commencé à se dégrader chez Tinkoff. Il était évident que Bjarne et Oleg se livraient une sorte de lutte de pouvoir pour le contrôle de l'équipe. Je ne les connaissais ni l'un ni l'autre, pas plus que je connaissais les autres membres de l'équipe. Je ne savais donc pas si c'était le fonctionnement normal. Cependant, si j'en croyais les plus anciens membres de l'équipe, les choses avaient empiré depuis que Bjarne avait vendu l'équipe à Oleg. Par la suite, Bjarne prétendra qu'Oleg était jaloux des relations privilégiées qu'il entretenait avec les coureurs et le staff. Oleg prétendra que Bjarne le voyait uniquement comme un bailleur de fonds dont le seul rôle se limitait à financer tout ce que Bjarne voulait et que ce dernier le traitait comme de la merde. Comme d'habitude, dans ce genre de conflits, la vérité se trouve quelque part entre ces deux versions. Bjarne et Oleg avaient, bien sûr, des caractères diamétralement opposés. Bjarne pèse chaque mot qu'il prononce et est persuadé que le rire est une dépense d'énergie inutile. Oleg n'a aucun filtre entre le cerveau et la bouche et balance la moindre de ses pensées à la face du monde y compris celles qui se révélaient insultantes ou outrancières. Les gens pensent probablement que je ressemble plus à Oleg alors qu'en vérité, je n'aime pas la grossièreté, chez moi comme chez les autres. Mon père ne m'a jamais rien laissé passer sur ce plan lorsque j'étais enfant et cela est resté. Malgré mes extravagances, j'essaie toujours de me montrer poli.

En mars 2015, sur le Tirreno-Adriatico, Oleg voulait que nous roulions à bloc tous les jours. Alberto Contador était notre leader et Oleg voulait que nous attaquions constamment Nairo Quintana pour lui ravir la tête de la course alors que Bjarne souhaitait adopter une stratégie plus prudente en ce tout début de saison. Il a esquissé un geste de la main en direction du maillot du leader du classement aux points que je détenais et évoqué les deux étapes que j'avais remportées mais en réalité il avait ignoré Oleg. Et il n'y a rien qu'Oleg déteste plus que d'être ignoré. Après une étape, Oleg est venu à l'hôtel dans la soirée pour affirmer son autorité. Il a été furieux d'apprendre que Bjarne était sorti dîner avec des amis. Après s'être défoulé sur les meubles pendant deux heures, il a confronté Bjarne à son retour devant le bus de l'équipe sans faire aucun cas de tous ceux qui nous entouraient. Ils ont eu un échange violent devant tout le monde. Les autres équipes, les officiels de la course, les journalistes, tout le monde.

Après la course, je me sentais bien. Un peu fatigué mais je pensais que toutes ces séances difficiles, si tôt dans la saison, constituaient une excellente préparation pour les Classiques. Comme chaque année, c'est Milan-San Remo – la « Classicissima », la « Primavera » et une course que je pensais pouvoir remporter – qui ouvrirait le bal quelques jours plus tard. Au lieu de rentrer à Monte-Carlo avec ma petite amie Katarina, nous sommes restés chez Bjarne avec sa famille en Suisse. La fatigue était toujours là, mais c'était très sympa : rouler sur des routes bien entretenues, sur lesquelles il y avait peu de circulation, sous la direction de Bjarne qui me distillait ses conseils et ses consignes d'une voix calme et, le soir, un repas agréable avec sa famille. De plus, étant avec Bjarne, je n'avais plus besoin de discuter toutes les deux minutes avec Bobby : « Quelle était l'odeur de ta pisse, Peter, aujourd'hui ? Peux-tu me dire combien tu as de poils sur ton gros orteil, Peter ? »

Le vendredi matin, après l'excellent dîner de la veille, nous nous sommes dit au revoir. Il était convenu que nous nous retrouverions à Milan, le lendemain.

Samedi est arrivé mais pas Bjarne. La confusion et les rumeurs ont commencé à se propager au sein de l'équipe. Où était Bjarne ? Que s'était-il passé ? Est-ce que Oleg en avait eu assez ? C'est au dîner, à l'hôtel où séjournait l'équipe ce soir-là, que la nouvelle est tombée officiellement : Bjarne avait été licencié avec effet immédiat.

À la réunion d'avant course, les coureurs étaient prostrés, arborant une attitude entre les vieilles femmes que l'on voit se lamenter aux enterrements en se tordant les mains et les gamins dans la cour d'école lorsque l'un d'eux a envoyé le ballon de l'autre côté du mur dans les jardins. « Qu'allons-nous faire ? Qu'allons-nous faiiiiiire ? »

J'ai pris la parole. « Eh, les gars. Ce n'est qu'une course cycliste. *Che cazzo ?*[6] Ce n'était pas comme si Bjarne devait pédaler

6. *« C'est quoi ce bordel ? » en italien (NDT).*

à notre place. Nous nous levons demain matin. Nous enfilons des vêtements chauds. Nous passons le Turchino. Nous descendons sur la Riviera. Nous enlevons nos vestes et nos jambières. Nous passons les *capi*[7]. Nous disputons le sprint à San Remo. C'est plutôt simple. »

C'était, en effet, plutôt simple. Lorsque nous sommes arrivés sur le final, j'étais aux premières loges. Alexander Kristoff avait demandé à Luca Paolini de lancer le sprint de loin comme il l'aime. Il est très rapide lorsqu'il est lancé mais il n'a pas l'explosivité du punch d'un Cavendish. J'ai essayé de réagir mais 290 kilomètres est une sacrée longue distance en mars, surtout lorsque vous sortez de préparation à moitié mort. Mes jambes m'ont parfaitement fait comprendre qu'elles n'avaient pas envie de sprinter. Seul John Degenkolb a pu dépasser Kristoff et Michael Matthews m'a évincé du podium. Eh bien, au moins je n'aurais pas beaucoup de kilomètres à faire pour rentrer chez moi.

Génial. Le mec qui m'avait fait venir venait de prendre la porte. Et il me laissait en plan avec un coach qui me détruisait semaine après semaine. Bobby ne me comprenait pas et je ne supportais pas ses interventions incessantes.

J'ai de la chance. Je n'ai jamais eu de problème de motivation pour m'entraîner. Si je veux gagner, je dois être en forme. Et si je veux être en forme, je dois m'entraîner. Mais cela se résume à ça : se préparer pour la course. Et pas s'entraîner pour le simple plaisir de s'entraîner. Cette méthode fonctionne peut-être avec d'autres coureurs : les spécialistes des courses à étapes, par exemple, comme Alberto Contador ou Chris Froome, qui ne disputent pas beaucoup de courses et ont besoin d'un

---

7. « Les cols » en italien (NDT).

programme d'entraînement pour être certains d'arriver sur leurs courses au sommet de leur forme. Ils peuvent aussi utiliser les courses d'une semaine en Espagne, le Dauphiné ou le Tour de Romandie comme préparation. Prenons l'année 2018 à titre de comparaison. J'ai remporté ma première course en Australie, en janvier. Depuis, j'ai essayé de remporter deux courses par semaine jusqu'aux Championnats du monde, en septembre, avec deux semaines de repos, par ci ou par-là, pour bonne conduite ou, comme ce fut le cas l'année dernière, pour mauvaise conduite, mais nous y reviendrons plus tard.

S'entraîner juste pour être en forme. Des chiffres étonnants. Wow. Et bien en ce qui me concerne, personne n'a encore remporté de course sur un capteur de puissance. Personne ne s'est vu attribué de points UCI pour avoir porté le maillot de la puissance maximale. Chris Froome, lui-même, doit arrêter de regarder son ordinateur, enfiler ses chaussures de cycliste et escalader des cols de temps en temps. S'entraîner pour le plaisir de s'entraîner. Voilà à quoi ressemblaient mes séances avec Bobby. Il était obsédé par mes chiffres. Je devais faire exactement ce qu'il demandait, jour après jour, et passer le reste de la journée à en discuter avec lui. J'étais épuisé et cela me déprimait. J'ai pensé débrancher mon téléphone ou dire que j'étais malade. Cela devenait ridicule. J'adore m'entraîner mais ces séances me tuaient. Assassiné par des chiffres.

Tous les coaches que je rencontre me demandent la même chose : « Veux-tu devenir meilleur en montagne ? Meilleur au sprint ? Meilleur en contre-la-montre ? » Des questions auxquelles je réponds invariablement : Pourquoi vouloir changer la nature ? Je suis ce que je suis. Je vais bien. Et si quelque chose n'est pas cassé, pourquoi essayer de le réparer ? Je suis persuadé qu'en opérant un changement important pour améliorer une facette de votre performance, vous devrez en payer le prix dans un autre domaine. Les coureurs qui perdent du poids pour mieux grimper perdent leur entrain. Ceux qui améliorent leur endurance sont incapables de sprinter. Pour améliorer son aérodynamisme, un coureur doit perdre de la puissance. Et je pourrais multiplier les exemples pendant des heures. Je suis certain que vous comprenez ce que je veux dire.

Le problème était relativement simple. Oubliez les fréquences cardiaques au repos, le contenu en lipides, le nombre de watts et les algorithmes d'entraînement. J'étais tout simplement épuisé, crevé. Au bout du rouleau. Mais je continuais de sortir m'entraîner autour de Monaco. Je suivais à la lettre tous les programmes que Bobby avait élaborés à mon attention.

J'ai disputé les Classiques du Nord, et de mon propre aveu, ce fut un désastre. J'étais à chier. L'année où j'étais supposé y signer ma première victoire. Plus de secondes ou de troisièmes places, plus de victoires qui m'échappaient de justesse. Autant dire la vérité. J'en étais très loin. Fin avril, j'avais oublié à quoi ressemblait un podium.

L'équipe faisait la gueule. Il y avait tout un tas de rumeurs qui bruissaient à propos de ce qui n'allait pas. Je ne peux pas affirmer que Bobby ait vraiment prononcé ces paroles, mais on m'a rapporté qu'il aurait déclaré à l'équipe que j'avais trop couru depuis que j'avais signé pro et que j'étais déjà cramé, et que jamais je ne regagnerai la moindre course. J'avais vingt-cinq ans, et j'étais fini. Un pari qui n'en vaut plus la chandelle. Un cheval de course dont les genoux avaient lâché.

« Si vous le dites ! Allez-vous faire foutre ! J'arrête », leur avais-je balancé.

Dans ma tête, je me voyais déjà en ex-coureur professionnel, allongé sur la plage avec Katarina. Au moins, il me restait deux ou trois histoires à raconter, à propos de mon passage dans le peloton. Peut-être qu'un jour j'écrirais un livre.

Giovanni a activé le mode gestion de crise. Pour être honnête envers lui, il m'a toujours soutenu quelles que soient mes décisions. Il ne subissait aucune pression pour me tirer de là, il ne ressentait aucune colère ni déception, il voulait juste que je me sente bien. Juste de l'inquiétude à mon propos. Il avait peur que je fasse quelque chose de stupide.

Je venais de signer, quelques mois plus tôt, un des contrats les plus lucratifs du sport qui courait sur trois ans. Je n'avais qu'à me pointer, courir, faire de mon mieux, remplir mes obligations et, au bout de trois ans, je pourrais prendre ma retraite et permettre à ma famille de vivre confortablement pour le reste de sa vie. Je n'avais pas à me soucier de Bobby. Je n'avais pas à me soucier d'Oleg. Je n'avais pas à me soucier de l'équipe. Je n'avais à me soucier de rien. C'était le boulot de Lomba. Après tout, n'avait-on pas mis sur pied la Team Peter pour cela ? Relax, mec. Pourquoi cette tête d'enterrement ?

Au final, la solution de Giovanni était la plus sensée. Il était clair qu'il me fallait un nouveau coach, un homme qui était sur le point de devenir le nouveau membre important de la Tem Peter. Patxi Vila appartenait à l'équipe Tinkoff mais il était différent de Bobby. Un ancien coureur basque qui avait pris sa retraite depuis peu de temps mais qui n'avait pas atteint les sommets comme Bobby avait pu le faire. Mais c'était peut-être là que résidait sa force. Les vainqueurs sont souvent tellement obsédés par l'objectif qu'ils en oublient de faire attention aux besoins des autres. Un bon porteur d'eau doit être à l'écoute des besoins de son leader sans quoi il ne fera pas de vieux os dans la profession. Peut-être est-ce là une meilleure base pour devenir coach ?

Patxi a su faire preuve de psychologie au début, comme il me l'a expliqué par la suite. « J'ai compris tout de suite que tu savais ce que tu faisais. Tu ne manges pas n'importe quoi, ton poids ne varie pas beaucoup, tu as une solide constitution qui n'a pas besoin de beaucoup d'attention. Et, surtout, tu avais remporté une tripotée de courses sans avoir de coach attitré. »

Je l'aimais bien. Il n'était pas constamment sur mon dos.

« Le programme d'entraînement que j'ai établi pour toi au début n'était là que pour avoir quelque chose par écrit. » Nous sommes à notre hôtel de la Sierra Nevada où BORA-hansgrohe organise son traditionnel camp d'entraînement de février avant d'attaquer les Classiques en cette année 2018, en train de nous remémorer ces jours lointains. La nuit est tombée, il gèle dehors et le Wi-Fi n'est pas terrible. Alors autant s'asseoir et discuter. « Il était évident que tu savais parfaitement comment fonctionnait ton corps. J'ai compris que mon rôle serait de le rendre plus fort, pas de le démembrer. Si tu me disais que tu n'avais fait qu'une heure au lieu de quatre parce que tu ne te sentais pas en forme, je savais que c'était la bonne décision. C'était facile. »

Avec Patxi comme coach, j'ai lentement commencé à me détendre. Dans ma tête, j'étais déjà cuit. Je commençais à réfléchir aux choses qui étaient importantes : la santé, le bonheur, être moi-même, m'amuser. Il faut dresser un plan parce que cela vous indique la direction à suivre mais vous devez accepter l'idée qu'il n'est pas infaillible. Le cyclisme ne fonctionne pas ainsi. La vie ne fonctionne pas ainsi. Imaginons que vous ayez décidé d'être dans les dix premiers coureurs à 7 kilomètres de la ligne d'arrivée parce que la route rétrécit juste avant une petite bosse. Mais il y a une centaine de coureurs qui ont le même plan. Il y aura donc quatre-vingt-dix déçus. Mais que pouvez-vous y faire ? Arrêter et rentrer à la maison ? Vous devez vous adapter. Trouver un autre moyen. Accepter les événements et trouver un autre moyen. Il y a des choses sur lesquels vous n'avez aucune prise, les crevaisons et les chutes. J'ai décidé qu'à partir de cet instant, je ferai de mon mieux mais que j'accepterai les résultats, bons ou mauvais. Si je gagne, je gagne. Si je chute, je chute. Si je suis treizième et bien je suis treizième. Je serai toujours Peter après la ligne d'arrivée. Le ciel ne va pas me tomber sur la tête.

C'était ma philosophie lorsque j'ai commencé le vélo. Et puis, viennent les premières victoires. Vous enfilez la tenue de leader. La pression s'accumule et vous oubliez ce qui vous a permis de remporter ces victoires. Quand je repense à mes débuts, sur le Tour Down Under, je me souviens que j'étais convaincu de pouvoir remporter une course. Cinq ans plus tard, j'avais perdu ce sentiment. Il n'y avait pas que le surentraînement. Il y avait aussi les négociations de contrat, l'incertitude, la pression. Et là, pour me rassurer et me convaincre que je n'étais pas en train de perdre complètement la boule, le médecin de l'équipe nous a annoncé que les résultats des tests auxquels je m'étais soumis chez Tinkoff indiquaient que j'avais été handicapé par un virus pendant la plus grande partie de la saison. Merci ! Tout n'était donc pas de ma faute. Est-ce que Cannondale le savait ? Est-ce qu'ils ne m'ont rien dit parce qu'ils voulaient me voir prendre le départ de chaque course sachant que je m'apprêtais à les quitter à la fin de la saison ? Je l'ignore. Mais soit ils étaient au courant et ils ne m'ont rien dit, soit leur équipe médicale était bidon. L'un de ces scénarios devait être avéré.

Je continuais de discuter avec Patxi presque tous les jours pour l'informer de ce que je faisais mais la pression avait complètement disparu. Il ne me restait plus qu'à boucler la saison 2015. Je m'arrêtais bientôt. Pourquoi cette tête d'enterrement ?

*

À cette époque je savais à quel point j'appréciais le Tour de Californie. Cela ne faisait pas le moindre doute. Je l'avais disputé cinq fois et j'avais ramené cinq maillots verts. Les gens sont toujours ravis de vous voir mais ils vous laissent respirer. L'air sent bon, il y a un parfum d'orange. Les routes sont bonnes, l'allure est rapide mais l'ambiance y est détendue… Comment ne pas apprécier ?

Mon manager, Gabriele, prétend qu'il y a aussi, sur cette course, quelque chose qui me rappelle Giovanni : la plus grosse colline s'appelle le Mount Baldy[8]. Ne t'inquiète pas Gabriele, je suis sûr que Lomba ne lira jamais ces lignes.

Oleg, Bjarne et Bobby étaient à l'autre bout du monde. Tout comme les déceptions de Roubaix, des Flandres et de San Remo.

Mark Cavendish était bien là, lui, et il était en feu, avec ce sprint explosif que lui seul peut emmener, histoire de me rappeler à quoi ressemble un pur sprinteur. Il m'a fait admirer ses semelles sur les deux premières étapes et je me suis dit que mon total de maillots verts pourrait bien s'arrêter à cinq. Pas de souci. C'est bien d'avoir un plan mais lorsque votre plan ne fonctionne pas, il vous faut en trouver un autre.

L'étape trois faisait 170 kilomètres, avec six primes pour le leader de la montagne et une ascension de 3 000 mètres autour de San Jose. Pas une journée pour Sagan. Je me suis donc contenté de remporter le sprint pour la deuxième place – une échappée au long cours d'un Letton, Toms Skujinš, nous avait privés de la lutte pour la victoire.

Le lendemain, je me suis montré trop rapide pour Cav, pour une fois. J'ai fait rebondir ma roue deux fois en franchissant

---

8. Le Mont chauve (NDT).

la ligne et j'ai fait une grosse roue arrière pour montrer à quel point j'étais content. Débarrassé de la pression de l'emporter, je gagnais à nouveau et je me souvenais à quel point j'aimais ça.

Cav m'a rendu la monnaie de ma pièce sur l'étape suivante mais j'ai surpris tout le monde, y compris moi-même, en remportant l'avant-dernière étape. Rien d'étonnant, pensez-vous, Sagan, maudit goinfre, mais ne vous emballez pas... C'était un contre-la-montre. Dans mon nouveau mode je-me-fous-de-tout, j'ai survolé les 10 kilomètres pour non seulement remporter la victoire mais aussi le maillot jaune du leader du classement général. Pas ma couleur habituelle, mais j'ai aimé ça.

Cela m'a tellement plu que, sur l'étape reine du Mount Giovanni, pardon du Mount Baldy, je me suis accroché et j'ai terminé dans les dix premiers en perdant moins d'une minute sur Julian Alaphilippe. Je suis même arrivé dans la station de ski devant des grimpeurs comme Haimar Zubeldia et Gesink. Alaphilippe m'avait repris le maillot de leader mais seulement de deux secondes. Avec les bonus qui seraient distribués sur la dernière étape, j'avais bon espoir de le reprendre.

Avant la dernière étape, nous étions tous rassemblés devant la ligne de départ, impatients d'entendre le coup de pistolet du starter. C'était l'un des tours les plus serrés que j'avais disputés et tous les coureurs en lice jonglaient avec les chiffres afin de savoir comment cette dernière étape pourrait tourner à leur avantage. Pendant que nous attendions sur la ligne, Lomba a approché Cav et lui a innocemment demandé s'il avait l'intention de disputer les sprints intermédiaires afin de récolter les secondes de bonus qui y étaient distribuées. Comme je n'étais que deux secondes derrière Alaphilippe au classement, Cav a confirmé qu'il mettrait de côté ses ambitions pour se mettre au service du Français au général. Cependant, à peine avait-il répondu à la question de Lomba que son pneu a éclaté ! Juste devant lui ! Certainement un bon présage pour le reste de la journée et une discussion qui rendra Lomba hystérique pour le reste de la saison. Pour être honnête, Cav a dominé le sprint pour remporter l'étape et ça ne me dérangeait pas plus que ça – il avait volé toute la semaine – mais j'attendais nerveusement la confirmation que j'avais battu Tyler Farrar pour la troisième place et le bonus de quatre secondes. Comme d'habitude, Gabriele était confiant et m'a dit de ne pas m'inquiéter et, bien sûr, j'ai remporté le Tour de Californie.

Un cadeau de départ à la retraite, peut-être.

2015

ÉTÉ

Avec dans les jambes des kilomètres sous le soleil et un grand sourire sur le visage, j'ai pris la direction de Park City, dans l'Utah, complètement requinqué, pour un stage d'entraînement en altitude.

Au cours des dernières années, l'entraînement en altitude s'est révélé très bénéfique, mais c'est en 2016 que les choses ont véritablement décollé. Patxi m'a convaincu de son pouvoir et il ne s'est pas trompé. De plus, cela me permet de passer du temps dans des endroits magnifiques comme l'Utah, le Colorado ou la Sierra Nevada, en Espagne.

Pour comprendre les stages d'entraînement en altitude et leurs bienfaits, il faut en modifier quelque peu l'intitulé. Il ne faut pas parler d'entraînement en altitude mais de *vivre* en altitude *tout en* s'entraînant. En vivant et surtout en dormant à une altitude où l'air se raréfie, vous utilisez moins de carburant – d'oxygène – pour effectuer la charge de travail. Vous demandez à votre corps d'effectuer plus d'efforts pour faire ce que vous lui demandez mais vous lui apprenez en même temps à fonctionner de façon plus efficace et à optimiser les ressources dont il dispose. Vous enseignez à votre moteur à fonctionner avec moins de carburant. Vous devez toutefois faire attention à ne pas basculer dans le surentraînement. Si vous glissez dans ce fossé, il vous faudra beaucoup de temps pour remonter la pente et sortir du précipice. Je ne cours aucun risque sur ce plan avec Patxi parce qu'il maîtrise le sujet sur le bout des doigts, mais aussi parce qu'il sait que je lui dirai lorsque j'en aurai assez.

Vous entendrez beaucoup de coaches déclarer qu'il faut « dormir en haut et s'entraîner en bas ». Je suis convaincu que la deuxième partie est moins importante. Du moment que c'est de l'entraînement, je me fiche de l'endroit où je le fais. En Espagne, nous dormons en altitude mais nous travaillons la plupart du temps au niveau de la mer parce qu'il gèle là-haut, qu'il y a du verglas sur la route et beaucoup de circulation le week-end. Il faut dire que la topologie de la Sierra Nevada s'y prête tout particulièrement. Ce n'est qu'un énorme massif planté au milieu d'une plaine. Le matin, nous montons dans les voitures et nous descendons jusqu'à Grenade pour nous entraîner. Nous nous entraînons aussi un peu au contre-la-montre par équipe avec nos nouveaux vélos. Les routes tranquilles et les températures douces sont très agréables pour faire les séances techniques mais aussi pour rouler ensemble. S'il fait beau, nous rentrons à vélo, histoire de grimper un peu. Une trentaine de kilomètres difficiles sur des routes plutôt très fréquentées les samedis et dimanches. Rien de surprenant dans cette région dans laquelle vous pouvez passer, en deux heures, de la plage de Motril où il fait une vingtaine de degrés aux pistes de poudreuse sécurisées. Lorsque le temps est maussade en altitude, nous n'avons généralement pas trop de mal à convaincre Patxi que nous ferions mieux de prendre la direction de la route qui longe la plage.

Patxi appartient à cette génération de directeur sportif qui préfère rouler avec son équipe plutôt que rester assis dans la voiture à aboyer des instructions. Il se range en général très vite à notre avis. Un café. Une bière. Pourquoi cette tête d'enterrement ?

Il n'y a pas de plages en Utah, mais j'aime les États-Unis et il règne, en Utah, une ambiance côte ouest qui me rappelle le Tour de Californie. J'ai passé un excellent séjour à Park City. Séance difficile. Relaxation. Séance difficile. Etc.

Retour en Europe, en juin. J'ai pris le départ du Tour de Suisse et ajouté deux étapes à mon palmarès et remporté mon cinquième maillot de leader du classement aux points en autant de participations. J'ai ensuite fait un bref séjour chez moi, en Slovaquie, pour remporter mon cinquième championnat national sur route et m'assurer d'avoir, pour une année encore, mon maillot personnel.

Que cela me plaise ou pas, il semblait que j'étais prêt pour le Tour de France.

J'allais disputer le Tour de France aux côtés d'Alberto Contador, au sein de l'équipe Tinkoff. Nous nous connaissons dans le peloton depuis ma toute première course, sur le Pro Tour, en 2010, Paris-Nice, et nous nous sommes toujours bien entendus. J'étais intimement persuadé que nous n'aurions aucun problème à cohabiter sur une grosse course. Je n'avais pas besoin d'être affublé du statut de co-leader ou d'un autre titre comme certains peuvent en ressentir le besoin pour se sentir important. Il était le leader de l'équipe. Il avait prouvé, au cours des nombreuses saisons qu'il avait passé dans le peloton, qu'il était probablement le meilleur coureur de courses à étapes de sa génération. Il a eu quelques problèmes avec l'UCI et il a écopé d'une suspension qui a fait couler beaucoup d'encre mais il jouit toujours, au sein du peloton, d'un immense respect. Il avait aussi beaucoup de choses à prouver. Lorsqu'il a pris le départ de l'édition 2015, il avait déjà remporté sept grands Tours et deux autres que l'UCI a rayés de son palmarès pour dopage. Il cherchait donc à remporter sa troisième victoire légitime sur le Tour de France. Ses principaux rivaux seraient Chris Froome de la Sky, Vincenzo Nibali d'Astana et le duo de la Movistar, Nairo Quintana et Alejandro Valverde.

En l'absence de Bjarne Riis, Oleg avait promu Stefano Feltrin au poste de manager général. Jusque-là, Feltrin s'occupait des contrats des coureurs, des sponsors, etc., et il avait une vision claire de la stratégie à employer.

Feltrin et Steven de Jongh, le directeur sportif en chef de Tinkoff sont venus me voir pour m'annoncer : « Tu vas sur le Tour pour travailler exclusivement au service d'Alberto.

– Hors de question. J'ai le maillot vert à défendre et des étapes à remporter. »

Je ne pouvais pas comprendre leur logique. J'étais conscient qu'il y avait eu des problèmes par le passé au sein d'équipes qui avaient des objectifs conflictuels, mais je ne pensais pas que cela s'appliquait à la situation présente. J'en ai parlé au britannique Sean Yates, à l'époque l'un des directeurs sportifs chez Tinkoff, qui m'avait évoqué les problèmes qu'il avait rencontrés chez Sky lorsque Mark Cavendish et Bradley Wiggins visaient respectivement les maillots vert et jaune. Nous sommes tombés d'accord sur le fait que la situation était différente parce que Mark a besoin d'un train pour l'emmener jusqu'à la ligne. Il s'attend, par conséquent, à avoir plusieurs coureurs à son service qui vont lui préparer le sprint, faire la chasse aux échappées, le ramener dans le peloton de tête, brefs des porteurs d'eau attitrés, tout ce qu'une équipe peut avoir du mal à fournir lorsqu'elle compte aussi dans ses rangs un prétendant au général ou le leader de la course.

Je ne demandais aucune aide. Je voulais juste qu'on me laisse faire ma course. Je n'avais besoin de personne pour m'aider. Et cela laissait sept autres coureurs pour faire tout ce qu'Alberto demanderait. Il me semblait que si nous n'étions pas capables de gagner le Tour avec sept porteurs d'eau très bien payés, nous avions peu de chance d'y arriver à huit. Il y avait peu de chances que nous perdions le Tour à cause de moi.

« Non, a dit Feltrin. Nous avons besoin de ta puissance pendant la première semaine pour contrôler la course. »

J'ai essayé de lui expliquer ma position.

« Je dois faire la course dès la première étape sinon je peux dire adieu au maillot vert. Il y a tellement de points distribués pendant les premières étapes qui sont toujours très mouvementées, que tous ceux qui arrivent en retard à la fête n'ont pas la moindre chance de ramasser quelque chose. Je n'ai besoin de personne, Stefano. Laisse-moi faire ma course. Tu as sept autres coureurs. Bien sûr, si je me retrouve tout seul avec Alberto dans le groupe de tête, je me mettrais à son service. Mais si sept coureurs n'arrivent pas à le faire rentrer après une crevaison ou une chute, huit n'y arriveront pas davantage.

– Nous ne pouvons pas courir le risque. Tu peux chuter dans un sprint.

– Oh, Stefano, je sais que tu n'as jamais couru le Tour mais est-ce que tu en as déjà vu un ? Je n'ai pas besoin de sprinter pour chuter. Je peux chuter n'importe quand. »

Je dois mettre au crédit d'Alberto qu'il n'a jamais fait pression pour que je lui serve de garde du corps tout au long du Tour. Pendant que nous nous préparions tous pour le départ, à Utrecht, aux Pays-Bas, j'ai trouvé un moment pour discuter avec lui en tête à tête. Il y avait une étape après le week-end qui empruntait des routes difficiles au sud de Lille au cours de laquelle nous devions traverser pas moins de sept secteurs pavés de Paris-Roubaix. Je savais que mon expérience pouvait faire la différence sur ces secteurs en cas de besoin.

« Écoute, Alberto, étape quatre, les pavés. Je serai à tes côtés. Ne t'inquiète pas.

– Merci, Peter. »

Et voilà.

En réalité, le risque de rivalité à l'intérieur d'une même équipe est plus important lorsque vous avez deux coureurs qui ont le même objectif. Cela s'est passé bien avant mon époque mais les gens parlent encore de la lutte épique qui a opposé Bernard Hinault et Greg LeMond lorsqu'ils couraient tous les deux pour La Vie Claire, sur le Tour 1986. L'histoire a fait moins de bruit mais Yates a dû gérer un problème sur le Tour 2012 au sein de la Sky entre Wiggins et Froome. Avoir dans une équipe deux coureurs qui veulent occuper le même espace, dans la course, même en montagne, pose toujours des problèmes, y compris aux équipes les plus fortes, et les problèmes surviennent presque toujours lorsque la route commence à s'élever. Je dois souligner que malgré tous ces problèmes supposés, La Vie Claire et Sky ont remporté le Tour et offert au public un tel spectacle qu'aujourd'hui encore, les gens parlent de ces courses. Pourquoi ces têtes d'enterrement ?

J'essaie de vous présenter les choses dans l'ordre où elles se sont déroulées mais parfois les événements se bousculent.

Nous étions à Utrecht en train de nous préparer pour le Tour. Nous étions mercredi. Le départ était samedi. Oleg m'a téléphoné.

« Peter, il faut que l'on discute de ton contrat. »

Toujours convaincu que j'allais prendre ma retraite à la première occasion, j'avais peur qu'il me demande de prolonger mon contrat à cause de ma récente série de victoires ou pour me prévenir que mon contrat était en béton armé. Beaucoup de discussions et de tractations ont lieu, chaque année, sur le Tour de France. C'est pendant ces trois semaines que beaucoup de coureurs signent leur contrat avec leur nouvelle équipe. Je lui ai répondu avec un peu d'anxiété dans la voix :

« OK, Oleg. À quoi tu penses ?

– Nous devons le renégocier.

– Comment ?

– Nous devons le réduire. »

C'était une surprise. Je croyais que plus rien ne pouvait me surprendre. Ma vie a été pleine de surprises et je pensais être blindé de ce côté-là mais je dois avouer que mon estomac a fait un tour.

« Euh… Et pourquoi, Oleg ?

– Écoute, Peter. Je t'ai pris dans l'équipe pour remporter quelques Classiques. J'ai des coureurs de Tours et c'est génial. Mais cette année, je t'ai pris parce que j'ai besoin de victoires sur les Monuments. C'est pour cela que je te paie. Et tu t'es planté sur les Classiques. »

J'ai respiré un bon coup. Je comprenais son point de vue mais, dans une course avec une centaine d'histoires différentes, tout peut arriver et je ne me souvenais pas de la moindre suggestion que mon salaire ait été lié à mes performances. OK, il arrive qu'un sponsor te refile un bonus lorsque tu fais un truc extraordinaire. Mais je n'avais jamais entendu dire qu'une équipe avait repris de l'argent à un coureur parce qu'en dépit de tous ses efforts, il n'avait pas réussi à passer la ligne en premier.

« Oui, je suis d'accord. J'ai merdé. Mais tout le monde sait pourquoi : Bjarne, Bobby, surentraînement, négociations de contrats, virus… Et je suis revenu plus fort. J'ai déjà remporté dix victoires et des maillots pour l'équipe Tinkoff

– Oui. Ils sont magnifiques. Merci. Mais je ne t'ai pas fait signer parce que je voulais ce putain de maillot du classement aux points sur ce putain de Tour de Suisse. Je veux Roubaix, les Flandres, une Primavera ou, au minimum, Gand-Wevelgem ou une Amstel Gold. Donc, en gros, tu me dois tes salaires de mars et avril.

– Oh. Tu es sérieux, là ?

– Écoute, je sais que tu es en pleine préparation pour le Tour de France. Je ne te dérange pas plus longtemps. Je vais y réfléchir un peu et j'appellerai Giovanni.

– OK. Au revoir, Oleg.

– Ciao Peter. Ça m'a fait plaisir de te parler. »

Du Oleg tout craché.

J'ai appelé Giovanni et nous avons tenu une réunion de la Team Peter. Giovanni a mis en avant quelques arguments juridiques et a réexaminé le contrat pour vérifier qu'il ne contenait aucune faille que Oleg pourrait exploiter. Nous avons décidé de faire profil bas et de n'en parler à personne pour éviter de faire des vagues. Aucune réaction, aucune fuite dans la presse, aucune réponse.

Le samedi matin, avant le contre-la-montre par équipe de l'après-midi, Oleg est venu et m'a trouvé à côté du bus en train de me préparer.

« Salut, Peter. Comment vont les jambes ?

– Bien, patron. Merci.

– Écoute, cette discussion, l'autre jour, à propos de ton contrat, oublie tout, OK ? Tout va bien.

– Oh. OK. Merci encore. Je ne te laisserai pas tomber.

– Je sais, je sais. Et toutes ces conneries de consignes d'équipe et de servir de porteur d'eau à Alberto, oublie-moi tout ça. Envoie-les chier. Va me chercher ce maillot vert. »

Cet échange doit vous faire sourire. Cet Oleg Tinkov, quel personnage ! Mais cela met en lumière le dilemme face auquel je me suis trouvé pendant mes deux ans chez Tinkoff : qui dois-je écouter ? À qui dois-je obéir ?

C'était la course des deuxièmes places. Après le contre-la-montre – les organisateurs avaient décidé qu'il était trop long pour mériter le nom de « prologue » – il y avait une étape sur le plat, sur les terres réclamées auxquelles les Pays-Bas doivent leur nom, avec une arrivée sur une île. Je savais qu'il y aurait des vents de côté et, bizarrement, ma prédiction à propos du besoin d'aider Alberto s'est réalisée. Nous avions tous les deux eu la présence d'esprit de nous retrouver dans le groupe de tête au moment de la cassure. Ce fut une bonne journée pour l'équipe qui a fait beaucoup d'efforts, en tête de peloton, dans la pluie et les bourrasques de vent, et également pour Sky avec qui nous avons roulé pour permettre à Froome et à Alberto de grappiller du temps sur leurs rivaux. À l'arrivée, Quintana et Nibali avaient perdu une minute et je me suis senti libre de faire le sprint. Un sprint serré. Il y a eu besoin de la photo pour nous départager, mais le pneu d'André Greipel a touché la ligne avant le mien et j'ai pris la deuxième place.

Après avoir servi de guide à Alberto sur les pavés, comme je le lui avais promis, avec beaucoup d'efforts mais aucun véritable incident, j'ai de nouveau pris la deuxième place dans le sprint, cette fois derrière John Degenkolb qui réalisait une saison incroyable avec des victoires sur Milan-San Remo et

Paris-Roubaix, sur ces mêmes pavés. Malheureusement pour nous, c'était un sprint pour la deuxième place. Tony Martin s'était extirpé du groupe des prétendants à la victoire à quelques kilomètres de l'arrivée et nous n'avions pas pu le reprendre. Il a remporté l'étape et endossé le maillot jaune. Une fois de plus, je n'étais pas passé loin. Mais je n'étais pas inquiet. Il y aurait d'autres opportunités.

Comme le lendemain où j'ai dû une fois encore me contenter de la deuxième place derrière André Greipel.

Et le *jour d'après*, où j'ai pris la deuxième place derrière Zdenek Stybar.

Une journée qui a laissé des stigmates. Bon, pas autant qu'à Tony Martin qui était dans la chute survenue à quelques mètres de la ligne. Le maillot jaune n'a pas plus de protection que les autres et il n'a rien pu faire pour éviter à Tony de se fracturer la clavicule. Celui-ci a dû quitter la course, le cœur lui aussi brisé. Bien sûr, j'ignorais qu'il était blessé à cet instant de la course. J'ai vu un amas de coureurs sur la chaussée et une chance de remporter l'étape. Mais, d'abord, il fallait rattraper Stybar qui avait pris une jolie avance lorsque le lycra a touché le bitume. Bien avant ce jour et encore aujourd'hui, à chaque fois qu'il y a une poursuite, j'ai l'impression que tous les regards se tournent vers moi. Sérieusement ? Je ne le comprends toujours pas. Il a déjà été démontré, en quelques douloureuses occasions pendant cette course, qu'il y avait d'autres sprinteurs capables de me battre et qui avaient, chacun, une grosse équipe à son service. Mais non, attendons et laissons Sagan assurer la poursuite. Je commençais à en avoir un peu ras la casquette. Je me suis relevé et j'ai invité les autres à assurer la poursuite sur Stybar. Il ne restait que quelques centaines de mètres à couvrir et si nous ne collaborions pas pour la poursuite, il allait l'emporter.

Nous n'avons pas collaboré. Il a gagné. Et devinez quoi ? Oui, j'ai terminé deuxième. Je songeais à me faire faire un nouveau maillot. Celui du plus grand nombre de deuxièmes places. Le maillot marron, peut-être.

Je n'ai pas fini deuxième le lendemain. J'ai fini troisième. Deuxième perdant, je suppose. Et comme si cela ne suffisait pas, je me suis également retrouvé deuxième au général. Je pouvais donc conserver mon maillot marron imaginaire.

Une nouvelle fois deuxième au sprint, le lendemain, sur la huitième étape derrière Alejandro Valverde sur les pentes du Mûr-de-Bretagne, mais nous avions été tous les deux devancés par deux coureurs qui avaient attaqué en fin d'étape. Au moins, j'étais régulier, mais cela devenait vraiment frustrant. Consolation, grâce à cette régularité, je n'aurais plus à porter mon maillot imaginaire marron parce que j'avais repris suffisamment de points à Greipel pour récupérer mon maillot préféré, celui qui est de la même couleur que la tenue de Robin des Bois. Voler les riches pour donner aux pauvres ? Vu la tournure prise par les événements, j'étais certain que si j'étais tombé sur le chariot du shérif de Nottingham échoué sur le bas-côté après une sortie de route, en ouvrant le coffre du trésor j'aurais constaté que Greipel ou Cav s'était déjà servi.

Une semaine est passée. Contre-la-montre par équipe. Pyrénées. Sans surprise j'avais quitté le top ten, mais j'avais toujours le maillot vert. Pendant quelques jours, j'ai aussi détenu le maillot blanc de meilleur jeune au général. Certains avaient du mal à croire que j'eusse encore le droit de figurer dans ce classement et parfois, moi aussi. Difficile de croire que je n'avais que vingt-cinq ans. N'étais-je pas bouilli ? Fini ? Ce maillot banc devait être une erreur. Heureusement, je n'avais pas à le porter puisque j'avais déjà le maillot vert sans quoi les gens auraient pu être induits en erreur. Lorsque nous avons atteint la montagne, j'ai dû le céder à Nairo Quintana. Cela devait être encore plus surprenant pour le public parce qu'il faisait bien plus que vingt-cinq ans.

Alberto a perdu du temps. Rafa Meijka a remporté une étape pour Tinkoff mais nous étions sous le choc. S'étant senti mal pendant la première semaine de la course, notre leader et capitaine que tout le peloton aime et respecte, Ivan Basso, avait passé des examens pendant la journée de repos. Les résultats sont tombés et l'ont glacé d'effroi. Il souffrait d'un cancer des testicules et devait recevoir un traitement immédiat. Quelques jours plus tard, il était opéré en Italie.

Ivan faisait partie de ma vie depuis mes débuts professionnels. Leader de la formation Liquigas avec laquelle il avait remporté deux Tours d'Italie, il était alors un très expérimenté capitaine de route pour Alberto chez Tinkoff. Nous ne disputions pas souvent les mêmes courses mais son éternel optimisme, son sourire et sa gentillesse envers tous ceux qu'il rencontrait a eu une grande influence sur moi et, j'en suis certain, sur tous ses coéquipiers. Nous avions aussi le même agent en la personne de Giovanni, ce qui fait que je le connaissais un peu mieux et je l'admirais peut-être un peu plus que les autres. Personne n'a su trouver les mots lorsque nous avons appris la nouvelle et nous avons compris qu'il y avait des choses plus importantes que le cyclisme.

Ivan a vaincu la maladie. Mais à trente-sept ans, il a considéré qu'il était temps de mettre un terme à sa longue carrière. Il n'a pas quitté le cyclisme pour autant et je suis certain qu'il continuera d'y jouer un rôle important.

Cependant, à l'époque, vous pouvez imaginer que la nouvelle nous a dévastés. Nous ne pouvions rien faire, hormis continuer la course en faisant de notre mieux sans lui et pour lui.

Après une semaine dans le peloton, j'ai commencé à me dire que je pourrais conserver le maillot vert jusqu'à Paris et, peut-être, remporter enfin une étape. J'ai trouvé presque rassurant de finir une nouvelle fois deuxième sur la treizième étape, cette fois derrière Greg Van Avermaet.

Sur la seizième étape, fatigué de me faire battre au sprint, j'ai tenté ma chance sur une étape de montagne. Il y avait deux cols de deuxième catégorie. Deuxième ? Cela semblait ma catégorie. Il y avait une grande descente jusqu'à l'arrivée à Gap dans les Alpes qui, je pensais, pourrait me convenir.

J'ai fini deuxième.

Il restait une étape pour les sprinteurs, le prestigieux défilé des coureurs sur les Champs-Élysées qui accueillent en héros le vainqueur. J'étais déterminé à ne pas terminer deuxième. Mission accomplie. J'ai terminé septième.

LA FAMILLE

Saviez-vous que les artichauts de Jérusalem ne sont pas des artichauts ? Et qu'ils ne viennent pas de Jérusalem non plus ? Surprenant, non ? Ce sont de grandes fleurs qui ressemblent à des tournesols mais qui ont pour racine un gros tubercule biscornu qui ressemble à un gros morceau de gingembre frais comme ceux que vous pouvez trouver dans les supermarchés qui proposent des fruits et des légumes exotiques. J'entends certains d'entre vous hurler : Et pourquoi Jérusalem ? Eh bien, il semblerait que les colons anglophones du nouveau monde aient mal compris leurs homologues francophones lorsque ces derniers leur ont décrit cette fleur ressemblant à un tournesol, un « girasol ». Quoi qu'il en soit, le nom est resté.

Et si vous pensez que j'ai dû faire quelques recherches pour savoir tout cela, eh bien, peut-être, pour vérifier. Mais cela vous a évité de le faire, n'est-ce pas ?

Les artichauts de Jérusalem sont aussi connus sous le nom de topinambour, « sunroot » en anglais, et c'est là que toute cette parenthèse culturelle déconcertante devrait commencer à prendre sens. Mon épouse, Katarina, a créé avec son père une entreprise baptisée Sunroot qui commercialise une gamme de produits sans gluten et sans matière grasse à base d'artichauts de Jérusalem qui sont cultivés à grande échelle en Slovaquie. C'est un moyen efficace de booster l'économie locale, de faire quelque chose de vraiment utile et de permettre à Katarina d'exprimer sa créativité et son sens des affaires. Sunroot commercialise toute sorte de produits : poudre de chocolat chaud, confiture de myrtilles, des barres enrobées de yaourt, des pâtes de fruit enrobées de chocolat blanc. Sans oublier leur produit phare, une farine à pâtisserie. Le topinambour présente l'avantage d'être sucré naturellement. Inutile donc d'ajouter beaucoup de sucre dans la plupart des recettes. Des gâteaux qui ne font pas grossir. Génial !

Le topinambour pousse aussi comme de la mauvaise herbe, à une telle vitesse que vous pouvez très vite en être envahi si vous n'y faites pas attention. Un peu comme le rhododendron dans certaines régions d'Europe. Comme le rhododendron, la fleur de topinambour est plutôt jolie et les gens ne les taillent pas. Les topinambours sont tellement montés au nez d'un politicien slovaque qu'il a fait voter une loi pour l'interdire. Une impression de déjà-vu, peut-être ? Naturellement, cela aurait mis fin à l'entreprise de Katarina. Mais, heureusement, il y a beaucoup de producteurs, de cultivateurs et de consommateurs de topinambours en Slovaquie et il a fini par faire machine arrière. Le politicien a probablement proposé cette loi parce que le jardin de son voisin en était envahi. Comme vous le savez déjà, c'est ainsi que les choses fonctionnent, en général, en Slovaquie.

Si vous tapez « artichauts de Jérusalem » dans Google, vous tomberez certainement sur la description que je vous ai donnée en début de chapitre. Si vous tapez « Sunroot », vous tomberez très probablement sur Katarina et moi en pleine imitation de Sandy et Danny, les personnages auxquels Olivia Newton-John et John Travolta ont donné vie dans *Grease*. Nous avons tourné ce spot publicitaire pour Sunroot mais, avant tout, pour nous amuser. Pourquoi cette tête d'enterrement ? Nous avons constamment des idées débiles. L'un des avantages d'être champion du monde de cyclisme, c'est que vous pouvez leur faire prendre vie. Honnêtement, nous l'aurions fait quand même mais dans notre cuisine, notre propre petite bataille de karaoké n'aurait certainement pas été aussi drôle que de recréer le décor de fête foraine de « You're The One That I Want » et monter la vidéo, plan par plan, pour qu'elle soit conforme à l'originale.

Katarina et moi nous sommes rencontrés dans ma maison à Žilina. Au début de notre carrière professionnelle, avec Juraj, nous avions acheté une maison, entre l'autoroute et un gros méandre de la Vah, là où elle s'élargit pour devenir le lac Hricov, dans laquelle nous habitions lorsque nous n'étions pas à notre appartement alloué par Liquigas, en Italie. C'était un peu après le début des travaux pour la construction d'un pont au-dessus de la Vah. Je m'y suis rendu dernièrement. Le pont vient toute juste d'être terminé, dix ans plus tard. J'adore la Slovaquie mais ce genre de choses me fait sourire.

J'avais également acheté le lopin de terrain adjacent à la maison. Je commençais à gagner un peu plus d'argent. J'avais deux voitures et je m'étais dit qu'il faudrait que je construise un garage pour les abriter. Juste un garage. Et puis je m'étais dit que j'aimerais peut-être avoir mon propre chez-moi. Il me faudrait donc aussi une chambre au-dessus du garage. C'était tout ce dont j'avais besoin. Mais, en général, lorsque je rentre en Slovaquie, il y a un ami qui m'accompagne. J'aurais donc besoin d'une chambre d'ami. Rien d'autre. Mais si je rentre en hiver, période de l'année où il fait plutôt sombre et plutôt froid à Žilina, j'aurais peut-être aussi besoin d'une salle de sport et d'un sauna dans la grange pour garder la forme. C'est tout ce dont un homme a besoin.

Au final, le projet a pris une tout autre tournure. Ce n'est pas une maison qui s'élève sur ce lopin de terre mais le centre des sports que je souhaitais construire dans lequel les jeunes athlètes slovaques, de toutes disciplines, pourraient venir vivre, s'entraîner et, en gros, trouver le soutien dont ils ont besoin pour franchir le pallier qui sépare le ou la jeune espoir d'une carrière dans le sport professionnel.

Avec Juraj, nous avions passé un appel d'offres auprès de quelques entreprises locales pour construire le bâtiment. Il y avait un mec que j'avais trouvé particulièrement sympa. Il dirigeait une entreprise de construction avec son père et ils m'avaient fait plutôt bonne impression. J'avais fait leur connaissance lors de l'hiver 2012, avant de partir disputer mes premières Classiques et d'en revenir avec une cinquième, une quatrième, une troisième et une deuxième place. La troisième place était sur l'Amstel Gold. À notre retour des Pays-Bas, avec Juraj, nous avons fait un barbecue chez nous, pour fêter l'arrivée du printemps, juste à côté de l'endroit où s'élèverait mon garage/garçonnière. J'avais donc invité le mec de l'entreprise de construction à notre fête afin de faire plus ample connaissance et discuter du projet. Il est arrivé avec une fille qui a immédiatement produit une grosse impression sur moi : grande, belle et avec une aura qui laissait à penser qu'elle ne resterait pas toute sa vie entre les murs d'une entreprise de construction à Žilina. J'étais en train de me dire que c'était un sacré veinard lorsqu'il m'a présenté sa sœur. Quelle belle journée.

Il ne s'est rien passé ce soir-là. Je lui ai envoyé quelques sms, elle m'a répondu et, très vite, tout le monde a compris que nous sortions ensemble.

Katarina – je pense que vous aviez compris qu'il s'agissait d'elle – avait pas mal bourlingué. Elle avait travaillé pour DHL et avait vécu en Australie. Elle avait des amis partout : Belgique, Pays-Bas, République Tchèque, Pologne. Où que j'aille, elle semblait connaître quelqu'un et, au bout d'un moment, je lui ai dit : « Si tu penses avoir envie de vivre avec moi, viens voir à quoi ressemble ma vie. »

C'était génial. En 2013, j'ai connu mon meilleur printemps jusque-là. J'ai remporté ma première Classique à Gand-Wevelgem et je suis monté sur mes premiers podiums sur les Monuments avec deux deuxièmes places sur Milan-San Remo et le Tour des Flandres. Avec Katarina à mes côtés, je voyais la vie sous un jour nouveau. Je me sentais plus fort, grâce à sa présence à mes côtés et à ses encouragements.

Cependant nous devions faire face au problème auquel nous faisons tous face à un certain moment, à savoir le temps. Certains n'en ont pas assez, d'autres trop. À cette période, je me trouvais dans la première catégorie. L'entraînement, les courses, les obligations commerciales, la famille, les amis et Katarina méritaient plus d'attention qu'ils n'en recevaient de ma part. Nous avons commencé à choisir les courses sur lesquelles Katarina pourrait m'accompagner afin de pouvoir passer plus de temps ensemble : celles où il ne faut pas faire plusieurs kilomètres dans la nuit pour rejoindre le prochain départ, celles entre lesquelles il n'y a pas de stage d'entraînement et celles sur lesquelles il n'y a pas de longs transferts. Le Tour de Californie offrait le cadre idéal. Nous y trouvions le style de vie décontracté dont nous avions tous les deux envie. Même chose pendant les stages d'entraînement individuels en altitude en Utah ou à Tahoe. Le Tour Down Under était idéal aussi, ainsi que les Championnats du monde parce que vous restez plusieurs jours au même endroit et que l'ambiance dans l'équipe nationale est plus informelle que celle d'une équipe professionnelle avec ses exigences.

Nous avions, en revanche, exclu les Classiques de cette liste. Peut-être Paris-Roubaix et le Tour des Flandres mais il était hors de question de lui demander de nous suivre pendant tout notre périple à travers les Flandres et les Ardennes. Même chose sur le Tour de France. Une étape par-ci par-là, OK. Cela apporte un peu de stabilité au milieu de la folie du Tour. Mais sur toute l'épreuve, vous risquez de très vite tomber dans une certaine routine. Et ce n'est pas bon, ni pour l'un ni pour l'autre.

Et je devais aussi tenir compte de l'équipe et de mes coéquipiers. La cohésion est importante dans toutes les équipes et dans tous les sports. Vous avez besoin de pouvoir compter les uns sur les autres et le modèle du « premier parmi ses pairs », sur lequel repose le cyclisme professionnel, sera mis à l'épreuve. Il n'y avait, par exemple, pas assez de chambres pour que neufs coureurs puissent emmener leur famille tout au long de la course, sans parler des familles des directeurs, des mécaniciens et des soigneurs. De plus, sur les grosses courses, la stratégie se décide autour de la table, au petit-déjeuner ou au dîner. C'est là que les consignes sont données. Les gros stages d'entraînement ne sont pas, non plus, des endroits où l'on peut emmener sa compagne ou sa famille, pour les mêmes raisons.

J'ai aussi compris que j'avais, de plus en plus, besoin d'un sanctuaire. Un endroit loin des grosses courses, des manifestations organisées par un sponsor et des stages d'entraînement afin de me ressourcer de temps à autre. Lorsque je regagne notre appartement, à Monaco, après une série de courses épuisantes ou un plan de voyage alambiqué, les soucis et la pression disparaissent dès que je retrouve Katarina.

La vie en dehors des pelotons est devenue encore un peu plus démente dernièrement. Pour quatre raisons. D'abord à cause des trois maillots arc-en-ciel que j'ai ramenés des États-Unis, du Moyen Orient et de Scandinavie. Quant à la quatrième, c'est la chose la plus merveilleuse qui me soit jamais arrivée. Il s'appelle Marlon. Les trois maillots ont attiré encore plus l'attention des médias sur notre petite famille, surtout en Slovaquie qui, comme je l'ai déjà dit, est un jeune pays qui n'a pas beaucoup de héros nationaux. Nous n'avons pas l'habitude d'avoir un champion du monde et je peux comprendre que, pour la presse, en avoir un, trois années de suite, dans une discipline aussi internationale que le cyclisme est matière à articles. L'ennui c'est que lorsqu'ils n'ont plus rien à écrire sur moi, ils commencent à inventer. Vous conviendrez que c'est plutôt agaçant.

En ce moment, en Slovaquie, si j'ai envie de sortir avec des amis pour boire quelques bières dans une boîte de nuit, tout le monde me conseille de louer le club pour une soirée privée parce qu'une fois que le bruit aura couru, tout le monde voudra venir dans la boîte pour prendre des photos, des autographes, discuter et j'en passe. Cela ne me dérange pas. J'essaie toujours de me montrer poli et, franchement, je ne me souviens pas avoir jamais refusé une demande de selfie ou d'autographe. C'est juste que parfois, vous avez juste envie de passer un bon moment avec des amis. Sans compter que vous devez toujours faire constamment très attention à ce que vous faites, vingt-quatre heures sur vingt-quatre, sans quoi vous risquez de vous voir le lendemain au réveil immortalisé dans une pose peu flatteuse sur une photo prise à trois heures du matin. Bien sûr, ceux qui veulent vous parler à ce moment de la nuit ne sont pas tenus de faire preuve de la même retenue et plus il est tard, plus ils tendent à être ivres et plus la situation devient gênante. Pour être honnête, au final vous en venez à rester à la maison.

C'est la même chose lorsque je sors dîner avec Katarina. Le genre de sortie que vous avez envie de faire, en général, après avoir été séparés pendant plusieurs jours, juste pour passer un bon moment ensemble, raconter à l'autre ce qu'il s'est passé dans ces deux mondes que l'on partage mais qui parfois ne font que se superposer. Là encore, les gens vont me demander des autographes et vouloir prendre des photos avec nous. C'est sympa. Les gens sont, en général, plus polis dans un restaurant que dans un bar ou une boîte de nuit. Il est très difficile de discuter de ce que vous avez fait, de qui a fait quoi ou de faire des projets pour les jours ou les semaines à venir lorsque vous avez l'impression que les oreilles des tables voisines sont à l'affût de la moindre bribe d'informations et que vous les sentez se rapprocher un peu plus dans l'espoir de capter un scoop. Là encore, vous finissez par rester manger à la maison.

Marlon a renforcé ma résolution de protéger ma famille de ce genre d'intrusion. Je ne veux pas que les magazines people étalent notre vie privée, publient des photos de lui dans ses habits de nouveau-né flambant neufs ou que des paparazzis fassent le pied de grue le jour de sa première rentrée devant les portes de son école.

Vivre à Monaco devrait nous faciliter les choses sur ce plan. Je discutais il y a quelques jours avec un ami londonien qui habite à Richmond – oui, Richmond à Londres – et il me disait qu'il avait vu Mick Jaeger au pub et Pete Townsend au supermarché et que les gens n'y faisaient pas vraiment attention. C'est l'effet Monaco. Je suis du menu fretin pour ceux qui vivent à côté de Lewis Hamilton et de Ringo Starr. Les Monégasques ont tellement l'habitude de voir des visages connus qu'ils n'y font même plus attention.

Je pense que lorsque Marlon sera en âge d'aller à l'école, ce sera plus facile pour lui de s'intégrer parce qu'il ne sera pas regardé comme une bête curieuse. C'est une ville très cosmopolite et tout le monde y est traité avec le même respect. Les écoles françaises – le système monégasque adopte le système éducatif français – est réputé pour instiller aux enfants une bonne estime de soi et le respect des autres tout en les laissant trouver leur voie.

Je pense franchement que c'est là le plus important, laisser Marlon trouver sa voie. Si nous pouvons le protéger de commettre trop d'impairs jusqu'à ce qu'il soit assez vieux pour prendre ses propres décisions et choisir ce qu'il a envie de faire, qui il veut être, avec qui il veut traîner, eh bien nous aurons fait du bon boulot. Je ne veux pas qu'il grandisse dans du coton toute sa vie. Je veux juste lui offrir de l'espace, du temps et de la liberté. Et s'il veut devenir coureur cycliste ? Eh bien, c'est un métier qui a des bons côtés mais je pense qu'il existe des façons plus faciles de gagner quelques euros.

Enfants, nos parents ont tout fait pour nous : Milan, l'aîné, Juraj, le deuxième, ma sœur Daniela et moi, le bébé de la famille, choyé par tout le monde. Je dois remercier ma mère pour tous les sacrifices qu'elle a faits pour élever quatre enfants. Elle veillait à ce que nous soyons nourris et à ce que nous recevions une bonne éducation afin de devenir des adultes avec un grand cœur et un grand sens moral. Nous n'étions en aucun cas une famille aisée mais nous n'avons jamais manqué de rien parce que notre bien-être était son principal souci. Lorsque les gens font l'éloge de mon comportement en dehors du vélo, c'est à Maman qu'en revient tout le mérite.

Mon père, Ľubomír, a su contrôler ses instincts protecteurs et m'a encouragé à partir à la découverte du monde extérieur. Il était toujours d'un grand soutien et voulait un rapport complet sur tout ce que nous avions fait. Lorsqu'avec Juraj nous avons commencé les courses cyclistes, il chargeait tout ce dont nous avions besoin dans la voiture familiale et nous conduisait dans tout le pays. Puis au-delà du pays : en République Tchèque, en Pologne, en Croatie et même en Allemagne. La voiture était remplie à ras bord – équipement, vêtements, nourriture, vélos sur le toit. Avec Juraj, nous nous glissions, tant bien que mal, à l'intérieur. Ce n'était peut-être pas des plus confortables mais chaque week-end était une aventure. Je ne lui ai jamais demandé comment nous pouvions nous l'offrir ni quels étaient ses propres projets et rêves. Il était encore jeune.

Je me souviens d'une course de VTT, quelque part en Europe, dans laquelle il y avait cette incroyable descente avec des sauts énormes et des drop offs à couper le souffle. Je voulais à tout prix essayer mais Papa a mis son veto, ce qui était rare. J'ai obéi et je n'ai pas boudé trop longtemps.

Mon frère aîné, Milan, était mon héros. Il l'est toujours. Il savait tout, connaissait tout le monde, savait tout faire, allait partout. On savait que Milan réussirait. C'était une version plus jeune de mon père : confiant sans être arrogant, populaire auprès de tout le monde mais toujours avec une lueur espiègle dans le regard. Il m'a aussi aidé à prendre une décision au début de ma carrière. Lorsqu'on m'a proposé une place dans l'équipe Liquigas, j'ai d'abord hésité à accepter l'offre. C'est drôle quand on y repense aujourd'hui mais c'était vraiment terrifiant. N'oubliez pas que je n'étais qu'un jeune homme de dix-neuf ans, bref, un gamin, et en rejoignant Liquigas j'allais devoir quitter la maison, ma famille et mes amis pour déménager en Italie, un pays inconnu dont je ne parlais pas la langue. Non, je ferais mieux de rester dans mon cocon en Slovaquie. Il y aura certainement d'autres opportunités qui se présenteront.

Milan en a eu vent et m'a pris à part.

« J'ai entendu dire que tu envisageais de rester ici ? »

J'ai hoché la tête.

« Tu veux un conseil ? »

Bien sûr. Il était le grand frère futé que j'admirais.

Il m'a collé une baffe et m'a dit : « Va faire tes bagages et file en Italie. C'est la meilleure opportunité que tu auras de ta vie. Si tu ne la saisis pas, tu le regretteras pour toujours. »

Inutile de dire qu'il avait raison et qu'il a encore raison aujourd'hui. Je suis rentré en Slovaquie récemment, et nous avons passé la journée ensemble. J'avais quelques affaires à régler et Milan m'a accompagné à la banque. Une fois toutes les formalités requises remplies, je n'avais pas envie de le quitter et on aurait dit que lui non plus. Au bout du compte, il est monté dans la voiture avec nous et nous avons quitté Žilina pour prendre la direction de l'aéroport de Bratislava même si cela signifiait sans aucun doute que nous allions devoir l'abandonner au milieu de nulle part. Gabri stressait parce que nous avions un vol à prendre, en plus de ça nous étions accompagnés par un journaliste anglais. Avec Milan, nous avons demandé à Gabri de s'arrêter à toutes les aires de repos sur l'autoroute.

« Gabri, j'ai envie de pisser. »

« Gabri, j'ai soif. »

« Gabri, j'ai faim. »

« Gabri, j'ai encore envie de pisser. »

Nous sommes entrés dans une station-service et nous avons acheté des bières. Nous en avons secoué une vigoureusement pendant deux minutes avant de la tendre généreusement au journaliste en remontant en voiture.

« Gabri, nous devons encore nous arrêter, le mec est trempé. »

Finalement, Milan nous a quittés sur une aire de repos d'où il a appelé un ami pour qu'il le ramène à Žilina. Milan a des amis partout.

Ce matin-là, j'avais emmené Gabri voir ma sœur Daniela. Elle est magnifique, la meilleure sœur du monde et la meilleure coiffeuse de Slovaquie – la raison de notre visite. Il avait besoin d'un rafraîchissement capillaire et il avait adoré la façon dont elle l'avait coiffé lors de notre dernière visite. J'ai laissé des instructions à Daniela avant d'aller à la banque avec Milan.

À notre retour, Gabri boudait et portait un chapeau. Je me suis tourné vers Daniela. « Tout s'est passé comme prévu ?

– Oui. Je lui ai fait une jolie coupe comme tu l'avais dit. Je lui ai montré le résultat avec le miroir. Il était très content. Et j'ai tout rasé comme tu me l'avais demandé. »

Il y a une autre personne en Slovaquie qui me manque beaucoup, mon ami Martin. Un soir, nous nous sommes retrouvés en boîte. Cela devait se passer un peu après mes premières victoires parce que les autres fêtards venaient me demander un autographe. Chaque fois, je m'exécutais de bonne grâce. Cela faisait sourire Martin et, à chaque demande, il me chambrait un peu plus. Et soudain, il m'a demandé : « Peter, est-ce que tu veux mon autographe ? » J'ai suivi son bluff. J'ai baissé mon pantalon et il a signé sur ma cuisse avec un marqueur.

Lorsque je suis revenu au pays, quelques mois plus tard, nous sommes à nouveau sortis et je lui ai dit : « Martin, regarde ça ». J'ai à nouveau baisé mon pantalon. Il a été surpris de revoir son autographe, plusieurs mois plus tard. Comment est-ce possible ? Je l'avais fait tatouer. Il s'en est presque évanoui.

Je pensais lui avoir définitivement coupé le sifflet. Mais lorsque je suis rentré chez moi, pour Noël, après avoir remporté mon premier titre de champion du monde à Richmond, c'est lui qui a eu le dernier mot et franchement je ne vois pas comment je pourrais faire mieux. Martin a enlevé sa chemise et s'est retourné. Sur tout son dos, il y avait un panorama de votre serviteur en tenue de l'équipe slovaque en train de faire le signe de la victoire sur la ligne d'arrivée à Richmond. Ce fut mon tour de rester sans voix.

Je me suis fait faire un autre tatouage après le premier parce que, d'après les Italiens, avoir un seul tatouage porte la poisse. Mais bon, ce sont des gens très superstitieux. Un jour, nous nous rendions sur une course avec mes coéquipiers italiens lorsqu'ils ont aperçu un chat noir. Ils se sont arrêtés, ont fait demi-tour et ont pris un autre chemin, plus long, pour rejoindre la ligne de départ. À table, si quelqu'un vous demande le sel, vous devez poser la salière à côté de lui pour qu'il la prenne et non pas la lui tendre directement. Et tout un tas de trucs bizarres du même style.

Bref, je me suis donc fait tatouer le joker, version Heather Ledger, avec mon visage. Et que dit-il ? Vous avez deviné ? Why so serious ?[9]

J'ai aussi fait ajouter mes victoires au championnat du monde sur le flanc. Cette petite liste est donc plus longue que je le pensais. Mais mon préféré est celui où l'on voit mon poing toucher le minuscule poing de Marlon lorsqu'il était tout petit. Il est magnifique. Si vous comptez mes tatouages de champion

9. *Réplique du personnage dans le film* The Dark Knight. *Une réplique que Peter Sagan cite à de nombreuses reprises tout au long de ce livre dans lequel elle a été traduite par : « Pourquoi cette tête d'enterrement ? » (NDT).*

du monde comme une seule entité, j'en ai quatre mais si vous les considérez comme trois tatouages distincts, j'en ai six. Et pour le prochain ? Qui sait ?

2015

AUTOMNE

Il y a quelques pages, je vous ai confié que j'adorais relever les défis ou prendre un pari avec un ami pour ajouter un peu de motivation dans une course ou une séance d'entraînement. Vous pensez peut-être, à juste titre, qu'un garçon issu d'un milieu modeste, qui perçoit un bon salaire pour remporter des courses cyclistes ne devrait pas avoir besoin d'une carotte supplémentaire et vous auriez raison. Le seul problème c'est qu'énoncé ainsi, tout cela semble terriblement sérieux et vous savez déjà ce que je pense des gens qui se prennent un peu trop au sérieux. Ces paris me permettent de me concentrer et de me donner à fond et surtout de me rappeler que tout ceci n'est qu'un jeu.

Il y a eu beaucoup de paris entre les membres de la Team Peter. Mais il y en a un qui me vient tout de suite à l'esprit, celui que j'ai fait avec Giovanni avant les Championnats du monde de 2015, à Richmond.

« Non, attendez… » Giovanni souhaite intervenir dans ce livre pour m'en rappeler un autre. « Et celui avec Liquigas, sur ton premier Tour de France ? »

Ah, oui. Giovanni était en plein dans une de nos conversations « Qu'est-ce-que-vous-ferez-pour-moi-si-je-gagne ? » avec le patron de Liquigas, Paolo Zani, quelques jours avant mon premier Tour, en 2012.

« Je lui avais dit que si Peter remportait deux étapes pour Liquigas, sur son premier Tour, ce serait un exploit remarquable et qu'il faudrait marquer le coup… Peut-être avec une voiture par exemple ? Le président Zani ne s'était pas démonté et avait répondu : « OK, disons deux étapes ET le maillot vert et j'offre une Porsche à Peter. »

Et que s'est-il passé, Lomba ?

« Tu as remporté trois étapes. Et le maillot vert. »

Clap. Fin de l'histoire. Nous pouvons donc revenir à Richmond. Pour me préparer pour la course, j'étais retourné en altitude pour accumuler les kilomètres dans un cadre relaxant. Le plan était simple. Traverser l'Atlantique après le Tour, repos et récupération avec un peu d'entraînement en altitude en août et préparer la course en septembre. Nous savions que c'était le bon équilibre pour conserver ma forme du Tour qui était vraiment excellente et m'éviter l'anxiété et la fatigue qui m'avaient plombé au printemps. Il nous fallait, en outre, gérer un problème avec ma hanche (que je dois toujours surveiller aujourd'hui et que je devrai certainement surveiller pendant le reste de ma carrière et peut-être de ma vie). Ma position naturelle sur le vélo est un peu tordue. Cette période de surentraînement au printemps avait provoqué des raideurs au niveau de ma hanche droite et de mes lombaires. Maroš travaillait dessus toute l'année et je faisais de la musculation pour renforcer ma sangle abdominale et améliorer ma stabilité. Cela m'aide lorsque je grimpe mais aussi pendant les efforts violents. Cela augmente surtout ma puissance et me permet, par exemple, de rester assis sur la selle sur les secteurs pavés. Ma routine à la salle après ma séance d'entraînement me permet de conserver ma puissance et d'éviter les blessures.

Cette fois, nous avions pris la direction du lac Tahoe, en Californie. Le lac se trouve à environ 1900 mètres d'altitude et est entouré par de magnifiques montagnes. Un cadre idyllique dans lequel il est impossible de ne pas se sentir détendu et heureux. Avec Giovanni et Katarina, nous étions sortis dîner. Nous passions une agréable soirée, à discuter du printemps, de ma hanche, de mon état de forme et nous en sommes venus à parler motivation pour Richmond. Comme je vous l'ai déjà dit, Lomba était un très grand coureur. Nous n'avons pas couru en même temps mais mon coach, Sylwester Szmyd, l'a côtoyé au sein du peloton pendant plusieurs saisons. Un peloton qui comptait dans ses rangs plusieurs gros rouleurs italiens, Giovanni, Martinelli, Scirea, Poli, des héros de l'ombre qui étaient chacun capables d'abattre le travail de trois coureurs mais aussi de vous tirer de la plupart des mauvaises passes. « Des renards » pour reprendre le terme choisi par Sylwester pour les décrire, et je suis persuadé que cette ruse et ce talent pour toujours trouver une solution ont été très utiles à Giovanni (et à moi-même par voie de conséquence) lorsqu'il a quitté les pelotons et monté son agence. Cependant, à la différence de beaucoup d'anciens coureurs qui restent dans le domaine, Lomba a raccroché ses vélos après sa dernière course et depuis ils prennent la poussière dans son garage. À moins qu'il ait fait un carton sur eBay, ce qui serait davantage son style. Quoi qu'il en soit, à la différence de Patxi ou de Sean Yates, deux fabuleux directeurs et coaches qui travaillaient avec moi chez Tinkoff à l'époque, je n'avais jamais roulé avec Giovanni. Sean Yates dispute encore des courses avec ses fils et ses frères de temps en temps en Angleterre, mais pas Giovanni.

Il a ouvert une très bonne bouteille de vin pour fêter nos bons résultats de l'été et nous avons commencé à envisager l'avenir proche. Ma hanche se portait à merveille grâce à mes séances à la salle et aux manipulations du génial Maroš. À croire que les médecins de l'équipe qui avaient déclaré que je devrais me faire opérer s'étaient mis le doigt dans l'œil. Le vin s'appelait No.1 et Giovanni m'a demandé ce que j'aimerais qu'il fasse si je terminais No.1 à Richmond.

J'ai réfléchi. J'ai pensé aux fabuleux 120 kilomètres que j'avais parcourus tout autour du Lac Tahoe, le matin même. « Lomba, si je suis champion du monde, on revient ici ensemble et tu fais le tour du lac avec moi. »

Il a pris le temps de la réflexion. Je pouvais presque voir les rouages de son cerveau tourner à plein régime. Il y a quelque chose que vous devez savoir à propos de Giovanni. Il ne répond jamais oui. Il faut toujours qu'il apporte une nuance ou qu'il ajoute une clause pour ajouter un peu de piment.

Il a fini par répondre oui mais il a ajouté, en se tournant vers Katarina : « Mais tu nous accompagnes. »

Nous avons tous les trois levé nos verres et trinqué. Le pari était lancé.

*

J'ai pris le départ du Tour d'Espagne cet automne-là, essentiellement pour améliorer ma condition en vue des Championnats du monde mais aussi pour essayer de retrouver le parfum de la victoire. Par chance, il est vite revenu lorsque j'ai battu au sprint John Degenkolb et Nacer Bouhanni pour remporter une étape et m'offrir quelques jours dans la tunique de leader du classement aux points en début de course, pas un mince exploit dans une épreuve aussi montagneuse et explosive que le Tour d'Espagne. Malheureusement, la chance m'a abandonné en début de deuxième semaine lorsqu'un abruti sur une moto neutre est passé à toute allure à côté du peloton et m'a fait chuter à la fin de la huitième étape. Avec quelques sérieuses ecchymoses et une certaine quantité de peau slovaque laissée sur le bitume de Murcie, j'ai été contraint à l'abandon. J'étais furieux, et je l'ai encore été un peu plus lorsque j'ai appris que la direction de course avait décidé de m'infliger une amende pour avoir jeté mon vélo par terre de rage et avoir mis un coup de pied à une voiture de la course après la chute. Merci les gars. Pourquoi n'allez-vous pas faire un tour à l'hôpital tant que vous y êtes, histoire de filer des pénalités aux vieilles dames qui ont insulté les voyous qui leur ont volé leur sac ?

Il est parfois difficile de retirer du positif de ce genre de déconvenue et pourtant, cet accident a eu deux conséquences positives. Après huit jours de course, c'était le moment idéal pour tirer sa révérence avant les difficiles arrivées quotidiennes au sommet, signes que la Vuelta a vraiment commencé. Cela signifiait également que je quittais la course avec des jambes encore fraîches. Je pouvais me concentrer pleinement sur Richmond.

Et ce n'était pas la première fois, cette saison-là, que des motos de l'organisation avaient perturbé la course. Les problèmes surviennent le plus souvent en fin de course, lorsque l'allure s'accélère. Le personnel d'assistance qui remplit diverses missions sur le parcours doit nous dépasser pour arriver sur la ligne avant les coureurs. Cela les oblige à prendre quelques risques et quelques mauvaises décisions qui provoquent des situations dangereuses et, parfois, des chutes comme celle dont j'ai été victime. Je suis heureux de vous dire qu'il y a eu de véritables améliorations depuis, la plus facile à mettre en œuvre et la plus évidente étant la mise en place de déviations qui permettent aux véhicules de quitter la course et de prendre un raccourci pour filer vers la ligne sans avoir à emprunter le même trajet que les coureurs.

Je suis arrivé en Virginie probablement un peu plus tôt que je ne l'aurais souhaité pour préparer la course sur route, surtout après les inquiétudes nées après ma chute sur la Vuelta. Mais, depuis 2012, l'UCI a ajouté une course au calendrier des Championnats du monde, le contre-la-montre par équipe, une course disputée par les équipes professionnelles.

Vous pouvez imaginer qu'Oleg avait très envie de voir Tinkoff remporter un titre de champion du monde. Pas Contador, Meika ou Sagan *de* Tinkoff, juste Tinkoff. Vainqueur. Champion.

Une semaine avant la course en ligne, je me trouvais donc sur la ligne de départ, avec cinq autres gros rouleurs de la Tinkoff, pour essayer de glaner une médaille. Et en cas de succès, j'aurais été certain de rapporter quelque chose de l'autre côté de l'Atlantique, et ce peu importe l'issue du week-end suivant.

Manuele Boaro était l'homme fort de l'équipe, un coureur italien spécialiste du contre-la-montre qui avait déjà fait parler sa puissance sur plusieurs étapes, et bien sûr, lorsque sa selle a glissé au bout de trois kilomètres, nous obligeant à continuer sans lui, ce fut une perte énorme. Nous perdions un rouleur de qualité très tôt dans la course, sur un CLM par équipe disputé par six coureurs et pas neuf comme sur les Grands Tours. Cela signifiait qu'au lieu d'effectuer chacun 16 % du travail, nous allions devoir en effectuer 20 pendant la quasi-totalité des 40 kilomètres qu'il nous fallait couvrir. Cela deviendrait un problème dans les derniers kilomètres.

En tout cas, cela aurait dû mais ce ne fut pas le cas. Mais pas pour une bonne raison.

Avec mes quatre camarades, nous roulions à un bon tempo. Les relais étaient bons, très serrés et rapprochés. Trop serrés et trop rapprochés en fait. Michael Valgren était en ligne derrière Michael Rogers. Sa roue avant s'est légèrement écartée de la roue arrière de l'Australien. Chute. Tous les deux se sont retrouvés à terre. Rogers est passé au-dessus du guidon pendant que Valgren tombait sur le côté, sur l'épaule et les fesses. Ce n'était pas beau à voir.

Avec Maciej Bodnar, nous nous sommes relevés et, tout en continuant de rouler, nous nous sommes regardés. Que faire ? Continuer ? Sauf que le règlement pour le CLM par équipe aux Championnats du monde est strict : le temps est pris au moment où le quatrième coureur franchit la ligne. Inutile, donc, pour Body, Christopher Juul-Jensen et moi de rouler jusqu'à la ligne en abandonnant nos coéquipiers blessés derrière nous. Nous n'étions même pas sûrs qu'ils puissent continuer. Mais les deux Michael sont des mecs solides et ils avaient une motivation supplémentaire : aucun d'eux ne voulaient être celui qui avait abandonné l'équipe. Laissant une bonne quantité de lycra, de peau et de sang sur le bitume, nous nous sommes remis en formation. Boaro et son vélo réparé nous avaient rejoints. Notre sextet reconstitué a repris la route mais davantage pour retrouver une dignité et par obligation envers chacun et envers l'équipe. Les deux coureurs confirmés n'ayant rencontré aucun problème, à savoir Body et moi, ont fourni l'essentiel des efforts. Un excellent entraînement pour la course en ligne. Personne ne nous a applaudis lorsque notre équipe est arrivée bonne dernière sur vingt-sept, avec plus de huit minutes de retard sur BMC. Une situation légèrement fâcheuse. Dieu merci, nous n'étions pas partis en dernier. Tout aurait déjà été rangé lorsque nous serions arrivés.

Une semaine plus tard, au départ de la course masculine des Championnats du monde de l'UCI, le soleil brillait sur la côte est des États-Unis. Richmond est une des plus anciennes villes du pays. Elle a été fondée par des pionniers de la colonie Jamestown et doit son nom à Richmond-Upon-Thames, une ville située dans les faubourgs de Londres. Quant à l'état, la Virginie, elle a été baptisée ainsi en honneur de la reine Élisabeth I par le grand explorateur Walter Raleigh. Pocahontas et George Washington considéraient cette partie du monde comme leur foyer. Le poids de l'histoire est très présent à Richmond, un trait qui la distingue de la grande majorité des villes des États-Unis. Les Virginiens sont très fiers de leur passé comme vous pouvez vous en doutez.

Que puis-je dire pour ma défense ? J'y suis resté toute une semaine. Il faut croire que cette fierté est contagieuse.

Les pavés bien dessinés que l'on trouve au bord de certaines routes sont un héritage de ce glorieux passé. Les habitants de Richmond peuvent être fiers de leurs routes et je reconnais que j'étais moi aussi plutôt emballé.

J'ai vraiment aimé le circuit. Vraiment aimé. Un tronçon difficile de deux kilomètres avec une succession de virages, une grosse montée, des descentes et des virages et enfin un circuit reposant sur lequel vous pouviez récupérer, reprendre votre souffle et évaluer les dégâts et une dernière ascension avant de retomber sur la partie difficile. Bizarrement, il y a failli avoir des dégâts très tôt. Avec un premier tour un tout petit peu plus long, suivi par quinze tours de 16 kilomètres chacun, je m'attendais à une course de longue haleine. Avec Juraj et Michal Kolář nous arborions fièrement nos tenues bleu, blanc et rouge slovaques. J'étais heureux d'être là et d'être considéré comme un « prétendant ». Un prétendant qui a bien failli se retrouver aux vestiaires bien avant que les choses sérieuses ne commencent. Le directeur de course a retiré son drapeau de la voiture de tête indiquant par là même que la partie neutralisée était terminée et que la course commençait. L'allure a augmenté de façon stratosphérique en un rien de temps. Quelque chose de très fréquent aujourd'hui sur les grands Tours, mais les courses aussi longues que les Championnats du monde, disputées par des équipes nationales et non par des équipes avides d'exposition télévisuelle, sont en général un peu plus calmes au début. J'ai eu peur qu'en voyant Peter « le grand Stratège » être lâché si vite, les spectateurs puissent croire que je m'étais trompé de route.

Deux groupes se sont rapidement constitués avec un écart important entre eux et, l'homme à l'arrière du deuxième groupe, bon dernier, n'était nul autre que moi-même. Autant dire qu'il fallait faire quelque chose.

Heureusement, quelqu'un s'en est chargé. Il y avait beaucoup de prétendants qui s'étaient laissé surprendre dans ce deuxième groupe et l'étrange ballet d'une poursuite désespérée au début d'une course de 250 kilomètres a animé les rues. Elles n'en avaient pas besoin. C'était l'une des meilleures ambiances que j'ai eu la chance de voir sur une course. Les fans qui avaient fait le voyage jusqu'à Richmond braillaient leur soutien à leurs favoris, des Européens, naturalisés américains, encourageaient les représentants de leurs anciens pays. Les fans américains chantaient « U-S-A ! » et les spectateurs neutres les plus enthousiastes rugissaient de plaisir à chaque fois qu'un coureur passait devant eux.

Les deux groupes ont rapidement opéré la jonction et le reste de la première moitié de cette course marathon a été un peu plus calme. Les équipes néerlandaise, belge et allemande ont assuré un tempo suffisamment élevé pour éviter les attaques mais l'allure restait confortable. Le processus de qualification pour les Championnats du monde est compliqué. Les grosses nations cyclistes ont plus de places et l'équipe de Slovaquie qui n'était constituée que de trois pirates ne pouvait que suivre et s'accrocher et laisser les gros navires de guerre avec leurs batteries de canons se rassembler à l'avant. Avec la crème du cyclisme en lice – presque deux cents coureurs – il vaut mieux rendre la course difficile et éliminer, le plus tôt possible, ceux qui ne sont pas assez forts pour terminer la course, et les grosses équipes s'y emploient avec une certaine efficacité.

La première attaque qui a secoué le peloton est survenue à deux tours de la fin lorsque l'équipe de Grande-Bretagne a mis sur orbite Ian Stannard qui, semble-t-il, avait décidé de jouer son va-tout. Je savais qu'il était en grande forme depuis les Classiques du nord sur lesquelles il avait constitué une vraie menace. Son attaque a provoqué un regroupement et une petite échappée s'est constituée. Je me suis mordu la lèvre et j'ai serré les dents en me disant qu'il restait encore beaucoup de kilomètres à couvrir et que ce n'était pas le moment de paniquer. Plusieurs grosses équipes voudraient combler cet écart. Il était indéniable qu'un groupe constitué de Michael Kwiato (le champion en titre), Dani Moreno, Bauke Mollema, Tom Boonen, Andrey Amador, Elia Viviani et Stannard pouvait nous priver de la victoire si les choses tournaient bien pour eux.

Avec des gars aussi rapides que Boonen, Viviani et Kwiato à l'avant, vous pouvez être certains que les coureurs qui les accompagnent n'ont pas envie de les emmener jusqu'à la ligne d'arrivée pour les regarder se disputer la victoire. Sans compter que ces trois-là allaient s'observer de trop près pour véritablement s'impliquer dans l'échappée. Pour la centième fois je me suis répété de rester calme et de continuer de rouler.

Nous roulions vraiment vite à présent : 225, 230, 240, 250 kilomètres parcourus. Je me sentais au bout du rouleau, mais je savais que les autres étaient probablement dans le même état que moi. J'étais conscient de n'avoir qu'une seule balle dans le barillet, le seul gros effort que je pouvais déployer et je savais que je ne pouvais pas m'offrir le luxe de le gaspiller au mauvais moment.

Les virages dans ce final difficile de 2 kilomètres avaient posé des problèmes tout au long de la course, et davantage à certains coureurs qu'à d'autres. Je savais qu'il fallait les négocier en perdant le moins de vitesse possible et, au virage serré à gauche avant la dernière ascension de Libby Hill, j'ai viré très large sans toucher mes freins. Cela m'a permis de grappiller quelques places et de sortir très vite du virage. Zdenek Stybar, un grand acrobate sur un vélo, a eu la même idée. Il a baissé la tête et a placé un démarrage. J'ai essayé de contrôler ma respiration et de le suivre mais, pour vous dire la vérité, j'étais très proche de la limite à cet instant, comme les quelques prétendants qui étaient parvenus à rester dans le sillage du coureur tchèque.

Personne ne s'est détaché. Au virage suivant, un virage serré à droite au pied de la côte de la 23e rue, j'ai tenté la même manœuvre. J'ai pris large en espérant être catapulté devant ceux qui prendraient à l'intérieur mais qui seraient obligés de freiner.

Greg Van Avermaet était en tête. J'avais été soulagé de ne pas le voir dans cette échappée un peu plus tôt. J'étais un peu moins content de le voir à mes côtés dans ce final. C'est un sacré client. Un excellent coureur possédant à peu près les mêmes caractéristiques que moi et qui ne rechigne pas à effectuer sa part de travail. L'échappée aurait été beaucoup plus dangereuse s'il en avait fait partie. En entrant sur les pavés de la 23e rue, Greg a tiré son boulet de canon, son seul coup.

Après la course, les journalistes m'ont demandé si les quinze tours de circuit permettent aux coureurs de choisir précisément l'endroit où ils vont porter leur attaque. Je dois avouer que ce n'est pas comme cela que les choses se passent. Oui, j'avais prévu de rester aux avant-postes et d'utiliser les virages, mais je n'avais pas du tout prévu d'utiliser cette ascension comme rampe de lancement. Toutefois, grâce à ma vitesse en sortie de virage, je suis entré sur les pavés à un grand nombre de nœuds et j'ai rapidement compris que c'était maintenant ou jamais. Il restait 2 kilomètres à parcourir. Je savais que si je pouvais produire le même effort que Greg, ma vitesse en sortie de virage me permettrait de le dépasser. J'ai donné tout ce que j'avais et j'ai atteint le sommet 5 mètres devant lui. J'avais un goût de sang dans la gorge. Mes mollets me faisaient un mal de chien à cause de toute la fatigue accumulée pendant ces 260 kilomètres. La course était encore loin d'être gagnée. L'aiguille de ma jauge était collée dans le rouge. Heureusement, la prochaine section était en descente. Je me suis aplati sur le guidon comme j'en ai l'habitude. C'est peut-être ce jour-là que les gens ont compris que c'était peut-être une technique efficace et pas une de mes facéties comme les roues arrière ou les sauts de lapin. J'ai pris ce virage gauche à angle droit en espérant que mes pneus ne se dérobent pas. J'ai dit une rapide prière, ignoré mes freins et demandé à mon Specialized de dessiner un angle avec le sol qui aurait donné des sueurs froides à son manufacturier. Lorsque j'ai redressé, à la sortie du virage après avoir miraculeusement évité la chute, Greg et Edvald Boasson Hagen étaient toujours lancés à ma poursuite mais ils m'ont parus un peu plus petits dans le rétroviseur. Parfait. Sauf que j'avais encore 800 mètres à parcourir et beaucoup moins de mètres d'avance sur mes poursuivants.

J'ai mis le plus gros braquet que j'ai osé emmener. J'ai essayé de contrôler ma respiration pour ralentir le monde qui défilait devant mes yeux. Le bruit avait atteint une tonalité et un niveau qui dépassaient tout ce que j'avais pu entendre sur une course cycliste. On se serait cru sur le Quaremont mais avec une intensité que vous n'entendrez que sur les courses où vous courez pour votre pays, lorsque les drapeaux nationaux poussent à faire un effort supplémentaire ceux dont les poumons sont sur le point d'exploser sur les vélos et ceux dont les tympans sont sur le point d'exploser le long des barrières. J'ai essayé de faire le vide, de m'obliger à utiliser la force de ma sangle abdominale pour appuyer verticalement sur les pédales et reposer mes avant-bras sur le guidon pour ne pas bouger de droite à gauche.

À quel point voulais-je la victoire ? C'était la question à laquelle je devais répondre. Sur certaines courses, vous pouvez rendre le final difficile en attaquant sans cesse pour lâcher vos adversaires. Ce sont les courses à l'issue desquelles les gens vous disent : « Oh, bien joué, Sagan, ou Greg, ou Fabian, ou Tomeke, ou Kwiato, tu étais le plus fort… Mais tu n'as pas gagné. » Mais pas aujourd'hui. C'était la course à un coup, ma seule balle que j'avais attendu toute l'année, toute ma carrière, toute ma vie, de tirer. Je n'allais pas perdre sans avoir essayé de l'emporter. Je ne voulais surtout pas avoir de regrets. Et pourtant, au plus profond de mon être, j'étais persuadé que j'allais être repris.

Lorsque je regarde les vidéos aujourd'hui, il y a deux choses qui me frappent. Premièrement, cela ne ressemble pas à une colline. Mon Dieu, j'avais l'impression d'être sur le mur de Grammont. En plus de ça, ils ont l'air d'être à des kilomètres derrière, pourtant je peux vous jurer que j'avais l'impression de sentir le souffle froid scandinave d'Edvald Boasson Hagen sur ma nuque tout au long des 600 mètres du final de Governor's Hill.

Ayant besoin de trouver de la vitesse quelque part, j'ai mis fin à ma tentative de rester zen et calme et je me suis mis en danseuse. J'ai appuyé sur les pédales et tombé une vitesse. C'est à ce moment-là que je suis passé le plus près de la crise cardiaque, malgré une carrière jonchée de moments effrayants, lorsqu'à cause de ma stupide position sur le vélo et de cette maudite hanche, j'ai déchaussé. J'aurais pu perdre tout mon élan, faire une embardée, me faire dépasser à quelques centimètres de la ligne et finir trentième. J'aurais pu tomber face la première et devenir, sur YouTube, le recordman du plus grand nombre de diffusions de tous les temps. J'aurais pu ralentir et perdre le sprint à cause de cette perte de vitesse. Heureusement, mes chaussures de cycliste ne m'ont pas trahi et j'ai pu rechausser aussitôt.

Avec le recul, c'était exactement ce dont j'avais besoin pour me voir exploser de rage et d'adrénaline sur la ligne. J'ai trouvé des réserves dont je ne soupçonnais pas l'existence. Peter, espèce d'idiot ! Ils arrivent ! Ils arrivent !

En réalité, lorsque j'ai enfin accepté l'idée, à 50 mètres de la ligne, que j'allais l'emporter, mes poursuivants n'étaient probablement pas plus près que lorsque j'avais regardé après cette folle plongée dans ce difficile virage à gauche, deux minutes plus tôt.

Ils avaient réduit l'écart lorsque j'ai franchi la ligne mais j'avais eu quelques secondes pour ralentir, secouer la tête émerveillé et ravi et apercevoir, de l'autre côté de la barrière, les personnes qui avaient tant contribué à cette victoire qui a changé ma vie.

DEUXIÈME PARTIE

DOHA

2016

HIVER

Ces derniers mètres pendant lesquels j'ai compris que j'allais l'emporter ont eu une grande incidence sur les minutes qui ont suivi. C'est une sensation incroyable qui vous envahit lorsque vous comprenez que vous n'aurez pas besoin de jeter votre vélo sur la ligne dans un effort désespéré, ou d'attendre que les journalistes présents sur la ligne vous confirment que c'est bien vous qui êtes le nouveau champion du monde de l'UCI, ou d'attendre que vos soigneurs viennent vous féliciter, ou encore la photographie officielle pour être déclaré vainqueur. Pouvoir sourire et lever les bras au-dessus de la tête au lieu de s'effondrer sur la ligne à bout de force vous permet également de vraiment savourer ce moment.

J'étais debout au milieu de la chaussée. J'avais abandonné mon vélo sans me préoccuper de son sort (Il vous plaît ? Gardez-le !) J'ai jeté mon casque en l'air. J'ai vu Tom Boonen qui franchissait la ligne. Et je ne peux que louer son attitude. Au lieu de jeter son vélo par terre de frustration devant une opportunité manquée, ce grand homme s'est dirigé vers moi, un grand sourire aux lèvres, pour me claquer un high five. Elia Viviani et Zdenek Stybar l'ont imité.

Il y a eu un petit moment de gêne. Je ne pouvais pas m'empêcher de trouver que certains en faisaient un peu trop, rayon louanges. Autour du podium, les journalistes rivalisaient d'hyperbole. Pour relativiser, j'ai rappelé le drame que vivaient les réfugiés en Europe. Je ne sais pas si vous vous souvenez des événements de l'été 2015 mais il y avait des articles dans tous les journaux dénonçant la situation dramatique de milliers de personnes désespérées, contraintes à l'exode. N'y voyez aucune volonté de ma part de me présenter comme l'ambassadeur autoproclamé de la cause des réfugiés ou quoi que ce soit, c'est juste que je me sentais mal à l'aise de voir tous ces gens se mettre en rang pour venir me baiser les pieds alors qu'il se passait des choses beaucoup plus graves dans le monde.

Mais dans mon monde ? Oui, cette victoire était un sacré événement. En 2015, j'ai connu les pires et les meilleurs moments de ma carrière.

OK. Je dois admettre que je n'avais plus du tout l'intention de prendre ma retraite. L'alerte avait été sérieuse : le surentraînement, le renvoi de Bjarne Riis, les désaccords avec Bobby Julich, mon total manque de forme, le problème à la hanche, la pression de l'équipe, les supposées renégociations de mon contrat, la désillusion qui m'avait envahie. Tous ces problèmes avaient laissé des traces.

Mais la Californie, Patxi, la Team Peter et le cyclisme m'avaient remis sur les bons rails. Toutes ces choses, et quelqu'un d'autre. Avoir à mes côtés une femme aussi extraordinaire que Katarina m'avait apporté des réserves de force dont je ne soupçonnais pas l'existence. Et je comptais bien faire deux choses :

un, lui dire à quel point je l'aimais et deux, lui montrer qu'elle ne se débarrasserait pas de moi facilement.

Moins de deux mois après mon titre de champion du monde, nous nous sommes dit oui, en Slovaquie, devant nos familles et nos amis.

Les gens me posent toujours des questions sur mon mariage. Je vais donc clarifier deux ou trois petites choses sur le sujet.

Tout d'abord, nous ne voulions pas d'un mariage public. Beaucoup de personnes ont pris contact avec nous pour y assister, pour nous proposer de l'argent ou juste pour demander une invitation mais en ce qui nous concerne, nous voulions quelque chose d'intime. Voilà pourquoi vous ne trouverez rien sur notre mariage sur YouTube. Notre mariage était un mélange de traditions slovaques, surtout de la ville natale de Katarina, et de trucs amusants dont nous avions rêvés tous les deux.

Nous nous sommes mariés dans la ville où vivait Katarina, Dolný Kubín. Pendant les préparatifs, j'avais fait l'acquisition d'une Cadillac qui nous conduirait jusqu'à l'église. Elle est malheureusement tombée en panne la veille de la cérémonie. Cela n'a en rien atténué mon envie d'arriver à mon mariage dans une voiture originale. Je suis parti à la recherche d'un autre véhicule et j'ai mis la main sur ma deuxième option : une vieille Trabant verte.

Mon ami Martin était au volant. Nous sommes passés devant nos amis et les habitants du coin venus nous souhaiter tout le bonheur du monde. Le moteur toussait et crépitait. Notre premier arrêt ne fut pas à l'église mais devant la maison de la famille de Katarina pour respecter une importante tradition. Pour être franc, je ne suis pas certain que ce soit un rituel slovaque. C'est peut-être une coutume locale de Dolný Kubín parce que c'était la première fois dont j'en entendais parler. Je me suis retrouvé face à un petit tronc d'arbre posé devant l'allée de la maison de Katarina. On m'a tendu une vieille scie rouillée. Le marié doit fendre le bois avant de prononcer ses vœux. Je me suis exécuté. Au bout de quelques minutes passées à haleter en maugréant après la lame émoussée, la foule a commencé à s'impatienter. Je commençais à avoir chaud. Je sentais un filet de sueur couler sous mon lourd costume de marié traditionnel. Je me suis dit que nous aurions dû arriver la veille pour commencer. Heureusement, la cavalerie est arrivée. Ou plutôt Martin avec une tronçonneuse à essence qu'un sympathique autochtone avait sorti à la hâte. Davantage mon style. Le brocard en or qui ornait ma tenue traditionnelle était à présent davantage menacé par les copeaux que par ma transpiration.

Vroom. Crac. Loué soit Dieu pour l'invention de la tronçonneuse, sinon, je serais peut-être encore en train de creuser mon unique minuscule sillon dans le bois avec cette vieille lame et Katarina serait encore debout sur les marches de l'église en regardant sa montre et ses cheveux seraient devenus aussi blancs que sa robe. Je n'ai rien contre les traditions mais j'étais surtout là pour me marier.

Mission accomplie. Nous sommes remontés dans la Trabant et, tels Batman et Robin, nous avons dévalé les rues à peine un peu plus vite que les piétons. Le moteur poussait des rugissements qui étaient loin d'être aussi impressionnants que ceux d'une tronçonneuse.

La religion et l'Église catholique jouent un rôle essentiel dans la vie de la majorité des Slovaques. Voir la femme magnifique avec laquelle j'allais passer le reste de ma vie dans sa robe de mariée monter les marches chargées d'histoire de St Catherine fut un moment émouvant pour moi, à tel point que je me souviens à peine de la messe qui a suivi. Lorsque j'essaie d'y penser, je ne me souviens que de Katarina rayonnante dans cette incroyable robe blanche et son voile.

À la sortie de Dolný Kubín, il y a une grosse falaise en calcaire dont l'ombre majestueuse surplombe un méandre de la rivière Orava. Au-dessus de ce piton rocheux trône depuis au moins un millier d'années l'incroyable château Orava dans lequel le célèbre film d'horreur muet, *Nosferatu*, a été tourné dans les années vingt. C'est ce décor de cinéma que nous avions choisi pour cadre pour la réception de notre mariage.

Nous avons passé tellement de soirées à chercher quelque chose que nos invités ne seraient pas près d'oublier. On ne se marie qu'une fois et il nous a semblé que des photos de nous, debout devant une pelouse ou devant un hôtel seraient… Eh bien, jolies mais nous pouvons nous habiller et sortir dans le jardin chaque fois que l'envie nous en prend. Ce serait une occasion unique et nous voulions que les photographies soient, elles aussi, uniques. Nous avions le château de Nosferatu. Et ensuite ? Nous avons appelé notre ami photographe, Jakub Klimo, pour lui demander de nous concocter quelque chose. Il a eu une idée d'une autre cascade dont les gens me parlent encore. Je devais m'extirper de ce costume, me glisser dans un harnais de cascadeur et remettre mon costume par-dessus. J'étais ensuite soulevé dans les airs et déposé sur une barre étroite placée à environ six mètres au-dessus du sol sur laquelle j'ai trouvé une sorte de minuscule tricycle victorien qui semblait sortir tout droit d'un carnaval du dix-neuvième siècle. En dessous de moi, toujours dans le thème steampunk cher à H.G. Wells, les invités coiffés de bonnets et chapeaux que l'on portait du temps de Dickens avaient commencé à se rassembler et d'énormes nuages de fumée ont commencé à tourbillonner autour d'eux. À travers la brume, resplendissante dans sa magnifique robe de mariée,

Katarina avançait en tirant sur des cordes qui semblaient nous manipuler, moi et ma monture, dans le ciel comme un spectacle de marionnette inversé. Pour être honnête, je ne sais pas où Jakub a été chercher tout ça, vous devrez le lui demander, en tout cas nous nous sommes bien amusés.

M. et Mme Sagan. Cela sonnait bien.

Giovanni était au sommet de son art cet hiver. Je pensais que je saurais gérer ma vie. Jongler entre les obligations commerciales que l'équipe s'attendait à me voir remplir, la liste grandissante de mes sponsors et les contrats que nous avions signés tout en restant capable de trouver du temps pour mes amis, ma famille et me détendre tout en m'entraînant suffisamment pour remporter plus de courses et de titres dans ma tenue arc-en-ciel.

J'avais tort.

Il semblait qu'un interrupteur s'était allumé quelque part dans la voûte céleste, pile au moment où je franchissais la ligne, à Richmond, et que toute une planète remplie de gens qui n'avaient jamais entendu parler de moi, et s'en trouvaient fort aise jusque-là, voulaient, non, *avaient besoin* de me parler. Les sollicitations dont je fais l'objet en tant que sportif de haut niveau me surprennent toujours un peu mais ne m'ont jamais dérangé outre mesure. Je les ai toujours acceptées jusqu'à un certain point : lorsque je ferme ma porte pour m'isoler du monde ou lorsque je monte dans le bus avec mes coéquipiers ou, encore mieux, lorsque je suis sur mon vélo au milieu d'un peloton professionnel. Mais là, c'était de la folie.

Pendant les mois qui ont suivi Richmond, je n'avais plus une minute à moi et j'avais du mal à entrevoir la lumière au bout du tunnel. Comment pourrais-je vous décrire ce que je ressentais ? Imaginez que vous êtes en train de nager dans une mer bleue et chaude. L'eau est claire et le soleil vous chatouille les épaules. Agréable, n'est-ce pas ? Imaginez, à présent, que vous ne voyiez plus la terre. Ce n'est plus aussi agréable. L'expérience est la même mais la crainte de vous noyer avant le reflux a complètement changé votre perception.

J'ai commencé à entrevoir le spectre de la soi-disant « malédiction du maillot arc-en-ciel » qui avait frappé quelques anciens champions du monde qui avaient enchaîné mauvais résultat sur mauvais résultat la saison suivante. La malédiction a bon dos. Leur baisse de forme était certainement plus imputable aux fréquentes interruptions de leur programme d'entraînement taillé sur mesure pour remplir diverses obligations et à leur vie loin du peloton.

C'est à ce moment-là qu'avoir un agent qui est à la fois un homme d'affaires avisé, un ami de confiance et un ancien coureur, est un avantage crucial. Au lieu de capitaliser sur les opportunités qui battaient le pavé devant la porte de la Team Peter, Giovanni savait que c'était précisément le moment où nous devions prendre le plus soin de ma carrière.

Nous avons beaucoup discuté de ce dont j'avais besoin pour rester concentré sur mon métier. Concentré et heureux parce que nous savons tous les deux que je ne gagne rien lorsque je traîne ma peine.

Le moment est venu de braquer les projecteurs sur le deuxième adulte le plus important dans ma vie, mon compagnon de tous les instants, mon comparse, mon souffre-douleur, l'incomparable Gabriele Uboldi.

Gabriele appartenait déjà à l'organisation Tinkoff. Il veillait sur les coureurs en sa qualité de chargé des relations avec la presse. Dans une grande équipe cycliste, vous avez tendance à être assez proches des mecs des RP, plus que dans d'autres sports, parce que vous êtes constamment en contact avec le public sur la route, et qu'ils sont des rouages essentiels de l'équipe. Après tout, un sponsor finance une équipe professionnelle afin de générer de la publicité. Impossible, dès lors, de juste tirer les volets. Il vous faut trouver le subtil équilibre qui vous permet d'être disponible auprès du public, de vous préparer et courir de votre mieux et vous laisse suffisamment de temps à consacrer à vos proches. Gabriele et ses collègues de la profession sont parties intégrantes de l'équipe au même titre que les coureurs, les directeurs sportifs, les coaches, les soigneurs et les mécaniciens.

Anticipant les problèmes liés au surplus d'attention que me vaudrait le titre de champion du monde, Giovanni avait pris contact avec Stefano Feltrin, de Tinkoff, pour lui proposer de demander à Gabriele de s'occuper davantage de moi tout en continuant de remplir ses obligations envers le reste de l'équipe et cela sans augmentation de salaire. Nous avions approché Gabriele pour lui demander s'il était partant. Il nous avait donné son accord après y avoir un peu réfléchi. De toute évidence, il n'y avait pas assez réfléchi, mais c'est du Gabri tout craché.

Malgré tout, les choses ne se sont pas déroulées comme prévu. Feltrin estimait que Gabriele ne pouvait pas être dispensé de ses devoirs envers l'équipe et que nous allions juste devoir serrer les dents, travailler dur et accepter le supplément d'attention que j'allais recevoir.

Il y a quelque chose que vous ignorez peut-être sur moi. Je ne crois pas que quelqu'un en ait jamais parlé jusqu'à aujourd'hui. J'adore les extincteurs. Certains adorent allumer le feu. J'adore l'éteindre. Allez, qui parmi vous peut jurer, la main sur le cœur, ne s'être jamais dit : « Oh le beau jouet ! Brillant et rouge. Ça doit être marrant de s'en servir ? »

Comme dans cette maison que j'ai fait construire à Žilina, par exemple. Celle avec le garage, la chambre, la salle de gym et pas grand-chose d'autre qui est devenue le *Centro Sportive*. Eh bien, lorsqu'elle a été terminée, j'ai invité quelques amis pour fêter ça, comme le veut la tradition, et bien sûr, il y a eu un moment extincteur. Il a fallu trois visites à une équipe de nettoyeurs professionnels pour en venir à bout. Les particules blanches flottent dans l'air et attendent que les nettoyeurs aient fini leur travail et aient quitté les lieux pour lentement se déposer en une nouvelle couche sur le sol et sur tout ce qui se trouve dans la maison.

Tout le monde ne partage pas ma passion pour les extincteurs. Je dois donc, la plupart du temps, lutter contre les pulsions qui me poussent à éteindre des incendies imaginaires mais, parfois, c'est plus fort que moi.

Comme par exemple pendant ce stage d'entraînement de l'équipe Tinkoff à Poreč, sur la côte istrienne, un jour après que Stefano Feltrin ait repoussé la suggestion de Giovanni de faire de Gabriele mon manager/assistant/aide-mémoire à plein temps. Il y avait beaucoup de monde dans le hall de l'hôtel. Coureurs, staff, personnel de l'hôtel et plusieurs autres pensionnaires trépignaient. J'étais certain que tout ce beau monde se sentirait beaucoup mieux une fois que je leur aurais rafraîchi les idées avec un extincteur.

Le lendemain matin, Feltrin téléphonait à Gabriele pour lui annoncer qu'il avait eu une idée : est-ce qu'il aimerait devenir l'assistant à plein temps de Peter Sagan ? Au moins, il avait dit « assistant » et pas « empêcheur d'utiliser les extincteurs ».

Depuis ce jour, Gabriele me suit partout où je vais. Cela a été, sur tous les plans, un changement radical et heureux pour moi. Je peux à présent me concentrer sur le vélo, les courses, me détendre et passer le maximum de temps avec ma famille au lieu de courir de droite à gauche en m'inquiétant d'avoir oublié quelque chose : passeport, tenue, sens. Il s'inquiète à ma place, il me remplace chaque fois que c'est possible et me conduit partout où je dois me rendre. Aujourd'hui, lorsque Gabri m'annonce que j'ai besoin de faire quelque chose, je sais qu'il a vérifié que ma présence est indispensable et je réponds oui sans hésiter.

Je n'ai pas l'impression qu'il m'évite les ennuis et pourtant c'est certainement le cas parce qu'il remplit mon agenda d'autres occupations. En plus des paris incessants et des défis, pendant tous les temps morts entre l'entraînement, la course et les obligations auprès de mes sponsors, je joue désormais à la PS4 et plus avec des extincteurs. Nous passons beaucoup de temps dans les hôtels, et il arrive souvent que nous ne disposions pas d'assez de temps pour rentrer à la maison mais cela nous laisse beaucoup de temps à tuer. C'est là que Gabri entre en scène. Il est l'adversaire idéal à FIFA18 : toujours partant, enthousiaste, pas mauvais mais pas aussi fort que moi. Il vous racontera qu'il me laisse gagner parce que c'est bon pour mon moral avant les courses. Si c'était vrai, il gagnerait un match de temps en temps, juste pour que son histoire reste crédible, mais il en est malheureusement incapable. Je prends Barcelone et lui la Juventus. Cela en dit long sur nos caractères. Je prends un plaisir fou en jouant, il prend du plaisir à essayer d'empêcher les autres de s'amuser. Et il échoue.

TINKOV

Le cyclisme a toujours été le plus commercial des sports professionnels – pouvez-vous me citer un autre sport dans lequel une équipe porte le nom de son sponsor ? Cristiano Ronaldo joue pour la Juventus mais s'il était cycliste, il courait pour Samsung. Les bailleurs de fonds des équipes cyclistes sont beaucoup plus exigeants que ceux que l'on peut rencontrer dans les autres sports professionnels. Dans le monde du cyclisme on nous demande de veiller à ce que leur marque bénéficie de l'exposition maximale pendant la diffusion de la course.

Des fabricants de vélos comme Scott ou Trek continuent de sponsoriser des équipes, le lien avec leur clientèle étant évident dans cette démarche. Avoir des coureurs professionnels arborant sur leurs tenues leur nom et leur logo en train d'utiliser leur matériel est le meilleur gage de l'excellence de leurs produits.

Hormis ces exceptions, presque toutes les autres équipes cyclistes sont sponsorisées par une entreprise à la tête de laquelle on retrouve un passionné de cyclisme qui a eu envie de devenir un acteur de la discipline. Tout le monde vous dira que même Sky, l'équipe considérée comme le chantre du professionnalisme, est née de la seule volonté de James Murdoch, un mordu de cyclisme. Il n'est pas le seul. La plupart des équipes sont financées par quelqu'un qui a les moyens de le faire et qui adore le cyclisme.

Oleg Tinkov en est le meilleur exemple.

Oleg est un ami de Roman Abramovitch, le propriétaire du club de football de Chelsea, l'homme qui lui ressemble le plus dans les autres sports. Tous les deux sont des hommes d'affaires impitoyables qui ont su saisir leur chance après la chute de l'Union Soviétique pour bâtir leurs propres empires et qui ont eu, un jour, envie de reprendre une équipe pour la conduire vers le succès. Le rêve de beaucoup d'entre nous ?

Mais côté caractère, les deux sont très différents. Je ne connais pas Roman Abramovitch mais il me donne l'impression d'aimer faire profil bas. Il n'accorde aucune interview. Il garde ses opinions pour lui et semble n'aspirer à aucune autre gloire que celle que lui valent les succès de son club.

Un portrait qui ressemble très peu à Oleg.

Oleg a un avis sur tout. Si vous lui posez une question sur quelque chose dont il n'a jamais entendu parler, il se sera forgé une opinion sur le sujet avant même que vous ayez fini votre question.

Il est très intelligent. Son cerveau est toujours en mode analyse, constamment à la recherche de nouvelles idées. Des idées qu'il énoncera à voix haute, qu'elles soient intelligentes, bizarres ou complètement folles. Il n'a pas ce filtre que possèdent la plupart des individus, celui par lequel transitent nos idées avant que nous les jetions en pâture à la face du monde. Bien sûr, il lui arrive de se montrer extrêmement vexant mais c'est quelqu'un de fantastique qui sait aussi se montrer charmant et avec lequel on ne s'ennuie jamais.

Avec Oleg, il se passe toujours quelque chose. Il possède une énergie incroyable. Il voulait nous accompagner partout. Nous mangions dans les meilleurs restaurants, nous buvions les plus grands crus et nous dormions dans les plus beaux hôtels. Le meilleur exemple de quelqu'un qui vit chaque jour pleinement.

Bien sûr, tout n'était pas toujours rose. Les différences d'opinion avec Oleg sont inévitables parce que son mode de pensée l'oblige à tout remettre en question et à inventer de nouvelles façons de faire les choses, mais il est difficile de se fâcher avec lui. Il ne m'a jamais « raconté de bobards ». Lorsqu'il avait une mauvaise nouvelle à annoncer, il ne cherchait pas un moyen de faire passer la pilule, il ne refilait pas le bébé à un tiers et il ne cherchait pas à la dissimuler sous le tapis. Il vous l'annonçait en face. « Tu as été à chier aujourd'hui, Peter. Mais tu as fait de ton mieux. C'est tout ce qui compte. Allons manger. Tu aimes le caviar ? »

Nous bossions comme des dingues tous les jours mais toujours dans la bonne humeur. C'était le manège le plus vertigineux de la fête foraine et je n'ai pas le souvenir d'en avoir entendu beaucoup se plaindre. Oleg peut se prendre la tête avec vous, se mettre à vous insulter, vous menacer et, cinq minutes plus tard, remplir votre verre en vous racontant une blague ou un truc désopilant qui lui est arrivé dans la journée.

Il s'est toujours montré très généreux envers nous. Il a reconnu la valeur de la Team Peter et a accepté de tous nous engager malgré la dépense supplémentaire et les problèmes que cela ne manquerait pas de poser vis-à-vis des membres de l'équipe. Il se montrait très exigeant envers tout le monde mais chacun comprenait pourquoi il agissait ainsi, et c'était parce qu'il avait soif de victoires et n'était jamais rassasié, et non parce que cela faisait partie de ses prérogatives, ni par amertume.

Et le jour où il en a eu assez, il a quitté la caravane. Tout simplement.

Reviendra-t-il un jour ? Je ne l'exclus pas. Parlez-lui du Tour de France et vous verrez ses yeux briller. Sans une victoire dans le Tour de France, en dépit de tous ses efforts, son passage dans le cyclisme lui a, de toute évidence, laissé un goût d'inachevé.

Je serais le premier à lui souhaiter un bon retour. C'est quelqu'un qui fait toujours preuve d'une totale franchise, en parole et en acte. Oui, c'est difficile de travailler avec lui, mais c'est difficile de travailler avec tout le monde. Les meilleurs jobs sont rarement les plus faciles. Est-ce que je retravaillerais pour lui ? J'espère n'avoir jamais à répondre à cette question parce que, d'une certaine façon, je sens que j'ai fait mon temps avec Oleg et que j'ai gagné le droit à une vie plus tranquille. Ça reste quelqu'un qui sait comment vous convaincre de rejoindre le projet qu'il essaie de mettre en place, en vous expliquant qu'il ne pourra pas y arriver sans vous.

Ma seule réponse est de m'engager avec BORA-hansgrohe pour le reste de ma carrière. C'est l'équipe idéale pour moi et je n'envisage pas de courir un jour pour quelqu'un d'autre.

Giovanni vient d'ailleurs de signer un contrat qui nous lie avec eux pour encore trois ans, un très long bail en cyclisme, et j'espère bien que nous poursuivrons l'aventure au-delà de ce bail. Je n'ai pas envie de quitter une équipe qui me témoigne autant de confiance, d'amour, de soutien et qui croit autant en moi.

Mais je suis le premier admettre que c'était très amusant de travailler avec Oleg Tinkov.

2016

PRINTEMPS

« Noël en Belgique. »

C'est ainsi que Fabian Cancellara appelle le Tour des Flandres, De Ronde van Vlaanderen ou, si vous êtes flamand, juste De Ronde. Je comprends exactement ce qu'il veut dire. Une date fixe dans le calendrier, le premier dimanche d'avril, qui divise l'année entre ce qui se passe avant De Ronde et ce qui advient après. Pour poursuivre l'analogie de Fabian, il y a une course tout aussi attendue, une semaine plus tard, la très célèbre Paris-Roubaix qui fait office de Nouvel An. Certains préfèrent Noël, d'autres le Nouvel An, mais la majorité d'entre nous apprécient les deux. Deux jours dans l'année que l'on attend avec une excitation croissante et dont le souvenir s'estompe lentement une fois qu'ils sont passés.

La plupart des équipes qui nourrissent des ambitions sur les Classiques du Nord prennent leurs quartiers dans la région pendant deux semaines. Dans les temps anciens, Gand-Wevelgem (le petit frère de Paris-Roubaix) se disputait entre ces deux dimanches, le mercredi. Cependant, depuis que j'ai rejoint les rangs professionnels, Gand-Wevelgem se dispute le week-end précédent et confère encore un peu plus de prestige à cette « quinzaine des pavés », surtout si vous êtes originaire des Flandres. La proximité de ces grandes courses a beaucoup contribué à la popularité des semi-classiques et des rendez-vous de milieu de semaine, comme l'E3 Harelbeke ou À travers les Flandres, sont aujourd'hui très prisées par l'ensemble du peloton ; tout cycliste professionnel ne serait pas contre ajouter ces épreuves à leur palmarès.

En 2013, j'avais connu le meilleur printemps de ma carrière. J'avais remporté ma première Classique, Gand-Wevelgem, en m'extirpant du groupe de tête à quatre kilomètres de la ligne pendant que tout le monde s'observait en attendant le sprint. Je me souviens surtout du froid terrible qui régnait ce jour-là. C'était de la folie. Il y avait tellement de neige que les organisateurs avaient dû amputer la course de ses premiers 50 kilomètres.

Cette année-là, De Ronde était ma troisième classique. J'en avais pris le départ tout auréolé de ma victoire sur Gand-Wevelgem et de ma deuxième place sur Milan-San Remo. Lorsque je me suis retrouvé, épaule contre épaule, avec Fabian Cancellara sur la dernière difficulté de la course, le Paterberg, j'avais bien cru que mon heure était peut-être venue.

Le Paterberg ne fait que 400 mètres de long. Malgré les pavés et le dénivelé, tout le monde peut en venir à bout, mais lorsqu'il est placé à moins de 15 kilomètres de l'arrivée, il peut se transformer en rampe de lancement vers la victoire ou en cimetière d'ambitions. En 2013, ce fut le second scénario qui m'arriva. Les 240 kilomètres de course avaient laissé une trace indélébile dans mes jambes et Fabian, qui comptait déjà quatre

Monuments à son palmarès, m'a porté le *coup de grâce*[10] sur le secteur pavé le plus pentu. Les quelques longueurs de vélo d'avance qu'il possédait en haut de la bosse s'étaient transformées en un écart de quatre-vingt-dix secondes lorsque j'avais atteint la ligne, à Audenarde. Une seconde place sur le Tour des Flandres était un bon résultat mais j'allais devoir m'améliorer dans le final des courses les plus longues si je voulais, un jour, devenir l'égal de Fabian.

Revenons à 2016. Qu'est-ce qui a changé pour moi, en trois ans, depuis cette leçon sur le Paterberg ? Eh bien, à mon crédit, j'ai remporté une longue course exigeant des qualités d'endurance, les Championnats du monde. La course à Richmond faisait 261 kilomètres et j'avais fait parler la poudre dans la partie la plus difficile, le dernier tour. Cependant, dans la colonne « débits », il y avait encore un gouffre énorme avec les Monuments. Le mieux que j'avais fait pour m'approcher de la victoire restait ces deuxièmes places, en 2013. Oui, j'avais remporté deux grosses courses d'un jour qui s'autoproclament « Classiques » – Gand-Wevelgem et E3 Harelbeke – mais j'étais parfaitement conscient que même s'il s'agissait de courses difficiles avec un parterre de qualité, les deux sont beaucoup moins longues que les Monuments que je voulais remporter. Une situation à laquelle il me fallait remédier.

Sur Milan-San Remo, je me sentais très bien. J'avais passé tous les *capi* sans trop de difficultés et le Poggio avec les leaders. Dans les dernières centaines de mètres, avec tous les prétendants bien alignés en file indienne, je me trouvais à environ cinq roues de la tête où Edvald Boasson Hagen regardait par-dessus son épaule et se demandait s'il devait produire

10. *En français dans le texte (NDT).*

son effort ou attendre que quelqu'un d'autre lance le sprint. Nous avions légèrement ralenti. Fernando Gaviria s'était retrouvé du mauvais côté de la roue dans laquelle il était calé, celle de Greg Van Avermaet, il me semble. Il avait chuté et sa hanche gauche avait heurté le sol, juste devant ma roue avant. Une de ces chutes que l'on voit arriver. Vous avez l'impression de visionner la scène au ralenti alors qu'elle se déroule devant vos yeux. J'ai pu freiner et l'éviter en passant à gauche. Sans surprise, cela a mis fin à mes espoirs dans ce sprint. J'avais perdu tout mon élan, la porte s'était refermée, mon avance sur mes poursuivants réduite à néant… J'ai essayé mais c'était une cause perdue et j'ai terminé loin derrière le vainqueur, Arnaud Démare.

Encore une longue course dans laquelle j'avais été en lice jusqu'à la fin. C'était rassurant, mais il était difficile d'en tirer trop d'enseignements. Milan-San Remo est une course magnifique mais elle n'est pas aussi sélective que le Tour des Flandres et Paris-Roubaix, et je n'avais pas vraiment pu tester mon sprint après 250 kilomètres de course.

Prochain arrêt, Gand-Wevelgem, la course sur laquelle la météo a le plus d'incidence. Les longues parties planes exposées sont souvent battues par les vents qui soufflent depuis la Manche et ces bourrasques venues de l'ouest apportent la pluie et parfois la neige. En 2016, le peloton s'est scindé dès que nous avons franchi la ligne de départ, à Deinze. Je suis certain que quelqu'un pourra vous expliquer pourquoi nous sommes partis de Deinze et non pas de Gand. Cette personne pourrait aussi vous conseiller de ne pas essayer de rejoindre à pied, depuis Paris, le départ de Paris-Roubaix et serait peut-être aussi capable de vous expliquer pourquoi le Tour de France ne part de France qu'une année sur deux.

Après deux heures passées à tenter de s'abriter du vent sans trop s'éloigner de la tête de la course pour ne pas se faire surprendre par une bordure, la course pénètre dans sa partie difficile. Le parcours n'est pas aussi sélectif que sur De Ronde mais il est impossible de s'abriter sur Gand-Wevelgem, et certains de ses monts sont plus longs et plus hauts que ceux que devra affronter le peloton une semaine plus tard.

Le Mont Kemmel fait office de juge de paix, une crête d'une importance stratégique telle que pendant la Première Guerre mondiale beaucoup, beaucoup de jeunes hommes ont perdu la vie sur ses pentes au cours d'une bataille tragique. Le souvenir de ces jours sombres et tragiques, qui se sont déroulés il y a un siècle, est toujours très présent sur Gand-Wevelgem. La course longe beaucoup de cimetières immaculés de toutes tailles et passe même sous la Porte de Menin, l'inoubliable monument aux morts érigé à la mémoire de tous ceux qui sont tombés au front mais dont on n'a jamais retrouvé les dépouilles.

Le Mont Kemmel est probablement le mont le plus connu et le plus difficile des Flandres à ne pas figurer dans De Ronde. Certainement parce qu'il se trouve très à l'ouest des monts dissymétriques qui en sont la signature. Pour la première fois de mémoire de l'ensemble des participants, nous l'avons attaqué par « l'autre » versant, celui où le dénivelé est le plus prononcé avec des pavés qui s'élèvent à un terrifiant 23 %. Nous l'avons escaladé deux fois : en début de course pour opérer une première sélection et en fin de parcours dont il constitue la dernière difficulté avant de revenir vers la ligne d'arrivée. Je me sentais bien lorsque nous avons gravi le Mont Kemmel pour la deuxième fois et j'ai attaqué au milieu de l'ascension. Les pavés sont bien dessinés et la chaussée est large, contrairement, dirons-nous, au Koppenberg, et vous avez moins de risques de vous retrouver pris dans le trafic si vous n'êtes pas en tête du groupe. Au sommet, j'avais dans ma roue Cancellara (bien sûr), Sep Vanmarcke et Viacheslav Kuznetsov. Nous n'avions que quelques secondes d'avance mais en roulant tous les quatre à bloc, nous avons maintenu les autres à distance sur les 34 derniers kilomètres avant Wevelgem.

Nous n'avons ralenti que dans les dernières centaines de mètres lorsque Fabian s'est retrouvé en tête. Nous avons tous les deux essayé d'obliger les autres à abattre leurs cartes trop tôt mais personne n'est tombé dans le panneau. Le dénouement a commencé bizarrement. Kuznetsov et Fabian ont commencé à sprinter au même moment, chacun d'un côté de la large chaussée. J'ai choisi la roue du coureur de Katusha mais il avait mis un sérieux coup de reins et j'ai dû faire un gros effort pour rester dans son sillage. Nous nous sommes regroupés tous les quatre au milieu de la chaussée à un peu moins de 200 mètres de la ligne et j'ai dû placer un second démarrage pour battre Kuznetsov. Sur la ligne, ma victoire semblait confortable mais les apparences étaient trompeuses. Mon deuxième Gand-Wevelgem.

Une course de 240 kilomètres conclue par un sprint endiablé. Mais ce n'était pas un Monument. Avais-je comblé l'écart qui me séparait d'une victoire sur un Monument ? Nous allions devoir attendre sept jours pour le savoir.

Noël en Belgique. Mais c'était bien plus que cela pour Fabian Cancellara. C'était son dernier Tour des Flandres. Il prenait sa retraite et mettait fin à la carrière la plus brillante de l'histoire récente de la discipline. Spécialiste du contre-la-montre originaire de l'un des pays les moins titrés de l'histoire cycliste, « Spartacus » a tout de suite refusé les étiquettes et est devenu l'un des meilleurs coureurs de Classiques de cette génération ou de n'importe quelle autre. Il a remporté deux fois de suite les Flandres et Roubaix ! Rien ne me rendrait plus heureux que de terminer ma carrière sur une huitième – vous avez bien lu, huitième – victoire dans un Monument.

La température était incroyablement douce en Belgique, ce week-end-là. Attiré par le soleil d'avril, le public était nombreux, surtout sur le Vieux Quaremont où il ne restait plus une place sur les tribunes éphémères ou sous les chapiteaux. De Ronde escaladant ce mont trois fois, cela confère à ses pentes une importance stratégique. La chaussée est étroite et pavée mais le dénivelé n'y est pas très important. Ce n'est donc pas la rampe de lancement idéale pour une attaque décisive. En fait, c'est le secteur pavé en faux plat de deux kilomètres après son sommet qui a fait sa légende. Ce n'est peut-être pas sur ses pentes que vous remporterez la course mais c'est là que vous pouvez la perdre. Très facilement.

Les deux premières ascensions du Quaremont avaient rempli leur office en réduisant le champ. À 30 kilomètres de l'arrivée, les favoris se trouvaient dans un groupe composé d'une vingtaine de coureurs qui étaient sur le point de rattraper l'échappée partie en début de course.

Avec Michal Kwiato, nous nous affrontons depuis nos quatorze ans. Nous avons le même âge et nous avons disputé les mêmes courses chez les juniors. Nous nous connaissons donc très bien. Nous avons été souvent comparés et je pense que nous avons les mêmes qualités et notamment de pouvoir prétendre à la victoire sur différents types de courses et différents terrains. C'est peut-être cette proximité qui a alerté mes sens lorsque Kwiato a pris quelques longueurs d'avance sur ce groupe de favoris. Nous étions sur une portion a priori anodine de bitume, un peu sinueuse et qui serpente entre quelques maisons isolées un peu à la sortie de Ronse. Les leaders d'équipe étaient tous en train de rameuter les équipiers qu'il leur restait avant les dernières ascensions de la course. J'ai appuyé un peu plus fort sur les pédales et je suis revenu à la hauteur de sa roue. Il a poursuivi son effort. Il souhaitait manifestement mettre un peu de distance entre lui et le reste du groupe. Je me suis calé dans sa roue.

Il souhaitait, vous vous en doutez, que je le dépasse pour le relayer mais je n'étais pas sûr d'avoir quelque chose à y gagner. Il y a toujours beaucoup de tentatives ou d'attaques qui font long feu dans les derniers kilomètres sur ces grosses courses et je ne voulais pas gaspiller des forces inutilement. Mais lorsque Sep Vanmarcke, au prix d'un gros effort, est revenu sur nous quelques instants plus tard, nous nous sommes regardés tous les trois et après un rapide hochement de tête, nous avons pris une décision : on roule.

Sur les routes accidentées qui nous séparaient du pied de la dernière ascension du Vieux Quaremont, nous avons roulé à bloc. Chacun ne restait que quelques secondes en tête à chaque relais. Un effort conjoint qui a suffi pour tenir à distance le groupe des autres principaux favoris de plus en plus inquiets. Lorsque nous sommes passés devant les dernières maisons, à Kluisbergen – il y a toujours deux vieilles dames assises sur des transats qui écoutent la radio à tue-tête, impossible de les rater – nous avions une poignée de secondes d'avance sur nos poursuivants. J'ai pris la tête sur le Quaremont et j'ai accéléré sur le secteur pavé. Je roulais sur le fil, à la recherche de ce subtil équilibre qui me permettrait de rouler le plus fort possible sans entamer mes réserves.

À cet instant, nous étions huit en tête de la course, à 18 kilomètres de l'arrivée. Mais en réalité, Kwiato et Vanmarcke étaient mes seuls adversaires. Les cinq autres survivants de l'échappée que nous venions tout juste de reprendre n'étaient là que pour prendre la place d'honneur la plus haute.

Il est difficile pour le public, sur le bord de la route, de discerner les positions de la course. Les cyclistes roulent vite, le peloton ressemble à un essaim de couleurs changeantes au sein duquel il est difficile de repérer tel ou tel coureur. La popularité, au sein du peloton, de certains casques et lunettes de soleil complique encore un peu plus la tâche des spectateurs qui ne disposent que de quelques secondes pour reconnaître les coureurs qui passent devant eux. C'est pour cela que les maillots de couleur pour les leaders des grands Tours, puis le maillot arc-en-ciel que le champion du monde en titre a l'honneur de porter, ont été inventés. Depuis que je ne porte plus le maillot de champion du monde, j'ai commencé à comprendre et sentir les attentes qui pèsent sur les épaules de celui qui porte ce maillot distinctif. Cependant, avec le recul, je pense que c'est sur cette dernière ascension du Quaremont, en 2016, que j'ai compris le pouvoir du maillot arc-en-ciel. Le bruit était assourdissant, un couloir de rugissements ininterrompus. Dans le feu de l'action, je n'avais qu'une idée en tête, rouler le plus fort possible pour tenir à distance nos poursuivants, mais lorsque je regarde la vidéo, aujourd'hui, je peux enfin voir la course avec les yeux d'un spectateur : le maillot arc-en-ciel à l'attaque sur l'une des ascensions les plus atmosphériques de la discipline pour tenter de remporter leur course préférée. L'identité de son porteur était secondaire. Pour eux, c'était le champion du monde qui rebondissait devant eux sur les pavés, pas Peter Sagan ou un autre coureur de Tinkoff, Quick-Step ou Trek. Au milieu du Quaremont, quelque chose d'inattendu s'est produit. Kwiato qui avait semblé si fort et si affûté lorsqu'il avait placé son démarrage, a commencé à faiblir. J'ai compris qu'il ressentait la douleur que j'avais endurée en ce même lieu, trois ans auparavant – 240 kilomètres ? Pas de problème. Mais lorsque la douleur apparaît, 255 peuvent soudain en paraître 355.

Pendant Vanmarcke et moi traversions la place au sommet du mont et nous dirigions vers le faux plat, le public s'est mis à rugir encore plus fort. Fabian Cancellara escaladait le Quaremont pour la dernière fois de sa carrière et c'était certainement là sa plus rapide ascension sur ces fameux secteurs pavés. Il avait dépassé Kwiato et tous ceux qui étaient avec nous au pied du mont. Nous sentions son souffle sur nos nuques.

Nous sommes enfin sortis du secteur pavé. Vanmarcke m'a relayé sur la grande route. Il est né à quelques encablures de là, un Flandrien pur souche, et je sais la force que cela peut donner à un coureur. Nous entrions à présent dans cet étrange jeu du chat et de la souris que l'on ne voit que dans le cyclisme où un coureur doit compter sur l'autre pour avoir la meilleure chance de l'emporter tout en étant en même temps parfaitement conscient que cet autre coureur est aussi son rival le plus dangereux pour cette même victoire.

Le Paterberg est une drôle de petite route. Vous avez beau l'avoir déjà escaladée un paquet de fois, vous ressentez toujours la même surprise lorsque vous arrivez dessus, tout simplement parce qu'il ne devrait pas y avoir une route. Et d'ailleurs, il n'y en avait pas. L'histoire veut que le propriétaire du champ que le Paterberg escalade était tellement fan de cyclisme qu'il a littéralement construit la route pour que la course passe devant sa porte. Je ne sais pas si cette histoire est véridique mais c'est un sale petit mont avec une pente terrible sommet.

Nous sommes entrés sur le secteur pavé. Il n'était pas question de lambiner ni de mettre au point une tactique. Cancellara avait remporté cette course trois fois et il nous avait en point de mire. La dernière ascension du Tour des Flandres, les derniers pavés de De Ronde, plus que 200 mètres de souffrance et 13 kilomètres jusqu'à la ligne.

Épaule contre épaule, nous approchions du secteur présentant le dénivelé le plus important du mont. J'avais l'impression de me revoir au même endroit, trente-six mois plus tôt, dans une échappée à deux avec un mince avantage à la fin d'une course particulièrement difficile. À l'époque, je n'avais pas su trouver la parade pour contrer mon adversaire. Y arriverais-je aujourd'hui ?

Sur le secteur pavé à 20 % de dénivelé, j'ai verrouillé le haut de mon corps et je me suis bien calé sur ma selle. J'ai essayé d'imaginer que mes jambes étaient les pistons d'un moteur. Devant moi, Vanmarcke s'est mis en danseuse. Et soudain, il a disparu, Il a décroché pendant ces derniers mètres et j'ai basculé, tout seul, dans le virage serré au sommet. Cancellara a atteint ce virage quinze secondes derrière moi, le même écart qu'au pied mais il avait repris Vanmarcke entre-temps.

Vous vous souvenez quand je vous ai dit que, pendant ces dernières centaines de mètres, à Richmond, j'étais persuadé que j'allais me faire reprendre ? Et que jusqu'à 50 mètres de la ligne mon cerveau me répétait en boucle : « Ils arrivent. Ils arrivent ». Eh bien, je n'ai rien ressenti de tel ce jour-là. Si j'étais maudit sur le Tour des Flandres, une croyance renforcée par le souvenir de la façon dont Fabian m'avait lâché au sommet du Paterberg, je venais de briser la malédiction en réservant le même sort à mon adversaire du jour. 250 kilomètres ? Pas de problème. Montrez-moi le chemin.

Je me suis relâché du mieux que j'ai pu. J'étais sur le bec de selle depuis 150 kilomètres mais je me sentais bien. L'écart est monté à vingt secondes et s'y est maintenu. Tout allait bien se passer.

À 3 kilomètres de l'arrivée, devant moi, sur ma gauche, sur la piste cyclable j'ai aperçu un cycliste avec une tenue vintage de la Molteni des années soixante-dix, une vision d'Eddy Merckx émergeant d'une faille temporelle. Probablement la chose la plus belge que j'ai jamais vue. Je lui ai crié « Eddy ! ». Il s'est retourné mais ce n'était pas lui.

Quelques minutes plus tard, je remportais mon premier Monument. J'ai fait une roue arrière en tenant le guidon d'une seule une main pour les photographes. Je nageais en plein bonheur.

LE SPRINT

La question que l'on m'a le plus souvent posée dans ma carrière ? Laissez-moi réfléchir. Ce doit être : « Êtes-vous un sprinteur ? » À moins que ce ne soit : « Pourquoi êtes-vous aussi fou ? » Non, c'est probablement la première.

La réponse est non. Je suis un coureur complet, capable de sprinter, de grimper et de faire un contre-la-montre. C'est juste que le sprint me vient plus naturellement.

J'ai le même coup de reins que lorsque je suis passé pro. Pendant la batterie de tests demandés par l'équipe, par l'UCI, par les mecs du contrôle anti-dopage, si je suis dans un bon jour, mon ratio watts par kilogramme est toujours aussi bon, je peux donc encore produire un peu de puissance. Toutefois, il faut se rappeler que je suis devenu pro très jeune. Je n'ai que vingt-huit ans. Il peut disparaître à tout moment. L'histoire du cyclisme est pleine de sprinteurs qui ont tutoyé les étoiles pendant une ou deux saisons avant de rentrer dans le rang. Un phénomène plus rare de nos jours. Depuis de nombreuses saisons, des coureurs comme André Greipel et Mark Cavendish figurent, chaque année, parmi les plus rapides du peloton. Il paraît que c'était la même chose pour Mario Cipollini qui était chaque année parmi les plus rapides malgré le temps qui passait. Impossible d'aller vite seulement une année ou deux et vous retirer avec 57 – 57 ! – victoires d'étapes sur les grands Tours. La lutte contre le dopage a peut-être changé les choses ? Peut-être bien. On ne voit plus autant de performances étonnantes qu'auparavant.

Chaque sprint est différent. Cent coureurs, cent histoires différentes, mais ce n'est pas la seule raison. De nombreuses autres variables entrent en compte. La plupart des gros sprints avec peloton groupé se disputent dans les grands Tours, ils sont donc différents de par leur nature même, parce que le parcours est différent chaque année, chaque jour. Même lorsqu'une étape arrive dans une ville que la course a déjà traversée, vous n'avez aucune garantie que la ligne sera au même endroit ou que le parcours empruntera les mêmes virages, les mêmes montées, les mêmes descentes. Sans compter les aléas de la météo : la pluie, celui auquel on pense en premier et qui va rendre les virages plus difficiles à négocier et surtout les transformer en patinoire, mais lors d'un sprint vous ne devez jamais négliger la force et la direction du vent, deux éléments qui sont parfois difficiles à apprécier lorsque l'on est devant sa télé.

La chute, ou la simple crainte de la chute, joue également un rôle important dans les sprints. Vous devez vivre d'expédients. La peur de la chute se transforme souvent en prophétie autoréalisatrice. Il est par conséquent primordial de garder son calme. N'oubliez jamais que la plupart des chutes n'ont pas lieu dans les sprints. Chris Froome a un jour chuté après avoir percuté un membre du personnel de course quelques secondes après le départ sur un contre-la-montre, et nous avons tous, un jour, embrassé le bitume en déchaussant. Les chutes sont plus douloureuses et plus spectaculaires lorsqu'elles surviennent à 100 mètres de la ligne d'arrivée sur une étape du Tour de France.

Je n'aime pas sprinter derrière un train. Cela me stresse et c'est la dernière chose dont j'ai besoin. Tout le monde compte sur vous et vous devez lutter pour garder votre position dans la roue de l'équipier qui vous précède pendant plusieurs dizaines de kilomètres avant la ligne. Je n'aime pas me battre au milieu du peloton. La vie est trop courte. C'est de l'énergie gaspillée qui vous manquera lorsque vous aurez besoin de tout donner plus tard. Je préfère rouler et garder les yeux sur ce qu'il se passe. Ma journée se serait résumée à ça de toute façon. L'allure est juste un peu plus rapide en fin de course. Pour remporter un Monument comme les Flandres ou Roubaix, par exemple, je sais que je vais devoir rouler pendant les 100 derniers kilomètres comme je le ferai pendant les 10 derniers kilomètres d'une étape d'un grand Tour : prudemment, en gardant l'esprit clair et les yeux ouverts.

C'est aussi un jeu de pourcentage. Je sais que si rien ne vient perturber la course, chute ou modification du parcours, je finis en général dans le top cinq d'un sprint, quels que soient mes adversaires du jour. Je ne veux pas paraître prétentieux mais si je me mets pendant quelques instants à la place d'un spectateur sur le bord de la route, je m'attendrais à voir le champion du monde en titre, dont on connaît les qualités de sprinteur, dans le final s'il se trouve dans le groupe de tête. C'est juste normal. Avec un train qui vous emmène, vous n'avez plus votre destin entre les mains. Bien sûr, c'était agréable pour un coureur comme Mark Cavendish de s'abriter dans le sillage du train de la Omega Pharma-Quick-Step dont il bénéficiait avec Tony Martin, Mark Renshaw et tous les autres qui l'emmenaient jusqu'à 200 mètres de la ligne mais il y a tellement de choses qui peuvent se passer de travers. Vous perdez la roue qui vous précède. Une autre équipe a un train plus rapide et vos co-équipiers doivent fournir leur effort trop tôt. Votre dernier équipier évalue mal la distance qu'il reste à parcourir jusqu'à la ligne. Je ne le nie pas, en théorie vous avez peut-être une meilleure chance de l'emporter mais vous avez aussi une plus grande chance de vous planter. Je préfère rouler seul et si quelqu'un est plus rapide que moi, eh bien, il est plus rapide. Aucun problème. Mais je ne serai pas très loin derrière lui. Et j'aime les podiums, même lorsque je ne suis pas sur la première marche. Je préfère être sur le podium plutôt dans le bus de l'équipe en train de débattre avec mes coéquipiers de ce qui n'a pas marché.

Je suppose que dans un monde idéal, plutôt qu'un train, je pourrais avoir un coéquipier à mes côtés, juste au cas où je ne pourrais pas tout gérer tout seul. Dans les équipes nationales, cela a plutôt bien fonctionné, avec mon frère Juraj ou Michal Kolář qui étaient à mes côtés dans les moments difficiles. Un homme – un homme fort – peut se porter en tête et assurer un tempo qui découragera les attaques, peut reprendre une échappée ou me donner une roue ou même son vélo si je suis coincé par je ne sais quelle intervention divine aux avant-postes de la course.

L'un de mes mantras préférés est que c'est une bonne idée d'avoir un plan mais il ne faut jamais oublier qu'ils ne sont pas infaillibles. Je vais vous raconter une vieille histoire que l'on trouve dans les manuels des VRP. Un VRP se rend chez un client qui lui a déjà plusieurs fois acheté le même produit. À son arrivée, le client lui annonce tout de go qu'il ne veut plus entendre parler de ce produit. Que doit-il faire ? Lui vendre autre chose. Et c'est ce que je dois faire moi aussi. Vendre quelque chose d'autre à mes adversaires.

Mon plan est simple : essayer de rouler le plus « normalement » possible jusqu'aux 2 derniers kilomètres. Aujourd'hui,

L'incroyable forêt de drapeaux slovaques qui m'a accompagné sur toutes mes victoires aux Championnats du monde UCI. Je n'avais plus l'impression de venir d'un petit pays.

Ayant été malade toute la semaine, je n'en revenais pas d'avoir pu prendre le départ à Bergen. Pendant la majorité des 276,5 kilomètres du parcours, mon objectif était simple : rester en course le plus longtemps possible.

Certains sprints sont explosifs, d'autres lents mais peu sont aussi longs et intenses que celui des Championnats du monde à Bergen. Si la course avait été plus courte de 50 centimètres, je ne serais que double champion du monde.

Tous ceux qui doutent de ma surprise de remporter mon troisième titre consécutif de champion du monde, n'ont qu'à regarder mon visage sur le podium. Alexander Kristoff (gauche) et Michael Matthews (droite) complètent le podium.

Difficile de croire que ce mec ait l'âge légal de quitter l'école et encore moins pour être coureur cycliste professionnel.

Aux côtés de mes coéquipiers chez Liquigas, Ivan Basso et Vincenzo Nibali, deux légendes du cyclisme italien, au départ de mon premier Tour de France, à Liège.

Ma troisième victoire d'étape sur mon premier Tour à Metz devant Andre Greipel et, bien sûr, une autre célébration de victoire sur le Tour de France.

Après toutes ces années de pérégrination à travers l'Europe pour m'encourager sur mes premières courses, la récompense. 2012 fut une année très heureuse pour mon père, Ľubomír.

Sur le point d'entrer dans Paris avec sur les épaules le maillot vert du classement aux points, à la fin de mon premier Tour de France, en compagnie du meilleur jeune, Tejay van Garderen, le vainqueur de l'épreuve, Bradley Wiggins et le roi de la montagne, Thomas Voeckler. Une expérience extraordinaire et je l'espérais bien, pas la dernière.

Le premier héros du cyclisme slovaque, Ján Valach, sur une photo prise en 1989, au sommet de sa carrière professionnelle. Il continue de me montrer la voie au volant de la voiture BORA-hansgrohe.

Enfant, j'ai passé beaucoup de temps dehors à jouer à tous les sports imaginables. Cela a eu une influence considérable sur ma carrière. J'adore faire sortir au grand air les nouvelles générations d'enfants slovaques comme ici, sur une course du Kids Tour en 2015.

C'est en venant apporter mon soutien aux courses pour enfants comme celle-ci dans ma ville natale de Žilina que j'ai eu l'idée de créer la Peter Sagan Academy pour permettre l'éclosion de jeunes talents.

Mon premier transfert chez les professionnels. Je rejoins l'équipe qui faisait les gros titres, Tinkoff, et un nouvel entraîneur en la personne de Bobby Julich.

L'homme à l'origine de ma venue chez Tinkoff, le fondateur de l'équipe, Bjarne Riis.

Aucun risque de s'ennuyer lorsque Oleg Tinkov était dans le coin. Le voici en 2015 en train de tester les coutures de mon quatrième maillot vert sur le Tour de France, le premier remporté sous les couleurs de Tinkoff.

Envie de passer un bon moment, d'être charmé, amusé ou vexé ? Oleg Tinkov est votre homme.

Le combat des chefs à la tête de Tinkoff opposant Stefano Feltrin et Oleg Tinkov à Bjarne Riis a finalement coûté son poste à ce dernier.

La presse a fait ses choux gras de la supposée rivalité pour le leadership de l'équipe Tinkoff entre Alberto Contador et moi, mais nous n'avons jamais eu la moindre anicroche. Nos relations ont toujours été d'une grande cordialité parce que nous avions beaucoup de respect l'un pour l'autre.

Ma deuxième année chez Tinkoff a été beaucoup moins mouvementée que la première.

L'équipe Tinkoff sur le contre-la-montre par équipes des Championnats du monde UCI, en 2015, à Richmond en Virginie, peut paraître plutôt détendue mais c'est une journée dont aucun de nous ne veut se souvenir. Une de ces journées où tout se ligue contre vous.

Le circuit difficile de Richmond me convenait à merveille. Les courses en circuit vous permettent de peaufiner votre trajectoire dans les virages à chaque passage, ce qui a payé pour moi ce jour-là.

Le moment où j'ai enfin compris que non, personne ne me rattraperait. J'allais devenir champion du monde de l'UCI.

Suffisamment de temps pour vraiment savourer les derniers mètres et m'habituer à l'idée de porter le maillot arc-en-ciel de l'UCI.

Qu’en pensez-vous ? Je crois que je pourrais prendre goût à cette tenue.

Michal Kolář, mon frère Juraj et mon père Ľubomír… À cet instant nous avions encore du mal à y croire.

C’est agréable d’être propulsé dans les airs par vos coéquipiers et encore plus agréable d’être rattrapé mais je n’ai aucun doute concernant le soutien sans faille de l’équipe slovaque. Ce fut une journée incroyable pour chacun d’entre nous.

En train de brandir le drapeau de mon pays.

En train de recevoir les félicitations de Tom Boonen après ma victoire sur Gand-Wevelgem, en 2016.

J'ai très vite compris qu'on peut ajouter un arc-en-ciel sur tous les produits.

En train de mettre fin à des années de disette sur les Monuments avec une victoire en solitaire particulièrement gratifiante sur le Tour des Flandres, en 2016. Cette victoire m'a permis de rendre hommage comme il se doit au maillot de champion du monde en le portant sur la plus haute marche de l'un des plus grands podiums du cyclisme professionnel.

En train de recevoir les félicitations du seul et unique Fabian Cancellera. Combien de fois cette scène avait-elle été capturée dans l'autre sens ?

Je n'avais pas beaucoup apprécié ma première expérience olympique. À Rio, j'ai préféré m'aligner en VTT. Après tout, est-ce que ça allait être si difficile que ça ?

Le plus gratifiant aux Jeux Olympiques de Rio ? Mettre la pâtée à Gabriele à FIFA plusieurs fois par jour. Il n'a pas l'air si amer que ça, non ?

Ma position sur le vélo m'a valu de nombreux commentaires tout au long de ma carrière chez les professionnels mais le VTT demande un niveau ridicule de technique. Cela dit, on y prend beaucoup de plaisir.

Les gens disent que vous avez la poisse si vous crevez deux fois pendant une même course. Je dis que vous devriez faire davantage attention où vous posez vos roues.

En train de signer la feuille au départ de la course la plus longue et la plus chaude de mémoire de tous, les Championnats du monde de l'UCI à Doha en 2016. J'avais beaucoup apprécié mon année passée entre les coutures du maillot arc-en-ciel et je n'avais nullement l'intention de le céder à un autre.

Ce n'est pas parce que vous vous attendez à ce qu'une course se conclue au sprint que celle-ci va passer plus vite pour autant. Cette fois-là, des heures de course d'un ennui mortel s'achevèrent par un sprint royal.

Les frères Sagan en train de fêter leur second titre consécutif de champion du monde de l'UCI. Cela me semble tellement irréel que j'en souris.

Un podium avec trois anciens champions du monde est impressionnant sur n'importe quelle course.

La philosophie de Willi Bruckbauer et de Ralph Denk m'a convaincu de rejoindre BORA-hansgrohe, une des meilleures décisions de ma carrière.

Franchement, je ne vous donne pas envie d'acheter une douche hansgrohe ?

Milan-San Remo 2017. La meilleure course que j'aie jamais perdue. On aurait pu recouvrir d'une serviette de bain la largeur de la route que nous occupions avec Michal Kwiatkowski et Julian Alaphilippe sur la ligne d'arrivée.

En 2017, j'étais arrivé en grande forme sur les Classiques. Mais pas assez, faut-il croire, pour voir la veste qu'un spectateur avait enroulée autour d'une barrière. Greg van Avermaet et Olivier Naesen furent entraînés dans ma chute.

Une semaine plus tard, Paris-Roubaix m'échappait aussi, mais j'en étais sûr, un jour mon heure viendrait.

Avec Juraj, en Chine, en 2011, engagés sur la même course. Nous pensions être au sommet. Nous n'imaginions pas que nous serions, un jour, les frères champions du monde.

Je suis certain qu'aucune autre équipe professionnelle de cyclisme se soit jamais davantage amusée que celle de BORA-hansgrohe. En tout cas, je n'en vois pas pour l'instant.

Le dernier « gregario », Sylwester Szmyd, était le meilleur porteur d'eau pour grimpeur de sa génération, un talent reconnu par ses pairs et ses employeurs à défaut des livres d'histoire.

Si je n'avais eu Maroš pour prendre soin de moi pendant toute ma carrière – et je dis bien toute ma carrière – je n'aurais pas remporté les courses que j'ai remportées. C'est un fait indéniable.

Patxi Vila est l'archétype de la nouvelle génération de directeurs sportifs : un des nôtres, plus en forme que la plupart des coureurs et plus heureux sur un vélo qu'au volant d'une voiture.

La preuve que Giovanni avait la classe en son temps. Ne voudriez-vous pas d'un manager qui était à la fois le plus féroce négociateur de la caravane et le coureur le plus rusé du peloton ?

Vous devrez passer sur le corps de Giovanni et de Gabriele pour m'atteindre. Je les considère comme mes frères.

Gabriele est plutôt photogénique en imper avec la capuche sur la tête.

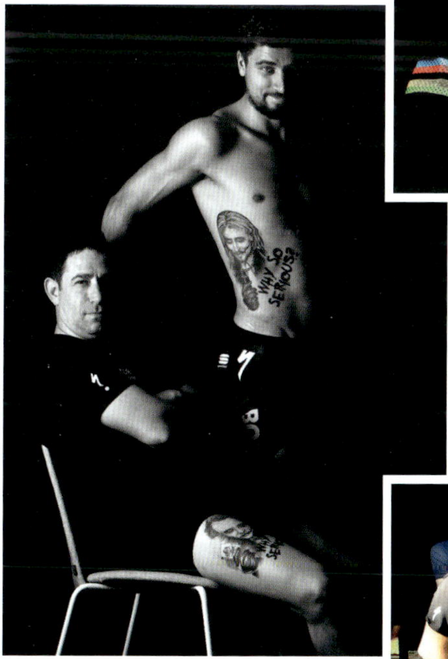

Gabriele, moi et quelques tatouages. Il ne se contente pas de veiller sur ma pomme. Il l'a aussi sur la cuisse.

Il y a un nombre malsain de tatouages du logo Peter Sagan sur les chevilles de ces mecs. Mais c'est important pour nous. Nous sommes la Team Peter.

Chez BORA-hansgrohe, nous aimons mettre l'ambiance sur les courses. Les autres équipes nous demandent de nous garer le plus loin possible des départs des courses parce que notre bus fait un raffut d'enfer.

J'aimerais vous dire que j'ai déchaussé pour faire le spectacle sur ce sprint sur le Tour 2017. Mais non, j'ai complètement merdé, mais j'ai quand même réussi à rester en course pour la victoire.

Sur la ligne d'arrivée, après l'horrible chute de Mark Cavendish, pendant ce fameux sprint à Vittel sur le Tour 2017. Gabri avait prédit que j'aurais des ennuis. Je lui avais répondu qu'il ne connaissait rien au cyclisme.

En train de regarder une rediffusion de l'incident un peu plus tard. « OK Gabri, peut-être que tu connais quelque chose au cyclisme ».

Cav quittait le Tour sur blessure, et moi par la petite porte sur exclusion. C'est la vie. J'ai tourné la page.

C'est parfois dans les heures les plus sombres que les meilleures choses arrivent. Quelques jours plus tard, je me trouvais à bord du Christina O en compagnie de toutes les personnes les plus importantes de ma vie.

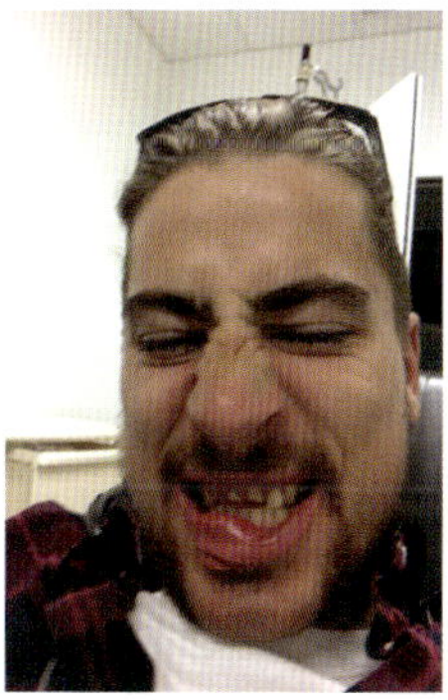

Exclusivité mondiale ! J'ai glissé sur le pont et je me suis cassé deux dents. Tout le monde avait juré de garder le silence sur ce regrettable incident mais j'ai décidé de passer aux aveux.

En train de profiter de la vie avec Gabriele et Giovanni.

Le maillot arc-en-ciel de l'UCI vole au-dessus des pavés de l'enfer du Nord.

Je n'oublierai jamais cette victoire dans le vieux vélodrome de Roubaix. C'est pour vivre des journées comme celle-là que je fais ce métier. Les entraînements sous la pluie et la neige ne sont pas chers payés. Ils sont inestimables.

Et lorsque les gens qui comptent le plus à vos yeux sont ceux qui vous permettent d'atteindre les sommets, les célébrations sont d'autant plus poignantes.

Ça y est ! J'ai enfin mon pavé.

sur les étapes des grands Tours, pendant la première heure, c'est de la folie pure parce que toutes les équipes veulent placer un coureur dans une échappée, mais ensuite les choses se calment. Grâce à une meilleure communication avec les voitures et l'organisation de la course, tout le monde sait ce qu'il faut faire pour reprendre une échappée partie en début de course. Et vous ne voulez surtout pas qu'elle soit reprise trop tôt parce que cela encouragerait d'autres coureurs à prendre le large, et la course redeviendrait agitée. Vous pensez peut-être que c'est juste une question de malchance lorsqu'une échappée est reprise à 2 kilomètres de la ligne après avoir passé 100 kilomètres en tête de la course, mais la chance n'y est pour rien. C'est juste le signe que le plan s'est déroulé sans accroc.

La jonction s'opère donc à 2 kilomètres de la ligne. Oui, quelqu'un peut placer un contre et vous devez faire attention à l'identité du fuyard, mais si le peloton roule assez vite et que les équipes et leurs trains pour leur sprinteur ont beaucoup à perdre, la tentative a peu de chances d'aboutir. Restez calme et surtout restez sur le qui-vive. À 500 mètres de la ligne, je vais prendre la roue du coureur qui, selon moi, a le plus de chances de m'offrir la meilleure trajectoire jusqu'à la ligne.

Voilà un autre moment où être un soliste est un gros avantage. Imaginons que pendant la réunion de l'équipe, le matin, vous avez établi l'ordre des wagons de votre train. Vous avez décidé que c'est untel qui vous emmènera et à quelle distance de la ligne vous souhaitez qu'il vous abandonne. Imaginons que vous avez examiné le parcours sur le roadbook de la course que les organisateurs transmettent à tous les coureurs, et que vous avez décidé de lancer le sprint à 300 mètres de la ligne.

OK. Maintenant je suis à 500 mètres de la ligne. Le public hurle, frappe sur les barrières avec tout ce qui lui tombe sous la main. Le vent souffle dans mes oreilles et nous filons à 50 km/h. Soudain, je me rends compte qu'il y a un vent de face que nous n'avions pas prévu. Il est hors de question que je me retrouve en tête à 300 mètres de la ligne. Je vais me faire avaler par la meute. Comment puis-je faire passer le message à mes coéquipiers qui se trouvent tous devant moi et que nous sommes en train de tanguer, chacun dans la roue du coureur qui nous précède au milieu de tout ce bordel et de tout ce bruit ? Aucune chance. Impossible de changer de plan.

Mon agent, Giovanni Lombardi, faisait partie du train de Mario Cipollini lorsque le « Roi Lion » portait le maillot arc-en-ciel de champion du monde. Il m'a raconté que dans une des premières équipes de Super Mario, ils avaient Cipo et Johan Museeuw qui était, lui aussi, très rapide à cette époque. Il prétend qu'ils communiquaient avec ses équipiers en sifflant. Je trouve cela difficile à croire. Il est impossible que des coureurs puissent s'entendre siffler dans le brouhaha ambiant et changer de plan. Cela pourrait marcher pour regrouper quelques moutons, et encore ?

Pour être franc, les sprints désordonnés dans lesquels il y a plusieurs trains qui se croisent avec des échappés rattrapés et des coureurs du train qui s'écartent, sont ceux que je préfère. Avec personne d'autre à m'inquiéter, il est facile pour moi de changer de plan.

Prenez l'Australie en 2018, par exemple. C'était ma première course de l'année, littéralement la première course depuis le podium en Norvège. Je n'avais pas la forme et aucune attente. Je n'étais là que pour accumuler les kilomètres sous le soleil australien, m'éloigner de l'Europe et de son tourbillon médiatique et prendre du plaisir sur un vélo. Ma véritable préparation débuterait un mois plus tard, dans la Sierra Nevada, en Espagne.

Dans cette course, en Australie, si j'avais eu un train, je leur aurais dit : « On oublie ça, les gars. Pas aujourd'hui. Nous ne sommes pas là pour remporter cette course ». Ou si je m'étais senti pas trop mal et que je pensais devoir un résultat à l'équipe, nous aurions pu dresser un plan, avec le stress de devoir rester dans leurs roues et la pression de ne pas les laisser se défoncer pour moi pour rien. Lorsqu'une demi-douzaine de coureurs sont en train de se mettre à mal à votre service, vous devez être certain, en tant que fer de lance, que vous êtes affûté.

Rien de tout cela n'est arrivé, Dieu merci. Je profitais du soleil et de la balade dans mon short et mon maillot à manches courtes et, à 2 kilomètres de l'arrivée, j'ai senti l'odeur du sang et le maillot arc-en-ciel a remporté sa première victoire de l'année. Parfait.

Il y a quelques règles de base à suivre. Si le final est en descente ou rapide à cause du vent arrière, j'aime démarrer un peu plus loin de la tête de course que d'habitude afin d'être à pleine vitesse avant de prendre la tête. Cela vous donne un peu plus d'élan et vous êtes plus difficile à rattraper. S'il y a vent de face, je veux rester à l'abri jusqu'au tout dernier moment et prendre la roue du sprinteur qui a le train le plus puissant, parce qu'il y a peu de chances qu'ils le lâchent trop tôt, et je pourrai utiliser sa vitesse pour attaquer au tout dernier moment lorsqu'il commence à s'éteindre dans le vent.

La tactique a moins d'importance dans un sprint en côte. C'est en général une bataille de force entre machos et le mec qui est le plus costaud ce jour-là, l'emporte. Ce qui n'est pas toujours le cas sur les autres sprints. Si le dénivelé est trop important, il y a des chances que je sois battu par le punch d'un vrai grimpeur… Je pense à Purito Rodríguez et Chris Froome lorsque le Tour de France arrive au Mur de Huy, par exemple.

Hormis cela, j'aime les sprints désordonnés lorsque tout le monde occupe toute la largeur de la chaussée. Je n'ai qu'à trouver l'ouverture et me faufiler jusqu'à la ligne. Je n'ai jamais disputé le Giro, peut-être un jour, mais je pense que j'aimerais les finals. Il y a toujours un virage serré à 50 mètres de la ligne ou quelque chose de dingue du même genre, des finals si étroits que vous pouvez tendre les bras de chaque côté et toucher les barrières. Sans compter qu'en général, le peloton doit passer une première fois sur la ligne d'arrivée avant de faire un tour de la ville. En d'autres termes, les organisateurs ajoutent une boucle de circuit à la fin de l'étape. Cela permet aux coureurs de reconnaître le final. Un jour, peut-être.

Voilà tout ce qu'il y a à dire sur le sujet. Vous connaissez tous mes secrets. Pas vraiment des secrets, juste du bon sens, mais c'est tout ce que j'ai à vous offrir. À vous de jouer maintenant !

2016

ÉTÉ

Les Jeux Olympiques sont un événement extraordinaire, n'est-ce pas ? Quel autre événement peut s'enorgueillir d'accueillir, en un même lieu, autant de personnes originaires d'autant de pays ? Je rentrais en courant de l'école pour voir les athlètes slovaques affronter les meilleurs athlètes de la planète à Atlanta ou à Sydney. Et les nuits sombres enneigées, passées à hurler devant la télévision pour encourager notre héroïque équipe de hockey pendant les Jeux Olympiques d'hiver.

Le cyclisme sur route, aux Jeux Olympiques, reste cependant une anomalie. De par sa nature, le cyclisme est un sport d'équipe qui récompense un vainqueur individuel. Il fait un peu tâche à côté des autres disciplines individuelles inscrites au programme. Le cyclisme sur piste fait partie des meubles mais l'épreuve de course sur route cadre beaucoup moins avec l'esprit olympique que la majorité des sports présentés.

Son arrivée tardive sur la scène olympique n'arrange pas les choses. Il a fallu attendre les Jeux d'Atlanta pour que les cyclistes professionnels soient conviés à la fête. À cause de tout cela, le champion olympique cycliste est davantage regardé comme une curiosité. Un titre olympique ne jouit pas, au sein de la discipline, de la même aura que les autres grandes courses qui ont fait la renommée et les grandes heures du cyclisme. On n'attend pas la date de l'épreuve de la course en ligne olympique avec le même enthousiasme que celle de l'épreuve en ligne des Championnats du monde. D'aucuns pourraient trouver cela injuste. Le champion olympique ne reçoit même pas un maillot. Je sais que le premier champion olympique de l'ère moderne, Pascal Richard, a eu quelques ennuis avec le CIO lorsqu'il a essayé d'ajouter les anneaux olympiques sur le maillot de son équipe. Sammy Sánchez, vainqueur à Pékin, a eu l'idée d'ajouter un peu d'or à son maillot, un compromis toujours en vigueur qui évite au coureur d'encourir les foudres du CIO.

En prenant la direction de Londres en 2012, je pensais légitiment avoir mes chances sur la course en ligne. L'équipe de Grande-Bretagne avait répété à qui voulait l'entendre pendant les mois précédant l'événement qu'elle allait contrôler la course pour offrir à Mark Cavendish la meilleure chance d'ajouter un titre olympique à sa victoire aux Championnats du monde. Ján Valach, le directeur sportif de l'équipe slovaque, pensait qu'ils auraient beaucoup de mal à y parvenir dans la dernière partie de la course avec seulement trois coureurs sur un parcours ne présentant aucune difficulté. Mais libres à eux d'essayer. J'étais du même avis. Et, de toute évidence, les autres aussi. J'ai roulé dans un état léthargique à travers la campagne anglaise pendant plusieurs heures, grimpé dix fois la même petite bosse en me disant que, si je ne perdais pas Cav de vue, je ne devrais pas être loin de la victoire. Pendant le final qui nous ramenait vers Londres, l'équipe de Grande-Bretagne, fatiguée par les longues journées d'été passées en tête du peloton, a commencé à montrer des signes de faiblesse, comme on pouvait s'y attendre. Le peloton s'est scindé et Alexander Vinokourov a réussi à s'échapper pour l'emporter pour le Kazakhstan. Le prototype de la course avec une centaine de coureurs, une centaine d'histoires et une centaine d'opportunités sur le final de la course. Vous savez que j'aime décrire les sprints comme des loteries... Eh bien cette course ressemblait à un tirage de l'Euro millions. Parmi les gros favoris, « Spartacus » lui-même, Fabian Cancellara, a été le seul qui a tenté quelque chose pour ramener l'or à la maison, mais sa tentative a fait long feu lorsqu'à Richmond Park, il a mal calculé un virage et chuté.

La course fut une expérience. L'expérience olympique en fut une autre, mais pas dans le sens que vous l'imaginez.

Les courses sur route étaient les premières épreuves des Jeux. Pendant que nous nous préparions le plus calmement et le plus professionnellement possible, le village olympique était plein à craquer de jeunes sportifs surexcités. La cérémonie d'ouverture avait lieu le même week-end – la veille de notre course il me semble – et nous avons dû nous préparer au milieu de plusieurs milliers de jeunes sportifs venus du monde entier qui ne pensaient qu'à profiter pleinement de l'une des expériences les plus intenses de leur vie. En dehors de ma bulle, j'aurais adoré. Je me serais laissé gagner par la joie et l'excitation ambiante. Quelle expérience merveilleuse pour quiconque, mais certainement pas la préparation idéale pour une compétition sportive professionnelle.

On se serait cru dans un bal de promo de lycée, comme ceux que l'on voit dans les films hollywoodiens, avec tous ces adolescents qui n'attendent qu'une chose, pouvoir laisser libre cours à leurs pulsions hormonales. Le plus étrange dans ce supposé temple de l'excellence sportive moderne, c'était de sentir constamment cette odeur dégagée par dix mille Big Mac. Les Jeux et le Village étaient sponsorisés par McDonald's. C'étaient les Jeux « Super Size Me[11] ». Dingue. J'adore Londres, et surtout la qualité et la variété de cuisines que l'on peut y trouver. Certains des meilleurs restaurants dans lesquels j'ai mangé se trouvent à Londres, et même les sandwiches, les produits en vente dans les supermarchés ou encore les plats proposés par les marchands ambulants sont délicieux. Et pourtant me voilà coincé au milieu d'une franchise de restauration rapide ouverte vingt-quatre heures sur vingt-quatre remplie d'adolescents qui ne semblaient intéressés que par une chose, jouer à celui qui pourrait avaler le plus de nuggets en une seule fois.

Je suis certain que lorsque Marlon sera un peu plus vieux, j'adorerais voir son visage lorsque je lui dirai que j'ai participé aux Jeux Olympiques de Londres mais franchement, dans l'ensemble, c'était une expérience que je n'avais pas très envie de revivre.

Rio 2016 approchait. Il y avait une ascension plutôt difficile sur le parcours de la course sur route qui réduirait de beaucoup mes chances de l'emporter. Autre grosse croix dans la colonne « contre », le souvenir de ce qu'avait vécu Cav, quatre ans auparavant, et la prise de conscience que, cette fois, c'était moi qui avais de grandes chances de se retrouver obligé de rouler avec une centaine de coureurs accrochés à sa roue, attendant que quelque chose se passe.

Au milieu d'une conversation qui devenait de plus en plus lugubre avec Gabriele et Lomba à propos de tout ça, nous avons eu une illumination. Adieu Village Olympique. Adieu course sur route. À la place, nous allions passer un super été en

---

11. D'après le nom du documentaire du même nom (2004), réalisé par Morgan Spurlock, où l'on observe le réalisateur prendre pendant un mois ses trois repas quotidiens uniquement chez McDonald's (NDT).

nous prélassant sur une plage du Brésil et en participant à une course de VTT. Oui, vous avez bien lu, l'épreuve olympique de VTT. Je n'avais plus connu l'atmosphère détendue des courses de VTT depuis mes années chez les juniors. Et aucun doute quant à l'importance des Jeux Olympiques pour le VTT. C'est l'épreuve reine, ni plus ni moins. Me pointer, devenir une légende du VTT et disparaître dans le soleil couchant. Tout cela en l'espace d'un après-midi. Tel le Lone Ranger. Avec Gabri dans le rôle de Tonto.

Pourquoi pas ? J'adore le VTT. Franchement, ça allait être si dur que ça ? Pourquoi cette tête d'enterrement ?

Premier et plus gros obstacle, obtenir l'accord d'Oleg Tinkov. Il était mon patron après tout. C'était lui qui payait mon salaire. Nous savions qu'il allait dissoudre l'équipe à la fin de la saison 2016, mais il voulait qu'on se souvienne de lui et qu'on le regrette. Et pour cela, il lui fallait partir en faisant le plus gros bang possible.

Le calendrier de la saison 2016 avait été modifié, comme c'est souvent le cas les années olympiques. Les Jeux se déroulaient en août, la Vuelta serait à cheval sur août et septembre tandis que les Championnats du monde avaient été repoussés à la mi-octobre. Ils devaient se dérouler à Doha. La chaleur extrême qui règne dans les pays du Golfe en été avait elle aussi lourdement influencée le choix d'une date aussi loin dans la saison.

Elles sont bien loin les années où Jacques Anquetil et Bernard Hinault pouvaient débuter leur saison à Paris-Nice, au printemps, et se battre pour la victoire sur toutes les courses jusqu'au Tour de Lombardie, en automne. Plusieurs facteurs permettent d'expliquer cette évolution. Les attentes sont plus importantes même dans les plus petites courses qui étaient considérées, dans le temps, un peu plus comme des sorties d'entraînement ou des courses d'exhibition. La vitesse moyenne sur une étape d'un grand Tour a explosé, en grande partie parce que les équipes veulent de nos jours à tout prix avoir un ou plusieurs coureurs dans une échappée. Au vingtième siècle, les premières heures d'une longue étape étaient l'occasion de discuter avec de vieux amis dans le peloton, de se mettre à jour des derniers potins ou de peaufiner son bronzage. Aujourd'hui, ces premières heures sont devenues des foires d'empoigne disputées à des vitesses que vous vous attendez à voir dans les derniers 20 kilomètres, pas les premiers.

La couverture média est aussi beaucoup plus importante de nos jours. Il y a très longtemps, il n'y avait aucune couverture télévisuelle jusqu'à la dernière heure des plus grosses courses, et aucune sur les plus petites courses. En dehors du Tour de France et des Monuments, les journalistes pouvaient partager une voiture pour se rendre du départ à l'arrivée et s'arrêter pour s'offrir un bon déjeuner dans un restaurant sur le parcours. Sean Yates m'a raconté quelques histoires sur ses premières années dans le peloton, dans les années quatre-vingt, notamment une où toute son équipe s'était cachée dans un village, quelque part sur le circuit, et n'avait rejoint la course que lorsqu'elle approchait de l'arrivée !

Nous ne devons pas non plus négliger l'influence du dopage sur les courses. Oui, il y avait des tricheurs parmi les leaders qui cherchaient à grappiller le plus petit avantage sur leurs rivaux, mais il y en avait des douzaines, peut-être des centaines d'autres, pour lesquels la prise de substances illicites était un moyen de finir la journée et d'éviter l'abandon. Loin de moi l'idée de prétendre que la bataille contre le dopage est gagnée, mais l'utilisation à grande échelle de produits dopants a fort heureusement pris fin avant mon arrivée dans le peloton professionnel et vous pouvez voir la différence sur le visage des coureurs. Regardez des courses des années soixante-dix, quatre-vingt ou de la présente décennie et vous verrez quelque chose qui avait presque disparu dans les années quatre-vingt-dix et deux mille... Les coureurs sont fatigués !

La nouvelle génération de directeurs sportifs et de coaches aide aussi à faire le ménage au sein de la discipline. Lorsqu'ils ont vu Sean Yates, tout nouveau directeur sportif, rouler avec ses coureurs à l'entraînement, ses pairs au volant des voitures l'ont regardé comme une bête de foire. Tout au long de ma carrière, j'ai eu l'habitude de rouler avec Sean Yates, Patxi Villa, Stephen de Jongh et à présent Sylwester Szmyd. Ces nouveaux DS pensent qu'une fois leur carrière terminée, il était hors de question pour leurs prédécesseurs de revivre tout ça, soit parce qu'ils prenaient des produits, soit parce qu'ils ne pouvaient pas suivre ceux qui en prenaient. Sylwester, Patxi et les autres aiment rouler à vélo et n'ont aucun mal à suivre les coureurs qu'ils entraînent. Cela nous laisse à penser que la discipline est beaucoup plus propre qu'avant.

J'ai digressé un peu plus loin que prévu, mais ce que je voulais expliquer c'est que vous ne pouvez plus arriver sur toutes les courses avec l'espoir de l'emporter, et avec des objectifs aussi espacés que Gand-Wevelgem en mars et les Championnats du monde en octobre, avec entre ces deux dates d'ouverture et de fin de saison, le Tour de Californie, le Tour de France et les Jeux Olympiques ou la Vuelta, vous devez planifier votre saison avec beaucoup de soin, sans quoi vous allez exploser en vol.

Nous sommes donc allés voir Oleg pour lui faire part de notre projet. Je ne pense pas avoir jamais parlé de cet entretien à quiconque jusqu'à aujourd'hui, mais après tout, quelle importance ? Pourquoi cette tête d'enterrement ?

« Dis donc Oleg, tu n'aimerais pas avoir le champion olympique de VTT dans ton équipe ? Tinkoff entrerait dans l'histoire ! »

Oleg voulait plus que tout que Tinkoff termine la saison en tête du classement par équipes du Pro Tour, et l'épreuve de VTT des JO ne lui rapporterait aucun point au classement UCI. Il voulait que je dispute la Vuelta qui partait de Galice la veille de l'épreuve de VTT à Rio de Janeiro. C'était un peu tiré par les cheveux.

« Oleg, écoute. Je ne pourrais pas me battre pour le classement général sur la Vuelta. Il y a dix arrivées au sommet dont la première dès la troisième étape. Et comme la première étape est un contre-la-montre par équipe, je n'ai pas la moindre chance de porter le maillot rouge de leader de l'épreuve pendant les premiers jours. En tout, il y a probablement quatre étapes auxquelles je pourrais sérieusement prétendre. Combien de points UCI rapporte une victoire d'étape sur la Vuelta ? Six. Si nous sommes vraiment à la chasse aux points UCI, il vaudrait mieux retourner au Canada. Deux courses du Pro Tour, des tas de points UCI à engranger. Et une meilleure préparation pour Doha. Je vais sortir de la Vuelta épuisé à un mois des championnats du monde. »

Il y a réfléchi quelques instants. Je savais qu'il y aurait pas mal de négociations. C'était notre mode de fonctionnement. Impossible d'accepter une proposition. Il devait y avoir négociation. Et je savais qu'Oleg allait faire une contre-proposition.

« OK Peter. Tu peux faire la course sur route aux JO à la place de la Vuelta.

– Ah non, je n'ai pas envie de faire ça. Je n'ai aucune chance, le parcours est trop vallonné. Je ferais aussi bien d'aller à la Vuelta. »

Nouveau temps de réflexion.

« OK. Voilà le deal. Tu peux faire la course de VTT aux JO. Tu peux faire l'impasse sur la Vuelta. Mais je veux deux victoires d'étape sur le Tour de France et deux victoires sur les courses au Canada. Et tu feras le GP de Plouay et l'Eneco Tour. »

L'Eneco Tour était la préparation idéale pour Doha, une course d'une semaine très relevée, disputée fin septembre en Belgique et aux Pays Bas. Mais Plouay ? Mon Dieu, je hais cette course. La Bretagne en septembre. Chaque fois que j'y suis allé, j'ai eu l'impression de me retrouver à Glasgow en novembre. Cela ne fait que monter et descendre toute la journée sous le vent et la pluie, sur un circuit difficile et cela se termine inévitablement par une défaite.

« À prendre ou à laisser, Peter.

– Je prends, Oleg. »

Et nous nous sommes mis d'accord là-dessus.

Je comptais ajouter quelque chose mais je ne voulais pas en parler à Oleg tout de suite. J'allais d'abord essayer de remplir la première partie du marché et tâter le terrain avant de faire des vagues.

Le Tour de France commença de façon douloureuse, comme l'édition précédente. En 2016, la course rendait hommage au débarquement de Normandie en passant par certaines des plages sur lesquelles les alliés avaient débarqué. Il a commencé par l'incroyable spectacle du peloton s'éloignant du Mont Saint-Michel en empruntant le pont-passerelle qui le relie au continent. Les similitudes avec l'édition 2015 ? Les chutes. À gauche, à droite, au milieu.

Dans le rôle du coureur le plus malchanceux, Alberto Contador. Malgré tous les efforts de la Tinkoff pour le protéger et le garder à l'avant de la course et malgré son indéniable talent, il a été un véritable aimant à problèmes pendant les deux premiers jours. Une partie de cette logique de protéger son leader d'équipe en le faisant courir à l'avant pour lui éviter les ennuis repose sur une erreur. Oui, je sais. La logique veut que s'il y a une chute dans le peloton, plus vous êtes proche de la tête, moins vous avez de chances de vous retrouver derrière cette chute. Les statistiques indiquent aussi que vous pouvez minimiser le risque de perdre du temps dans les chutes ou d'autres cassures dans le peloton – les vents de côté peuvent provoquer des bordures à tout moment dans le Nord de la France – en restant le plus près possible de la tête de la course. Mais si vous avez disons dix équipes de neuf coureurs qui essaient de rester dans les trente premières places toute la journée, les mathématiques sont formelles.

Quatre-vingt-dix coureurs pour trente places égale chutes.

Sur la première étape, Mark Cavendish a montré que les spéculations sur sa perte de vitesse avec l'âge étaient toujours aussi infondées en nous faisant admirer ses semelles. Neuf ans s'étaient écoulés depuis sa première victoire d'étape sur le Tour. On dirait bien que toutes ces histoires à propos du burn-out des sprinteurs sont, au mieux, subjectives.

J'avais coché la deuxième étape depuis un moment parce que je savais que pour remplir l'objectif fixé par Oleg de deux victoires d'étape, je devrais choisir celles dont le profil me convenait le mieux. J'étais aussi parfaitement conscient que même si j'avais quatre maillots verts dans mes armoires, je n'avais pas remporté d'étape sur les deux dernières éditions.

Mon finish fut décevant. Une échappée s'était constituée en début de journée et avec la nervosité qui régnait au sein du peloton, les chutes et le temps effroyable, nous avions mal calculé notre effort pour la rattraper lorsque l'échappée s'est scindée devant nous. Dans le dernier kilomètre, Roman Kreuziger s'est porté à l'avant et a pris un énorme relais pour rattraper Jasper Stuyven, un des échappés, dans les 200 derniers mètres. Je me suis retrouvé en tête lorsque nous avons escaladé la petite bosse avant la ligne d'arrivée en compagnie d'Alejandro Valverde, de Julian Alaphilippe et des autres spécialistes des arrivées en côte. J'ai compris que j'avais là une grande opportunité de prendre des points pour le maillot vert à Mark Cavendish qui risquait de finir plus loin aujourd'hui. J'ai foncé le long des barrières, mais j'en avais gardé un peu sous la pédale. Alaphilippe est revenu à ma hauteur et a accéléré, les yeux rivés sur la ligne d'arrivée, mais il me restait des forces et j'ai pu prendre sa roue lorsqu'il m'a dépassé, et le repasser au sommet. Quel plaisir de remporter un sprint, dommage que ce ne soit pas pour la victoire.

Attendez. Il en faut normalement beaucoup pour que Gabri saute dans tous les sens, et pourtant il était là, 50 mètres après la ligne, en train de sauter dans tous les sens, comme s'il était tombé dans une tranchée de boue et en était ressorti avec un billet de loterie gagnant. Quoi ? Les coureurs devant moi auraient-ils été disqualifiés ? J'ai peut-être pris le maillot vert, peut-être même le maillot jaune ?

J'avais pris le maillot vert et le maillot jaune. Une sacrée nouvelle. Mais comment avais-je réalisé cet exploit, mystère, du moins jusqu'à ce que Gabri m'explique que Jasper Stuyven n'avait pas été lâché par ses compagnons d'échappée. Il était le *dernier* des échappés. Nous avions déjà repris les autres. Le gros relais de Kreuziger m'avait permis de remporter l'étape, pas un sprint pour les places d'honneur. Que demander de plus !

J'aime les maillots. Ce maillot arc-en-ciel ? Il est plutôt cool et j'admets que je ne serai pas content de le voir sur les épaules d'un autre. Je me suis aussi habitué à cette teinte de vert particulière que vous voyez seulement sur le maillot du classement aux points du Tour de France. Mais le jaune ? C'était quelque chose de nouveau. Tout le monde, même ceux qui n'ont jamais vu une course cycliste de leur vie, savent ce que représente le maillot jaune. Certaines choses sont connues dans le monde entier par leur couleur : l'armée rouge, le blues, Black Sabbath, la robe de mariée blanche, le maillot jaune. Et me voilà, sur le podium du Tour de France, en train de recevoir la récompense donnée au vainqueur de l'étape dans son maillot arc-en-ciel qui allait être recouvert par le maillot vert attribué au leader du classement aux points avant d'être recouvert, à son tour, par le maillot jaune. Leader du Tour de France. Pas mal.

J'ai porté la tenue dorée pendant trois journées mémorables, terminé encore deux fois dans les cinq premiers avant de la céder à mon vieux sparring-partner, Greg Van Avermaet, qui a pris le maillot grâce à une jolie victoire après que son échappée se soit fait la malle sur les routes vallonnées du centre de la France. Cav a remporté sa troisième victoire d'étape le lendemain et m'a repris le maillot vert. Pas grave, me suis-je dit, le maillot arc-en-ciel me manquait.

En toute honnêteté, je savais que lorsque la course serait vraiment lancée, si je gardais la même forme, j'avais de grandes chances de récupérer le maillot vert. Je n'étais pas le sprinteur pur le plus rapide de la course, mais à la différence des autres, je pouvais passer les montagnes. Mon objectif était de remporter une autre victoire d'étape. Le maillot vert n'allait pas s'envoler. Pas plus que le jaune. Cependant, s'il ne terminait pas sur les épaules de Chris Froome, il ne terminerait certainement pas sur celles de Peter Sagan. Cela ne faisait aucun doute dans mon esprit. Les espoirs de maillot jaune de Tinkoff semblaient plutôt minces vu les déboires rencontrés par Alberto Contador depuis le départ. Des déboires aggravés par la maladie qu'il avait contractée à la fin de la première semaine. Lorsque nous avons atteint les Pyrénées, au début de la deuxième semaine, il était évident qu'il ne rejoindrait pas Paris, malheureusement pour lui mais aussi pour Tinkoff. Ce fut le dernier clou planté sur le cercueil des espoirs d'Oleg de remporter un Tour de France, mais il pourra se consoler avec le maillot vert que j'ai repris à Cav dès que la route a commencé à s'élever. J'étais déterminé à le remporter une cinquième fois en cinq participations et à l'arborer sur le podium des Champs Élysées.

J'aimais bien le profil de la onzième étape, une transition qui emmenait la caravane vers l'est, à la sortie des Pyrénées, de Carcassonne à Montpellier. Ce fut l'une des étapes qui a fait le plus couler d'encre ces dernières années, mais ni moi ni personne ne l'aurait imaginé sur la ligne de départ. Je savais que j'avais une bonne chance de l'emporter si la course se finissait, comme tout le monde s'y attendait, au sprint. Je roulais bien et j'étais sorti des montagnes en meilleure forme que lorsque j'avais remporté l'étape et pris le maillot jaune pendant la première semaine. Les Pyrénées avaient affaibli ou éliminé quelques-uns des finisseurs les plus rapides et je sentais que c'était une étape que je pouvais viser.

Toute la journée, tout le monde disait : « Attention aux vents de côté, attention, il y a du vent, blablabla. » Franchement, le temps était parfait. Le vent annoncé n'a commencé à souffler de la Méditerranée que dans les 15 derniers kilomètres. Le profil du final me convenant parfaitement, j'ai fait attention à rester près de la tête de la course au cas où ces vents dont tout le monde parlait tant obligeraient un coureur fatigué à laisser filer une roue, ce qui ne manquerait pas de provoquer une série de bordures avec plusieurs petits groupes de coureurs éparpillés, réduits à lutter contre le vent.

À 11 kilomètres de l'arrivée, je me sentais plutôt bien et je voyais le peloton s'étirer. La traditionnelle pointe de flèche évasée qui précède le peloton en file indienne dans les 20 derniers kilomètres d'une étape du Tour sur le plat avait laissé la place à une longue file étroite de coureurs. Il n'y avait pas beaucoup de travail d'équipe et je pouvais lire sur les visages que personne n'était ravi de cette situation.

Je me suis laissé glisser en tête et j'ai baissé la mienne. Maciej Bodnar était avec moi. Il n'existe pas meilleur compagnon d'échappée que vous voudriez avoir à vos côtés à cet instant de la course, sans parler du fait qu'il avait été mon coéquipier depuis mes débuts. Body a compris ce que j'avais en tête et nous avons attaqué.

Chris Froome, en tête de la course, était le leader d'équipe qui faisait le mieux son boulot. Il roulait en tête de peloton pour éviter les cassures que tout le monde prédisait. Il a démarré à son tour et au début j'ai cru qu'il voulait m'obliger à rentrer dans le rang. Cela aurait été de bonne guerre, mais après avoir échangé un bref regard et un mot, nous avons compris que nous avions vu la même chose : « On fonce ! »

Il était, lui aussi, accompagné de l'un de ses fidèles équipiers, Geraint Thomas qui savait ce qu'il devait faire. Nous sommes immédiatement passés en mode contre-la-montre par équipes. Je me suis dit : « Deux Tinkoff, deux Sky, impossible que quelqu'un nous reprenne. Un maillot vert. Un maillot jaune. Inhabituel ? Oui. Une bonne idée. Bien sûr. »

Nous avons roulé à fond pendant 10 kilomètres. Le peloton paniquait derrière nous mais était incapable de nous reprendre.

Avec des vents de côté, vous n'avez pas autant de protection dans la tête de la flèche. Rattraper une échappée n'est pas aussi facile que dans une autre étape. Et lorsque cette échappée est composée du leader de la course, du leader du classement aux points et de deux de leurs plus puissants co-équipiers... Bonne chance.

Froomey voulait grappiller quelques secondes mais il lorgnait aussi sur les secondes de bonus accordées au vainqueur de l'étape. Il a donc décidé de me disputer la victoire, mais j'en avais encore en réserve pour l'empêcher de me priver de ma deuxième victoire d'étape. J'avais rempli la première partie du pacte faustien que j'avais passé avec Oleg. Nous n'avions que quelques secondes d'avance sur un peloton frustré réduit à sprinter pour les accessits mais assez pour m'offrir une victoire confortable et permettre à Froomey de prendre quelques précieuses secondes supplémentaires sur Quintana et ses autres rivaux. Les journalistes ont écrit que cette passe d'arme était l'attaque la plus audacieuse des temps modernes. Ce sont des conneries. C'était une occasion et, lorsque vous en apercevez une, vous devez la saisir. C'est comme ça que l'on remporte des courses. Les occasions se présentent sous différentes formes et c'est à vous de les reconnaître. C'est pour ça qu'il ne faut jamais suivre aveuglément le plan établi.

Nous avons escaladé le Mont Ventoux. Heureusement pour nous autres qui ne sommes pas en aussi bons termes avec la haute montagne que nos frères plus minces, l'étape a été raccourcie et nous n'avons pas eu à grimper jusqu'à son fameux sommet désertique à cause de vents violents. Une décision qu'ont peu goûté les prétendants au général parce que la fermeture des 6 derniers kilomètres de la plus célèbre ascension du sport cycliste avait concentré, sur les pentes inférieures, des milliers de fans, non avertis du changement de parcours, qui avaient planifié leurs vacances d'été pour assister à cette heure de bonheur dans la Forêt de Roland. Comme d'habitude, les organisateurs n'avaient pas pensé aux spectateurs lorsqu'ils ont pris cette décision et ce sont les coureurs qui en ont fait les frais lorsque la course a été physiquement bloquée par l'envahissement de la chaussée par des spectateurs devenus trop nombreux pour les bas-côtés de la route. Les motos de la télévision qui précédaient les leaders au général ont été les premières à être bloquées par ce barrage humain.

Les motos. Ne me lancez pas le sujet. Je suis de bonne humeur. Je vous en toucherai peut-être quelques mots lorsque je serais moins bien luné.

En tout cas, quel spectacle extraordinaire, et grand guignolesque, de voir Froomey en train d'essayer de courir, sur la route de montagne la plus célèbre du cyclisme, en chaussures de cyclisme. Une image qui a rapidement relégué toutes les autres images du Tour au rang de faire-valoir.

Après m'avoir à nouveau battu, deux jours plus tard, dans l'une des seules étapes réservées aux sprinteurs, Cav s'est prudemment retiré de la course pour préparer celle sur route des Jeux Olympiques. Il a donc manqué les Alpes et la remontée vers Paris, ainsi que ma troisième victoire d'étape – bonus pour toi, Oleg – en Suisse. Mais il en avait quatre au compteur sur cette édition et trente au total. Vous avez bien lu. Trente !

Cette victoire d'étape est mémorable en-soi, comme toutes les autres je suppose. Cancellara était remonté comme une pendule parce que la course arrivait dans son pays et il pensait qu'avec quelques sprinteurs de moins, il avait une chance de régler le peloton. Dieu sait qu'il peut s'extirper d'un peloton sur le final d'une course qui a été longue et difficile. Ce ne fut donc pas une véritable surprise de le voir attaquer. Il ne le fait probablement pas plus souvent parce qu'il a beaucoup d'autres façons de gagner et n'a donc pas besoin de se salir les mains avec nous. Sur la ligne, on aurait pu croire que ce bougre d'Alexander Kristoff avait devancé Spartacus et moi ainsi que les autres prétendants à la victoire, mais ce jour-là, il semble bien que j'ai été plus inspiré que lui lorsque j'ai lancé mon vélo sur la ligne, le cul très haut au-dessus de la roue arrière alors qu'il était encore en train de sprinter et je l'ai devancé de moins de la largeur de mon pneu.

La journée avait été longue et chaude, 210 kilomètres sous dans des conditions absolument étouffantes. Une distance que nous avions parcourue en moins de quatre heures et demie, une allure plutôt rapide pour une journée comme celle-là après deux semaines et demie de course. Les responsables n'étaient pas difficiles à trouver : Tony Martin, qui s'était lancé dans une longue échappée en solitaire et semblait s'envoler vers une magnifique victoire et surtout mon extraordinaire équipe Tinkoff qui s'était portée à l'avant pour assurer la poursuite et me préparer le terrain.

Tout ce travail abattu par mes équipiers à mon service m'avait un peu mis la pression mais cela avait surtout décuplé ma motivation. Le Tour de France ne s'était jamais autant approché de ma Slovaquie. Il y avait tellement de drapeaux et d'étendards blanc, rouge et bleu qui flottaient, dans le ciel de Berne. Je ne pouvais pas les laisser tomber.

Alexander Kristoff est vraiment un chic type et cela ne sera pas la dernière fois que je contrarierai ses projets. Mais que puis-je dire pour ma défense ? J'aime remporter les grosses courses. Désolé Alexander. Je crois en Dieu, je crois au destin et je crois en la justice. Après toutes les défaites de justesse que j'ai endurées au cours des dernières années sur le Tour de France et ailleurs, peut-être que la balance penchait enfin de mon côté ? Cela a été vrai jusqu'au dimanche au moins, puisqu'André Greipel m'a battu d'environ de la même marge sur les Champs-Élysées. C'est la vie. Et puis Peter, trois victoires d'étape et ce maillot vert qui est ta couleur préférée en juillet. Pourquoi cette tête d'enterrement, mec ?

Feu vert pour l'opération Rio. Avec Gabriele, nous avons fait nos valises et pris la direction de Park City, en Utah. Jusque-là, l'été 2016 avait été chaud, difficile et amusant. Pendant les prochaines semaines, il allait être chaud et amusant mais ce serait à nous de décider de la difficulté.

N'allez pas croire non plus que j'avais les 650 kilomètres de sentiers de Park City pour moi tout seul. Non. Il y avait un nouveau concurrent à l'horizon. Un homme pour lequel il n'existait pas d'obstacle assez grand, pas de montagne assez haute, de descente assez effrayante. Qui était ce superhéros ? Sûrement pas Gabriele, le manager impassible… Sur son vélo électrique.

Je n'arrivais pas à le lâcher. Même quand je mettais une mine sur une bosse dans l'air raréfié de l'Utah. Il était toujours là avec un sourire jusqu'aux deux oreilles.

Pendant ces quelques semaines… J'avais l'impression d'avoir à nouveau dix-huit ans, à Žilina. C'était magique. Nous avions concocté ce plan parce que cela nous avait semblé amusant, sur le coup, mais je me sentais motivé comme je ne l'avais pas été depuis sept ans. Pas de malentendu entre nous, j'adore le cyclisme sur route. C'est la vie que j'ai choisie et cela a été une expérience fantastique. C'est juste qu'à cause du calendrier, la vie devient prévisible. Répondre inlassablement aux mêmes questions à chaque conférence de presse. Se souvenir des rues, des virages, des bosses. Et vos succès, ou vos échecs, vous incitent à refaire les choses et à les refaire mieux à chaque fois. Là, c'était différent. C'était nouveau et cela faisait un bail que je n'avais pas fait quelque chose de nouveau.

Lorsque nous avons pris l'avion pour Rio, j'étais motivé comme jamais. Je ne tenais plus en place. N'ayant pas oublié la musique qui sortait des baffles à minuit et traversait les murs fins comme du papier du village olympique à Londres, à partager une chambre avec tous ces jeunes garçons inconnus qui ne pensaient qu'à impressionner les filles, Giovanni, Gabriele et Specialized avaient préféré faire l'impasse sur celui de Rio, et ils s'étaient surpassés. Nous partagions un joli appartement sur la plage. Chaque soir, nous nous prélassions en sirotant du lait de noix de coco frais tout juste extrait de la coque en nous rappelant à quel point nous avions de la chance.

Deux semaines avant les Jeux, nous avions fait la connaissance de Christoph Sauser. Si vous lisez ce livre, vous êtes probablement un fan de cyclisme sur route et vous ne savez pas qui est Christoph Sauser. Faites-moi confiance, ce mec est une légende du VTT. Originaire de Suisse, il a remporté une médaille aux Jeux de Sydney, le titre de champion du monde en 2008 et, cerise sur le gâteau, cinq fois le Cape Epic, en Afrique du Sud. Il a pris sa retraite – deux fois comme George Foreman et Franck Sinatra – mais le mec reste un sacré coureur. Il est surtout la figure de proue de Specialized pour le VTT. Mon fournisseur de vélo n'avait vraiment pas lésiné pour m'aider à préparer Rio. Merci Specialized. Rouler avec Christoph m'a énormément aidé. C'était une véritable idée de génie.

Christoph était ravi de voir que je n'avais pas trop perdu la main après toutes ces années loin des gros pneus et, je l'admets, à chaque sortie j'avais l'impression de passer en l'espace d'une heure de débutant à expert. C'était génial. J'avais l'air un peu emprunté sur les premiers mètres. Je posais le pied dans les deux premiers virages, mais à chaque fois, les vieux réflexes revenaient rapidement et notamment l'art du dérapage contrôlé pour négocier les virages sur cette immense descente jonchée d'éboulis. Je me sentais aussi à l'aise sur les pentes de la north shore avec ses passerelles en bois et ses virages avec 10 mètres de drop de chaque côté que sur celles du Poggio.

Les journaux slovaques ont publié des articles dans lesquels ils m'accusaient d'être devenu un snob qui se considérait désormais trop important pour s'encanailler avec le citoyen lambda. Ils ont également écrit que la célébrité m'était montée à la tête et que l'argent m'avait transformé. Vous savez quoi ? Ils avaient raison. L'argent m'a transformé. Cela m'a donné des responsabilités ainsi que les moyens et le désir de bien faire les choses. Je dois à tous ceux qui m'ont aidé – souvent avec de l'argent – de faire de mon mieux pour répondre aux espoirs qu'ils ont vus en moi, et si cela impliquait de refuser de partager une résidence étudiante avec des douzaines d'adolescents présentant un trop-plein de testostérone et d'œstrogène qui n'aspiraient qu'à s'adonner à des orgies de rave music et de McFlurries, ce n'était peut-être pas la plus mauvaise idée que je puisse avoir.

J'ai botté le cul de Gabriele à FIFA sur la PS4 tous les soirs. Il a payé le dîner tous les soirs. N'avalez pas les conneries selon lesquelles il me laisse gagner pour que je garde le moral. De temps en temps ? À la rigueur, mais pas quand il s'agit de mettre la main au portefeuille pour le perdant. Pas tous les soirs. Pas le Gabriele que je connais.

Et la course ? Le circuit était amusant mais retors. Il était également très difficile de dépasser, un peu comme en Formule 1. Technique, étroit et avec des tas d'obstacles qui demandaient une concentration totale, des obstacles que vous ne pouvez pas ignorer lorsque vous essayez de doubler un adversaire. Il était amusant à cause des figures qu'il fallait effectuer mais aussi à cause des obstacles comme ces bancs de sable en forme de tong.

Autre similitude avec la Formule 1, la grille de départ, mon premier et plus sérieux problème. Ne courant pas régulièrement en VTT, je ne savais pas de quel rang j'allais devoir m'élancer. Si le VTT utilisait exactement la même formule que la Formule 1, nous aurions pu faire durer la course une semaine avec des essais et des qualifications, mais il faut croire que les instances dirigeantes qui président à la destinée de la discipline n'ont pas la roublardise des renards manipulateurs des médias qui organisent les courses motorisées. J'ai donc dû m'élancer de la place à la laquelle mon classement mondial inexistant me donnait droit. En bout de grille.

Quand je dis en bout de grille, je veux dire bon dernier. Il y avait cinquante coureurs entre votre moi et la ligne de départ. Lorsque je l'ai franchie, l'horloge tournait, les roues tournaient, les spectateurs encourageaient et les coureurs de devant n'avaient eu aucun mal à prendre un peu de distance. Cela ne présageait rien de bon, n'est-ce pas ? Sur une épreuve du championnat du monde, il y aurait eu environ deux cents coureurs qui m'auraient séparé de mon destin de champion olympique de VTT.

La première partie du tour s'effectuait dans un stade qui avait été construit pour offrir une meilleure vue aux spectateurs. Il y avait un tronçon dans un sens, le suivant repartait dans l'autre sens. Bref, on se serait cru dans la file d'attente au contrôle des passeports. Ces tronçons étaient larges et rapides à la différence du reste du parcours. Je savais qu'une fois sortis du stade, les dépassements seraient cent fois plus difficiles que pendant ces premières soixante secondes de cette course d'une heure et demie.

C'était l'une des premières fois de ma carrière où j'avais un plan. Lorsque nous avons pris place sur la ligne de départ, tous les coureurs ont essayé de jouer des hanches pour avoir la meilleure position. Sous le regard des officiels qui veillaient à ce que l'équité soit respectée, j'ai choisi une autre option. Je me suis placé au moins trois mètres derrière l'avant-dernier. Tout seul derrière les cinquante autres partants agglutinés dans un espace de 5 mètres, j'avais l'air ridicule. Je les imaginais en train de se foutre de ce connard de routier qui avait peur de se prendre une gamelle au milieu de cette mêlée. Le compte à rebours commençait à dix. À cinq, j'ai chaussé ma pédale droite. À trois, j'ai fixé ma chaussure sur l'autre pédale et je suis parti à fond de train à travers les lignes de coureurs ébahis qui attendaient patiemment. Mon raisonnement était simple : cela ne peut pas être considéré comme un faux départ, je n'ai pas franchi la ligne, n'est-ce pas ?

Après trois tours de stade, j'étais en troisième position. Les mecs qui étaient partis en tête de grille se trouvaient à la vingtième. Je n'y connais pas grand-chose en VTT, je le reconnais. Je suis donc prêt à écouter quelqu'un m'expliquer un jour quelle était leur stratégie.

La mienne était claire. Se détendre. Ne pas vouloir aller plus vite que la musique. Il nous restait sept tours à parcourir et le premier serait le plus rapide. Respirer, regarder comment tu te sens, ne pas se mettre dans le rouge. Se mettre dans la roue d'un bon coureur – s'il était deuxième dans la course olympique de

VTT, il n'était probablement pas mauvais – et voir comment les pros font. Il sera temps de lâcher les chevaux plus tard. La dernière fois que je m'étais retrouvé à la lutte sur le final d'une course importante après une heure et demie, je devais avoir quinze ans. J'estimais que si cela se terminait en bagarre dans le dernier tour, je pensais en avoir encore sous la pédale. Rester dans le coup. Comme le dirait José Mourinho, rester dans la partie.

Le premier tour s'est plutôt bien déroulé et, en passant dans les stands, j'ai fait un signe de tête confiant à mes mécanos. C'est à partir de cet instant que les choses ont commencé à aller moins bien.

À la sortie des stands, j'ai mal négocié un segment difficile et j'ai complètement déchiré mon pneu avant sur une grosse pierre aux arêtes tranchantes. Les vététistes ont une longue tradition d'autosuffisance. Lorsque j'étais junior, on nous racontait que certains professionnels mettaient de l'herbe dans leur pneu pour réparer les crevaisons et que d'autres avaient fini des courses avec seulement une moitié de guidon. Pour se montrer digne de ce fier héritage, les coureurs n'ont pas le droit de bénéficier de la moindre assistance sur le circuit en dehors des deux stands. Et vous n'avez pas le droit de rouler en sens inverse. Merde.

J'ai effectué la moitié d'un tour avec un pneu à plat. Vous connaissez cette vieille blague qui dit que votre pneu n'est à plat qu'en dessous ? Eh bien, pas le mien. Il était aussi plat qu'une crêpe. J'ai roulé comme un guignol pendant environ 2 kilomètres et demi avant d'atteindre les autres stands. C'est là que j'ai constaté qu'il était, somme toute, assez facile de dépasser quelqu'un sur ce circuit. Il suffisait que ce soit le Slovaque qui poussait son vélo pendant que les autres pédalaient.

Je remontais en selle de temps en temps et je redescendais lorsque le terrain était trop accidenté. Le pneu était complètement bousillé. Après le changement de roue, j'étais content et soulagé de me retrouver dans la peau d'un cycliste et plus dans celle d'un pauvre amuseur de rue. Il me semble que j'étais retombé aux environs de la vingtième place. J'étais conscient de la dure réalité, à savoir qu'il était improbable que les dix-neuf coureurs qui me précédaient soient tous assez mauvais pour que je les rattrape, mais je me suis dit que je pouvais encore atteindre le top 10 et retrouver un brin de dignité.

Je suis revenu dans le top 10 et j'ai poussé un grand soupir. Pas si mal. Voyons jusqu'où je peux aller. Nouveau passage dans les stands et j'ai de nouveau fait signe que tout allait bien. Et j'ai crevé à nouveau !

Cette crevaison était ennuyante et complètement évitable. Une crevaison lente à l'arrière et j'ai compris, la mort dans l'âme, qu'elle était survenue avant le passage au stand. Si j'avais fait un peu plus attention, j'aurais pu changer de vélo en quelques secondes. Et me revoilà à devoir faire une autre ravissante moitié de tour avec un pneu à plat.

Vous avez déjà couru avec des chaussures de VTT ? La fixation est logée dans la semelle pour vous permettre de marcher avec si vous crevez aux JO, si vous avez besoin d'enjamber une barrière ou d'aller au café prendre une tranche de cake. Courir, c'est une autre paire de manches à cause de la rigidité de la semelle. Impossible de prendre appui comme avec des chaussures de courses ; votre talon frotte comme un malade lorsque votre pied se plie mais la chaussure refuse de suivre le mouvement, sans compter le risque de se tordre la cheville sur une pierre. Je pensais justement à ça quand je me suis tordu la cheville.

J'ai fini trente-cinquième, un tour derrière le vainqueur, un compatriote de Christoph, Nino Schurter.

Pendant cinq minutes, j'étais fou furieux. Gabriele sait parfaitement qu'il vaut mieux éviter de m'approcher lorsque je suis en colère. Mieux que cela, il sait tenir tout le monde à distance et je lui en suis reconnaissant. Il se montre toujours un excellent ami, mais les vrais amis sont ceux qui sont là lorsque vous en avez le plus besoin et je peux toujours compter sur lui dans ces moments-là. Au bout de cinq minutes, je me suis soudain souvenu du regard sur les visages des autres coureurs, au départ, lorsque j'avais chargé à travers leurs rangs et je n'ai pas pu m'empêcher d'éclater de rire.

Les gens disent que je n'ai pas eu de chance mais les coureurs de VTT savent que les crevaisons ne sont pas une question de chance. C'est une question de talent, et les bons coureurs savent les éviter, et je n'ai pas été assez bon. Assez puissant ? Peut-être, peut-être pas, mais cela n'a pas la moindre importance. La puissance ne suffit pas pour gagner des courses, sans quoi ce serait Body, Burghardt, Giovanni ou Yates qui seraient en train de vous raconter comment ils ont gagné le droit de porter leurs maillots arc-en-ciel. Oui, vous avez besoin de puissance, mais vous avez aussi besoin d'autre chose et à Rio, je ne les avais pas.

Il faut croire que ce n'était pas mon destin de devenir champion olympique de VTT. Mais nous nous sommes vraiment bien amusés.

De retour à l'appartement, j'ai allumé la télé et j'ai appris que Greg Van Avermaet était devenu champion olympique sur la course sur route. Bordel de merde ! Greg avait remporté la course. Et il y a plusieurs jours. J'étais tellement concentré sur ma petite personne que je n'avais pas songé un instant à la course sur route. Lomba et Gabriele avaient des sourires tristes. Ils savaient mais ils n'avaient pas voulu me le dire. Ils pensaient que si j'avais su que GVA avait gagné, j'aurais pu me dire que j'aurais pu le battre et que ce n'était peut-être pas une course pour grimpeur après tout. Mon Dieu. Cela ne m'ennuyait pas le moins du monde. Ce qui m'ennuyait c'était que Greg était champion olympique depuis deux semaines et que je ne l'avais pas appelé pour le féliciter. Il devait vraiment penser que j'étais un sale connard.

2016

AUTOMNE

Il n'y avait qu'une semaine entre la course de VTT aux Jeux Olympiques et Plouay. Nous avons sauté dans un avion pour traverser l'Atlantique. Le vol m'a laissé plus de temps qu'il ne m'en fallait pour méditer sur l'expérience Rio.

Mon esprit vagabondait, bien sûr, vers l'épreuve sur route des Jeux Olympiques maintenant que je savais comment les choses s'y étaient déroulées. Gabriele et Giovanni avaient-ils eu raison de craindre que j'ai pu penser avoir fait une erreur en ne m'y alignant pas ?

J'ai pesé le pour et le contre. D'après ce que j'avais pu voir, Vincenzo Nibali avait été le véritable animateur de la course et sa chute, sur un circuit qui s'était révélé vraiment dangereux, avait été le véritable tournant de la course. Il a chuté avec Sergio Henao, un autre grimpeur qui nourrissait des espoirs de médaille. Richie Porte avait connu la même mésaventure un peu plus tôt. La course avait été complètement folle et Greg Van Avermaet était dans une forme telle qu'il avait pu arracher la victoire et devenir champion olympique, une course vraiment remarquable à tous niveaux.

Les choses auraient-elles été différentes si j'avais été présent ? Bien sûr. Pas à cause de ma présence, mais parce que deux courses ne sont jamais identiques. Nibali chute très rarement. Même là, Henao était assez fort pour partir seul. Malheureusement, il avait lui aussi chuté. Si je m'étais retrouvé avec Greg dans le groupe de poursuivants, personne n'aurait collaboré avec nous pour revenir. Encore un nouvel exemple de ces bons vieux cent coureurs et de leurs centaines d'histoires qui se déroulent sur un tracé sur lequel personne n'a l'habitude de courir et sur lequel vous pouvez chuter, tête la première, dans un arbre à 90 km/h. Greg était champion olympique et il méritait son titre. Point final.

Cela m'a aussi fait réfléchir sur le cyclisme, en général, et sur notre métier.

Dans la course féminine, Annemiek van Vleuten s'était lancée dans une échappée solitaire. La médaille d'or lui semblait promise lorsque l'horrible descente de la Vista Chinesa avait mis fin à ses rêves et peut-être un peu plus. Tous ceux qui l'avaient vu heurter la chaussée si violemment avaient cru au pire et n'en revenaient pas de la voir, au départ de la course sur piste, le lendemain. C'est le cyclisme, hein ? Je suivais la course féminine sur Liège-Bastogne-Liège. J'étais là quand il a fallu lui fixer une plaque et des vis dans l'épaule de Marianne Vos après sa chute. Elle avait quand même fini la course. Pas de doute, les cyclistes sont des gens durs au mal.

*

Je me suis rendu à Plouay, un petit village en plein cœur du cyclisme français, la Bretagne. Bernard Hinault est le prototype du cycliste breton : fier, puissant et indomptable. Malgré son cadre sans prétention et ses nombreuses incarnations – je crois qu'elle a été officiellement rebaptisée Grand Prix de Bretagne Ouest France en 2016 – la course est connue dans le monde entier par le nom du village qui l'abrite. Les Championnat du monde s'y sont disputés en 2000. Il pleuvait.

En 2016, il pleuvait aussi, mais pas toute la journée. Au programme de la journée : six heures de montées et de descentes sur des routes de campagne, sous des trombes d'eau et sur un circuit tortueux, battu par le vent, jusqu'à ce que vous ne sachiez plus dans quelle direction vous allez.

Sauf que je n'allais pas bien. J'étais malade. Complètement vidé. J'avais la tête qui tournait et je tanguais d'un côté de la chaussée à l'autre. J'ai abandonné après 50 kilomètres. J'aurais vraiment été mieux inspiré de faire l'impasse et de rentrer directement à Monaco, mais j'avais promis à Oleg de venir et cela comptait à mes yeux. Sans compter que mon crédit dans le pacte faustien que m'avaient valu le maillot vert et trois étapes du Tour avait été réduit à néant par mon flop aux JO.

Ma prochaine partie du pacte ? Deux victoires dans les deux épreuves du World Tour, au Canada. La première commençait dans douze jours. Je suis resté alité à Monaco une semaine, à vomir et suer comme un bœuf. Je ne tombe pas souvent malade mais lorsque cela m'arrive, c'est généralement à ce moment de l'année. Difficile de garder la forme du printemps passé sous les frimas dans le nord de l'Europe jusqu'à la fin des trois semaines que dure le Tour au plus chaud de l'été. Si vous continuez de courir après le Tour, surtout si vous passez beaucoup de temps dans les aéroports ou les gares, votre corps accuse le coup. C'est toujours un risque de passer, sans transition, de la chaleur des Tropiques à la fraîcheur de l'Europe lorsque votre corps est fatigué, mais nous ne pouvions pas faire autrement. Je n'ai pas roulé de toute la semaine, ni mis le nez dehors. Lorsque j'ai refait surface, le lundi suivant, Sylwester et Oscar Gatto, mon voisin monégasque, m'ont persuadé de sortir le VTT de mon garage monégasque et de venir rouler, tranquillement, le long de la côte d'azur avec eux. C'était horrible. Je me sentais tellement faible. Et j'étais supposé remporter une course de l'autre côté de l'Atlantique vendredi.

Sylwester m'a dit : « Termine la course. Oleg ne sera pas déçu si tu fais de ton mieux pour l'équipe et pour le maillot. » Oui, mais pas facile de terminer une course de 200 kilomètres sur un petit circuit difficile avec des coureurs venus chercher désespérément des points au classement du World Tour et d'autres, comme Michael Matthews, Tom Boonen et GVA, venus se préparer pour les Championnats du monde. D'abord, se rendre sur place. Il sera temps alors de voir si je peux pousser jusqu'à la case « prendre le départ ». Ensuite, la course nous dira si je parviens jusqu'à la case « terminer la course ».

J'aime le Canada. Il y règne une ambiance très décontractée que l'on ne retrouve que dans les endroits où les gens sont convaincus de n'avoir rien à prouver. Québec est la ville, hors d'Europe, la plus européenne dans laquelle je me suis jamais rendu. Je m'y sens complètement à mon aise. Nous avons atterri mercredi, passé la journée de jeudi à donner des conférences de presse et à en faire le moins possible. Je me sentais à chier. J'ai juste sorti le vélo pour vérifier s'il fonctionnait bien, ce qui était le cas, contrairement à mes jambes.

Heureusement, il a fait beau vendredi. J'ai coché la case « prendre le départ ». Il y avait eu quelques crissements mais c'était passé. Une échappée de huit coureurs s'est formée et la course s'est calmée. Vous savez quoi ? J'ai commencé à me sentir bien. J'ai davantage mangé sur le vélo que pendant sept jours à la maison. Les pédales ont commencé à tourner dans un mouvement plus fluide. À 15 kilomètres de l'arrivée, je me suis surpris moi-même en train de remonter vers la tête de la course en me disant… Je pense pouvoir faire quelque chose.

Comme Oleg voulait remporter la victoire, l'équipe Tinkoff était venue avec l'artillerie lourde. Oscar m'avait accompagné depuis Monaco et nous avions avec nous Body, Kreuziger et Kolář, une salle des machines qui tournait à plein régime. Ils ont été surpris de me voir leur faire signe mais ils ont commencé à faire parler leur puissance en tête de la course. Je l'ignorais à l'époque, mais je connaîtrais sur le Grand Prix Cycliste de Québec 2016 un des finals les plus excitants de ma carrière.

Il y a eu quelques escarmouches qui ont fini en pétard mouillé. Lorsque Giovanni Moscon et deux Quick-Step nous ont faussé compagnie, nous avons pris cela très au sérieux. J'avais fait le pari d'en garder sous la semelle dans le dernier tour parce que je savais que la montée vers la ligne était difficile et contre le vent. Le final ressemblait à celui du circuit des Championnats du monde, à Richmond, mais je pensais qu'il serait difficile de rester détaché dans le vent. Rigoberto Urán, le dernier vainqueur de l'épreuve, a attaqué, avec vent de face, un peu avant le sommet. Il a avalé les deux Quick-Step et rattrapé Moscon. La victoire lui semblait acquise. Aujourd'hui, en regardant les images sur YouTube, difficile de croire qu'à tout juste 200 mètres de la ligne, il puisse être battu. Mais le final est vraiment, vraiment difficile et soudain, vous apercevez le peloton qui se glisse sur l'image.

Comme vous le savez, dans un sprint avec vent de face, mon objectif est de rester abrité le plus longtemps possible. Cela n'allait pas fonctionner ce jour-là : Anthony Roux sprintait à bloc dans ce vent et j'avais peur qu'il ne rattrape pas Urán. Je suis sorti de sa roue avec Greg Van Avermaet dans la mienne plus tôt que je ne l'aurais voulu mais je me sentais de mieux en mieux. J'ai dépassé Urán à quelques mètres de la ligne et Greg n'a pas pu revenir à ma hauteur. Champion du monde sortant premier. Tout nouveau champion olympique deuxième. C'est ce que j'appelle une bonne course.

Même duo sur la ligne, dimanche, à Montréal, sur un circuit un peu plus vallonné sur lequel je m'étais déjà imposé en 2013. Le même duo ? Oh, OK. Le même duo mais pas dans le même ordre. Tout nouveau champion olympique premier. Champion du monde sortant deuxième. Jolie course, GVA.

J'aime porter un maillot distinctif. Je trouve ça cool. Depuis ma deuxième saison chez les pros, après mon premier titre de champion de Slovaquie, j'ai toujours eu mon propre maillot. D'abord celui de champion de Slovaquie puis celui de champion du monde. J'adore monter sur un podium avec un maillot de leader de la course ou d'un classement mais je ne vois aucun inconvénient à le céder parce que je retrouve mon propre maillot de champion. Cela permet aux spectateurs de me reconnaître. Un ami a calculé, il y a peu, que depuis mes débuts chez les professionnels, je n'ai porté un maillot d'équipe que pendant 20 % des jours de course. Traitez-moi de fier. Traitez-moi de vaniteux. Je trouve ça cool.

En 2016, aux Championnats de Slovaquie, j'avais une autre raison d'être fier : Juraj a remporté son premier titre. Nous avions à présent le maillot de champion du monde et le maillot de champion de Slovaquie, côte à côte, chez nos parents et chez Tinkoff. Depuis ma victoire à Richmond, le public n'avait plus vu mon maillot de champion national parce que je devais, bien sûr, porter le maillot arc-en-ciel. J'étais par conséquent ravi pour Juraj et pour Tinkoff mais aussi pour la Slovaquie dont les couleurs flottaient de nouveau au vent.

J'avoue qu'une petite pensée amère m'a traversé. Lorsque mon année avec le maillot arc-en-ciel sera terminée, je devrai rentrer dans le rang. OK, j'aurai le col et les manches d'ancien champion du monde sur tous les maillots que je porterai pendant le reste de ma carrière. Plutôt sympa, cependant il y a beaucoup d'autres ex-champions du monde dans le peloton – BMC en avait presque toute une équipe à un moment ! – mais seulement un champion du monde en titre. Mon frère avait le maillot de champion de Slovaquie. Il ne resterait rien pour Peter, hormis un bon vieux maillot d'équipe démodé.

Mais je pouvais peut-être éviter ça. Je ne l'avais pas dit à Oleg – vous vous souvenez que j'avais gardé quelque chose dans ma manche après notre pacte ? – mais en 2016 se tiendrait la première édition des Championnats d'Europe sur route. J'ignorais qui s'y alignerait et la difficulté du parcours mais je savais une chose… Le vainqueur recevrait un maillot. Et il y a toujours de la place dans ma penderie pour de nouveaux maillots. J'avais jusqu'à octobre avant Doha où j'allais devoir rendre le maillot arc-en-ciel qui commençait à se délaver après tous les lavages qu'il avait subis, et je pourrais me pavaner pendant toute la saison 2017 paré du maillot blanc à bandes bleues qui serait donné au premier champion d'Europe sur route. Un Championnat qui se déroulerait chez moi. Monaco et Nice accueilleraient un festival de cinq jours de cyclisme avec en point d'orgue, le dimanche après-midi, la course sur route pour les coureurs de la catégorie élite. Ce serait impoli de ne pas disputer une course organisée à deux pas de chez moi, et ce serait aussi sympa de travailler à la maison pour une fois.

Vous vous souvenez que même les meilleurs plans peuvent avoir des accrocs ? Le terrorisme a frappé la ville voisine de Nice pendant que nous étions sur le Tour. Un monstre prétendant défendre une idéologie a décidé que la meilleure façon de s'y prendre serait de foncer sur la foule avec un camion sur la Promenade des Anglais, à Nice, et de mettre fin à la vie de quatre-vingt-six personnes venues célébrer le 14 juillet, le jour même où la France commémore la liberté individuelle. Beaucoup d'autres ont vu leur vie bouleversée à cause d'une blessure, de la peur ou de la perte d'un être cher.

Une chape de plomb s'était abattue sur nous. Les conséquences pour moi étaient sans commune mesure avec la tragédie vécue par les victimes puisqu'elles ont pris la forme d'un changement de ville hôte.

Les Championnats d'Europe se tiendraient plus au nord, sur le parcours qui abrite chaque année le Championnat de France, le GP de Plumelec en Bretagne, à quelques kilomètres de la course que j'aime le moins, Plouay.

Le parterre était très relevé. La plupart des fédérations nationales avaient décidé d'utiliser la course comme préparation pour les prochains Championnats du monde et voulaient s'offrir un galop d'essai avec des équipes et un encadrement les plus proches possible de ceux qui rejoindraient Doha.

Je vous expose mon dilemme. J'avais promis à Oleg de disputer l'Eneco Tour aux Pays-Bas et en Belgique. Je lui avais aussi promis deux victoires dans les courses au Canada. J'étais revenu avec une victoire et une deuxième place dans les deux courses. Plutôt un joli résultat mais qui ne me permettait pas de faire l'impasse sur une autre course. Je n'avais encore parlé à personne de mon envie de disputer les Championnats d'Europe mais il n'en demeurait pas moins que la course se déroulait le dimanche après-midi, dans l'ouest de la France, et que l'Eneco commençait le lundi aux Pays-Bas, à 1 100 kilomètres de là.

J'ai timidement évoqué la question avec Oleg. Hum… Je crois que cette nouvelle course sur route des Championnats d'Europe ferait bien sur le palmarès de l'équipe. Mais c'est en même temps que l'Eneco… Peut-être… Peut-être ? Hors de question. Non seulement il s'agissait d'une course réservée aux équipes nationales et par conséquent sans maillot Tinkoff dans la course, mais en plus il ne retirerait même pas le bénéfice de voir Tinkoff sur le maillot que l'on me remettra en cas de victoire, parce que je porterai le maillot arc-en-ciel jusqu'à Oman, date à laquelle l'équipe sera dissoute. De plus, l'Eneco était une course taillée pour l'équipe, pour moi et offrait quelques points World Tour en cette fin de saison.

Très bien ! Je comprenais son point de vue et, comme je l'ai déjà dit, c'était lui qui payait les factures.

Toutefois, il avait uniquement exigé que je fasse l'Eneco. Il n'avait pas dit que je *ne pouvais pas* disputer les Championnats d'Europe.

Plumelec est une petite commune avec une petite côte casse-pattes au milieu. Je l'ai escaladée plus de fois que j'aimerais m'en souvenir ce jour-là puisque le circuit de 13 kilomètres a servi de base à l'épreuve de 232 kilomètres. Je vous laisse faire le calcul. Je ne veux plus y repenser. À chaque passage au sommet de la Côte de Cadoudal, le peloton était un peu plus clairsemé. Vers seize heures, j'ai produit mon effort maximal à 100 mètres de la ligne pour battre Alaphilippe au sprint et devenir le premier champion d'Europe professionnel. Génial !

Le maillot était sympa. Blanc avec trois bandes bleues, de la plus claire à la plus foncée, parsemées de quelques étoiles jaunes. Allez voir sur Google et vous me verrez le porter pendant trente secondes. Les seules trente secondes où l'on me voit le porter.

Gabriele et Giovanni attendaient derrière le podium dans une voiture avec le moteur en marche et mon vélo dans le coffre. J'ai sauté dans la voiture encore en tenue de course – il faisait beau heureusement – et Gabri a démarré pied au plancher pour rejoindre l'aérodrome le plus proche. Ils n'ont même pas voulu s'arrêter pour me laisser pisser et j'ai dû me soulager dans un bidon Tinkoff pendant qu'il conduisait.

Un petit avion nous attendait sur la piste, lui aussi, moteurs en marche. Je l'avais loué de ma poche – en demandant à Oleg ou à la fédération nationale de régler la note serait revenu à pisser sans l'aide du bidon Tinkoff. J'ai sauté à bord et nous nous sommes envolés dans la nuit, cap à l'est. Loin en dessous, je pouvais voir Gabriele qui prenait la même direction en voiture avec mon vélo et ma tenue. À demain, mon ami.

J'ai retrouvé mes coéquipiers de Tinkoff aux Pays-Bas en fin de soirée. J'ai dormi comme seul un tout nouveau champion d'Europe peut le faire. Heureusement, la première étape de l'Eneco Tour ne commençait qu'à onze heures. Cela m'a permis de bénéficier d'une quantité raisonnable de sommeil. Beaucoup plus que Gabriele… La légende est arrivée à neuf heures encore plus débraillée que d'habitude. Je sais qu'il prétend être italien mais les apparences peuvent être trompeuses. Pour être honnête avec le grand homme, il avait passé toute la nuit au volant pour que je puisse remplir ma part du pacte avec Oleg. Je lui devais déjà beaucoup et à présent, je devais faire quelque chose de spécial pour le récompenser de ses efforts.

Ce sont des histoires comme celles-ci qui vous rappellent que le cyclisme est le plus dingue des sports professionnels.

Nous sommes constamment sur la route. Il n'y a pas de stade, de salle, de parcours, d'enceinte ou de champ de course comme dans les autres sports. Toute la caravane se déplace chaque jour. Dans les autres sports qui ont l'habitude d'arpenter le monde, un peu comme un cirque ambulant, les équipes savent où elles vont. La F1 charge ses camions et ses avions mais fait étape, chaque année, à Spa, au Nürburgring ou à Silverstone. Les jockeys prennent l'avion ou l'hélicoptère pour disputer trois meetings dans la même journée – mais lorsqu'ils arrivent sur le champ de course, ils connaissent la piste. En cyclisme, sur certaines courses, vous ignorez même où sera la ligne d'arrivée. Est-ce qu'il y a des virages ? Des bosses ? Quel dénivelé ? La chaussée est-elle étroite ? Dans quel sens souffle le vent ? Sur la ligne de départ des Championnats du monde, un journaliste m'a demandé si j'avais reconnu le parcours. Je l'ai regardé un moment avant de répondre : « Je vais franchir cette ligne douze fois entre maintenant et l'arrivée. Soit douze reconnaissances de plus que sur chacune de mes victoires sur le Tour de France. Cela devrait suffire. »

Il y a une anecdote que je dois vous raconter à propos de notre drôle d'expédition à Plumelec. C'est quelque chose qui s'est produit environ à la mi-course, à un moment où j'en avais vraiment ras la casquette.

Depuis la voiture de l'équipe, Ján Valach avait appelé Gabriele qui se trouvait sur la ligne d'arrivée.

« Gabri, nous avons un problème.

– Qu'est-ce qu'il y a ?

– Peter ne veut pas finir la course. Il veut plier bagage et partir pour les Pays-Bas tout de suite.

– OK. Pas de problème. J'ai la solution. Tue Peter. Non, dis-lui que s'il ne termine pas, non, dis-lui plutôt que s'il ne *gagne* pas la course, je jure de l'étrangler de mes mains. Je n'ai pas accepté de rouler quinze heures de nuit juste pour le voir abandonner à mi-course.

– Merci, Gabri. Je lui transmets le message. »

Après mon coup de mou entre le Brésil et le Canada, je tenais la grande forme. Premier à Québec, deuxième à Montréal, premier à Plumelec, deux victoires d'étape et une troisième place au général sur l'Eneco Tour. Sachant qu'il y avait deux contre-la-montre sur les sept étapes, je trouvais que c'était un bon bilan. Je ne sais pas si Gabriele a beaucoup de souvenirs de cette course. Il a dormi toute la semaine.

Oleg, quant à lui, était ravi. Je ne pouvais plus être rejoint au classement du World Tour et Tinkoff a terminé sa dernière saison au sein du peloton en ayant dans ses rangs le meilleur coureur de l'année et le champion du monde. Avec Oleg, nous avons eu des désaccords pendant notre collaboration mais, mon Dieu, il me manque. Un personnage hors norme avec une passion hors norme pour ce sport. Nous voulons le voir revenir un jour.

Sur mes treize victoires en 2016, dix le furent sur le World Tour. J'avais pris la tête du classement, une première fois, après ma victoire à Gand-Wevelgem, en mars. Alberto puis Nairo Quintana avaient temporairement occupé la tête du classement grâce aux nombreux points distribués dans les grands Tours mais ma moisson de fin d'année m'avait permis de retrouver la première marche. J'ai dédié le trophée à Oleg et à l'équipe Tinkoff. C'était le succès de toute une équipe.

Il ne restait plus qu'une course à disputer. Je n'oublierai jamais cette année passée dans mon maillot arc-en-ciel. Je voulais la conclure avec panache.

Si des Championnats du monde se déroulent dans le désert et qu'il n'y a personne pour les regarder, est-ce que ces Championnats du monde ont vraiment eu lieu ? C'était le titre d'un article que l'on pouvait lire sur *Cycling News* à Doha. Un point de vue qui se défend. Il n'y avait personne. On se serait cru sur un chantier de construction, à la fin des travaux, lorsqu'il ne reste plus qu'une poignée d'ouvriers en train de faire les finitions. Le bâtiment est prêt mais c'est le week-end et la grande ouverture n'est prévue que lundi. On aurait pu se croire aussi dans un spot publicitaire automobile, avec une voiture qui ressemble à toutes celles que l'on peut voir dans les publicités automobiles, en train de faire la course, dans des rues désertes, entre des immeubles flambant neufs sous un soleil brillant qui semble ne jamais se coucher. Bienvenue à Doha ! Ses gratte-ciel, ses tours. Ouvrez grand les portes ! Mais où sont les habitants ?

Dans la colonne des plus, les quelques douzaines de fans impressionnants qui avaient fait le voyage depuis la Slovaquie pour me soutenir se sont révélés, faute de concurrents, le groupe de supporters le plus important et le plus bruyant de la course.

Pour ne pas faire tache avec cette ambiance mortelle, la course a elle aussi été d'un ennui mortel.

Pour une fois, j'avais pitié des journalistes. Ils essayaient de créer un peu de suspense ou de faire monter un peu la sauce comme à leur habitude, mais ils n'avaient absolument rien à se mettre sous la dent. Une ville au milieu du désert, des habitants à peine visibles qui ne faisaient aucun cas de notre présence, un circuit sans aucune difficulté hormis le soleil, le sable et le vent. Point le plus bas : zéro mètre au-dessus du niveau de la mer. Point le plus élevé : zéro mètre au-dessus du niveau de la mer, avec pour équivalents de l'Alpe du Huez, d'Arenberg ou de l'Angliru des ponts qui surplombaient des autoroutes.

Je suis arrivé seulement trois jours avant la course mais les journalistes et beaucoup de coureurs étaient là depuis une semaine. On aurait dit un groupe de canards, sur une mare, en train d'attendre que vous leur jetiez des morceaux de pain alors que vous ne leur en avez jamais jeté et que vous n'avez même pas de pain sur vous.

« Peter, est-ce que tu espères un départ rapide dès les 100 premiers mètres avec des échappées qui partent dès le début de la course ? Et, s'il te plaît, ne réponds pas : "On verra dimanche."

– Ah, j'allais répondre, "On verra dimanche." Désolé.

– Peter, est-ce que tu ressens de la pression en tant que champion en titre de devoir gagner dimanche ?

– Non, j'ai déjà gagné un championnat du monde. Il y a moins de pression sur mes épaules. Qu'ai-je à perdre ?

– Un maillot arc-en-ciel ?

– J'en ai déjà un. »

Il y a eu beaucoup de débats sur la chaleur, sur le fait que la course soit si tard dans la saison, sur le besoin de s'acclimater. De mon point de vue les choses étaient simples : la saison était terminée. Doha était une parenthèse. Comme un repas de noël ou une amourette de vacances. J'avais envie de passer un peu de temps chez moi. J'avais passé toute l'année sur les routes. Je voulais rentrer à la maison, me détendre, rouler tranquillement et arriver le plus tard possible. Giovanni m'avait dit de mettre le turbo au sauna et de faire grimper les watts. Mon Dieu, Lomba, nous sommes supposés prendre du plaisir. Pourquoi cette tête d'enterrement ?

Sur la partie du circuit la plus éloignée de la ville, dans le désert, il y avait beaucoup de vent. Tout le monde savait qu'il y en aurait, et pourtant certains coureurs qui avaient de vraies envies de victoire se sont laissés surprendre et ont perdu toute chance de victoire à 180 kilomètres de l'arrivée. Il y a peu de courses aussi longues que celle-ci. Il s'agissait de l'objectif le plus important de la deuxième partie de la saison et tous les coureurs en lice avaient dû passer à travers une impitoyable sélection pour être là. Sous-estimer les conditions climatiques tenait presque de la négligence criminelle.

J'étais à peu près certain que cela se terminerait au sprint. Il n'y avait aucun intérêt à attaquer sur un terrain plat, venté, ne présentant pas la moindre difficulté. Il restait beaucoup de coureurs rapides mais au moins on nous épargnerait le bordel des dix trains de sprinteurs pour dix équipes. Je pensais que je pourrais finir dans les dix premiers et peut-être que mon vieux credo de viser le top cinq dans tous les sprints serait à ma portée. Au-delà ? Vous connaissez ma réponse. Tous les sprints sont des loteries.

J'avais un équipier à mes côtés, Michal Kolář. Il n'avait que vingt-trois ans mais il était déjà fort comme un bœuf. Un coéquipier à l'année, étant un Slovaque courant pour Tinkoff. Jeune mais pas débutant après son baptême du feu, à Richmond, un an plus tôt. Je savais que je pouvais compter sur lui jusqu'à la mort, mais je n'avais pas eu besoin de lui demander de travailler en début de course. Daniele Bennati avait assuré le tempo toute la journée pour ses leaders de l'équipe d'Italie, Elia Viviani et Giacomo Nizzolo. Mark Cavendish et Adam Blythe représentaient la Grande-Bretagne et ils avaient eux aussi décidé, de toute évidence, que cela se finirait au sprint et à leur avantage. Ils sont restés collés à ma roue arrière comme deux ombres rouge, blanc et bleue pendant 100 kilomètres. Tom Boonen et GVA étaient là avec leurs coéquipiers de l'équipe belge. Kristoff et Boasson Hagen regrettaient que le climat ne soit pas un peu plus norvégien, tout comme Michael Matthews et William Bonnet. Il restait donc beaucoup de coureurs rapides malgré le parterre réduit. Quel dommage de ne pas pouvoir faire l'impasse sur les 150 kilomètres d'un ennui mortel, dans ce four, devant un public invisible, et passer directement au sprint puisque tout le monde semblait s'être mis d'accord sur l'issue de la course.

Les équipes belge et italienne sont deux équipes qui ont souvent vu leurs chances aux Championnats du monde anéanties par des rivalités internes. Mais c'était une autre époque et surtout, Tom, Greg et les Italiens sont des mecs beaucoup plus sympas et bien moins égoïstes et avec une bien meilleure mentalité que leurs prédécesseurs qui préféraient voir un autre pays l'emporter plutôt qu'un coéquipier.

Originaire d'un plus petit pays, je n'ai jamais eu ce genre de souci. Ce jour-là, je ne ressentais pas la moindre pression. Je n'avais rien à prouver. J'ai regardé Michal Kolář et j'ai ressenti un autre type de fierté. Je lui ai dit : « Michal, c'est ton jour. Tu peux l'emporter. J'en ai déjà gagné un. Ils vont tous me surveiller. Je vais te préparer le sprint. C'est ton tour de gagner. »

Ce n'était pas sympa de ma part. Michal était très fier de son rôle de dernier équipier du champion du monde en titre. Il était prêt à se sacrifier pour m'aider à remporter ce titre de nouveau. Il n'était pas prêt à gagner lui-même, et encore moins lorsqu'il regardait autour de lui et voyait Cav, Tom, Greg, Viviani, Kristoff, tous résolument concentrés sur leur propre version de la centaine d'histoires. Et je venais, bêtement, d'en ajouter une cent-unième.

J'ai appris par la suite que depuis la voiture de l'équipe, Ján Valach avait appelé Gabriele qui se trouvait sur la ligne d'arrivée.

« Gabri, on a un problème.

– Quoi ?

– Peter ne veut pas faire le sprint. Il veut emmener Kolář.

– OK. Pas de souci, j'ai la solution. Tue Peter. Non, attends, tue Michal Kolář. Non, attends. Tue-les tous les deux. »

Michal commençait à ressentir la fatigue et avait peur de faiblir dans la chaleur des 20 derniers kilomètres. Il a fait ce qui était, de loin, le plus utile vu les circonstances. Il s'est porté en tête de la course, devant tous ces champions, et il a tout donné dans ce tourbillon d'air chaud et de poussière, sachant que si nous n'assurions pas un tempo élevé, quelqu'un d'autre aurait saisi cette opportunité pour déclencher une attaque dans le final pour couper l'herbe sous le pied aux sprinteurs.

Le relais de Michal Kolář a été énorme et je ne suis pas près de l'oublier de sitôt. Je souriais, admiratif avec la fierté d'un oncle. Reprends-toi, Peter, tu n'as que vingt-six ans ! Pour être honnête, la course dans son ensemble était tellement peu mémorable que je suis en train de la regarder sur YouTube, avec Gabri et Lomba, et c'est comme si je la découvrais pour la première fois. Je n'en ai presque aucun souvenir, hormis cette chaleur de sauna dans les narines et le goût de la poussière dans la bouche.

Regardez-moi cette attaque de Tom Leezer, le Néerlandais. Il y croyait. Je me souvenais que quelqu'un était sorti mais je pensais que c'était Terpstra. Je ne pouvais pas le voir d'où je me trouvais mais je savais que cela ne se jouerait pas à grand-chose. En revoyant les images, aujourd'hui, je ne comprends pas pourquoi il ne prend pas la bonne trajectoire. Chaque fois qu'il apparaît sur l'écran, il est sur le mauvais côté de la route ou en train de prendre un virage à l'extérieur. Cela aurait pu être plus serré.

Le sprint a été lancé lorsque nous l'avons repris. Tom est en tête pour la Belgique, suivi par Nizzolo pour l'Italie. J'ai pris la droite parce que j'avais vu une ouverture vers la balustrade. Adam Blyth a parfaitement emmené Cav mais le Missile de Manx a hésité une fraction de seconde. Peut-être s'était-il souvenu qu'il avait décidé de rester dans ma roue, ce qu'il a d'abord fait avant de revenir vers la gauche pour tenter de dépasser Boonen de l'autre côté. Trop tard. J'avais touché la ligne au bon moment et je sentais que j'avais gagné. Je savais que j'avais gagné.

Quel podium. Moi, Cav et Tom. Le champion du monde de 2015. Le champion du monde de 2011 et le champion du monde de 2005. Un podium très relevé. Dommage que l'on ne puisse pas en dire autant de la course.

Gabriele était fou. Il était persuadé que j'allais gagner. Il l'avait été toute l'année. Dieu le bénisse. Certains paris et défis devraient être honorés et ce serait un délice de m'en acquitter quel que soit le coût. En attendant de monter sur le podium, nous avons regardé ensemble la rediffusion du final dans la zone mixte. Le commentateur était anglais, ce qui avait donné quelque chose comme ça : « Cavendish ! Cavendish ! Cavendish ! Oh… Sagan. » Gabriele était mort de rire.

Je porterai le maillot arc-en-ciel pendant encore douze mois. Désolé maillot de champion d'Europe, ce sera le placard pour toi.

TROISIÈME PARTIE

BERGEN

BORA-HANSGROHE

Fin 2015, Oleg Tinkov a annoncé qu'il se retirerait du cyclisme à la fin de la saison suivante. Une annonce qui a pris tout le monde par surprise. Nous savions que malgré tous ses efforts, il était frustré de ne pas parvenir à réduire la dépendance du cyclisme par rapport aux sponsors, mais je ne pense pas que quiconque ait imaginé qu'il allait quitter la discipline. Dans son style haut en couleur, il a déclaré qu'il se sentait dans la peau d'un Don Quichotte en lutte contre des moulins et je dois dire que lorsqu'il nous a tous réunis pour nous annoncer la nouvelle, j'ai ressenti un élan de sympathie à son encontre. Trouver des financements, dans notre discipline, est tout sauf une sinécure. Le système aurait besoin d'une totale refonte, mais la discipline s'accroche à ses traditions. Je pense qu'il nous faudrait plusieurs Oleg unis autour d'un objectif commun pour espérer un changement notable.

Tous les changements brusques sont, par nature, inquiétants, mais j'ai tout de suite compris que Lomba y voyait une opportunité. Il a rapidement calmé mes inquiétudes et m'a promis que cette période de turbulence nous serait bénéfique et, bien sûr, je lui ai fait entièrement confiance. M'avait-il déjà laissé tomber ? Je ne pouvais cependant pas m'empêcher de ressentir un brin d'inquiétude pour Juraj et tous mes coéquipiers. Oui, j'étais champion du monde de l'UCI, mais je comprends que l'on peut ressentir un certain stress lorsque l'on ignore de quoi demain sera fait. J'ai connu ce sentiment pendant toute ma carrière chez les amateurs au sein de la fédération cycliste slovaque qui brillait par son amateurisme, ne l'oubliez pas !

La responsabilité de trouver un nouveau propriétaire et sponsor est incombée au directeur de l'équipe, Stefano Feltrin, avec qui Lomba a toujours entretenu une relation difficile. Vous imaginez bien que l'idée de remettre notre destin entre ses mains ne nous emballait pas outre mesure.

Nous avons passé une grande partie de 2016 à explorer et à étudier avec attention plusieurs pistes et opportunités. Nous avions rédigé une shortlist des caractéristiques que devrait présenter une équipe pour nous intéresser. Le facteur déterminant ? La liberté d'écouter mon corps et de ne disputer que les courses utiles pour ma carrière. Il nous semblait plus important que jamais que j'ai la possibilité de choisir mon calendrier de courses pour arriver au pic de ma forme aux bons moments. Dieu sait que je m'étais déjà suffisamment battu avec Oleg à cause de nos objectifs divergents. Ces discussions m'avaient bouffé beaucoup d'énergie et je ne voulais plus avoir ce genre de débats dans ma future équipe. Je cherchais aussi une équipe dont le directeur sportif comprendrait le rôle essentiel de la Team Peter et saurait comment intégrer notre petit commando au sein d'une équipe plus grande pour le bénéfice de tous. Quoi d'autre ? Un certain niveau de professionnalisme et une stabilité à long terme qui me permettrait de me concentrer sur le cyclisme, la possibilité d'emmener dans mes bagages Juraj et les coéquipiers en qui j'avais une totale confiance. Oh, et la Lune, peut-être ?

La presse a évoqué plusieurs grosses écuries. Mais, d'une certaine façon, en rejoignant une grosse équipe, j'aurais fait un pas en arrière. Pouvais-je vraiment espérer éviter les disputes sur le calendrier des courses et les objectifs dans une équipe qui comprendrait d'autres grands coureurs nourrissant leurs propres ambitions ?

C'est à ce moment-là que nous avons été contactés par une nouvelle équipe des plus prometteuses. À cette époque, BORA-Argon 18 était vraiment une petite équipe avec de grandes ambitions. Ils avaient une licence Pro Continental Tour mais ils prévoyaient de se hisser à l'échelon supérieur en 2017. Nous avons rencontré Willi Bruckbauer, le fondateur et PDG de BORA et Ralph Denk, le directeur de l'équipe. Tous les deux ont eu une influence déterminante dans l'une des meilleures décisions de ma carrière professionnelle. BORA est une entreprise allemande qui commercialise des systèmes sophistiqués d'évacuation des vapeurs et fumées de cuisson. En d'autres termes, ils peuvent vous débarrasser de la grosse hotte qui trône au-dessus de votre cuisinière. Comme Oleg, Willi est un fan de cyclisme qui souhaitait rejoindre la caravane pour accroître la notoriété de sa marque, mais je pense que l'on peut affirmer, sans grand risque de se tromper, que les similitudes s'arrêtent là. Malgré sa passion pour le cyclisme, il sait garder la tête froide et ne se départ jamais de son flegme. Le premier venu peut attraper un micro et annoncer sans trop y réfléchir qu'il veut conduire son équipe vers les sommets. Willi et Ralph avaient eux une stratégie très claire au centre de laquelle ils souhaitaient me placer. Ils nous ont écoutés avec attention. Ils n'ont pas cillé lorsque nous leur avons fait part de notre volonté de conserver tous les membres de la Team Peter, une décision qui les obligerait à engager également certains de mes coéquipiers chez

Tinkoff, Maciej Bodnar, Michal Kolář, Erik Baška – et, bien sûr, Juraj. Pour la première fois de ma carrière, j'ai commencé à m'imaginer dans le rôle de leader d'équipe.

Willi était aussi sur le point d'obtenir l'accord d'un second sponsor, une autre marque allemande, Hansgrohe, une entreprise spécialisée dans la robinetterie pour salle de bains qui avait déjà investi dans le cyclo-cross en sponsorisant les séries Superprestige. L'arrivée de ce nouveau partenaire a balayé mes derniers doutes. Nous serions en mesure de lutter avec les autres grosses équipes. Et, bien sûr, sans la présence de Hansgrohe, je n'aurais jamais été photographié en train de prendre une douche pour leur campagne publicitaire mondiale. Je suis certain que nous glisserons une photo quelque part dans ce livre. De rien.

Un dernier élément a joué un rôle essentiel dans ma décision, le contrat de trois ans que l'équipe prévoyait de signer avec Specialized, le fabriquant de cycles. Cela m'a rassuré de savoir que nous conserverions, pendant cette transition potentiellement perturbante, les vélos avec lesquels nous avions l'habitude de rouler. Au-delà de ça, Specialized fabrique des putains de bons vélos !

Le contrat a été signé et je maintiens que c'est probablement la meilleure décision que nous avons prise de notre carrière. Je dis « que nous avons prise » parce qu'il s'agissait, en grande partie, d'une décision collégiale. Comme je l'ai déjà dit, c'est peut-être moi qui me tiens de temps à autre sur le podium mais je ne suis que le fer de lance d'une équipe qui œuvre pour que je puisse franchir la ligne en tête. C'était autant leur décision que la mienne.

BORA-hansgrohe a donc fait ses débuts parmi l'élite du cyclisme professionnel et elle a connu un départ extraordinaire.

En 2017, l'équipe a vu son effectif doubler, dont le personnel œuvrant en coulisse. Les coureurs ont obtenu des résultats exceptionnels. En 2018, nous comptions à un moment donné dans nos rangs les champions de Slovaquie, d'Allemagne, d'Autriche et du monde qui ont d'ailleurs été alignés ensemble sur le Tour de Suisse, un tour sur lequel il était assez difficile de savoir à quoi ressemblait le maillot de l'équipe BORA-Hansgrohe !

Voilà, vous savez tout de mon transfert chez BORA-hansgrohe. Aujourd'hui, nos regards sont tournés vers l'avenir. C'est une période tellement excitante pour cette jeune équipe. Bizarre, la tournure que peuvent prendre les événements.

2017

HIVER

Comme vous le savez déjà, après Doha, j'ai dû m'acquitter de quelques dettes. J'ai déjà évoqué le sujet mais Gabri pense que je dois vous expliquer comment tout cela fonctionne.

Hormis le côté amusement de la chose, ces paris avec des proches sont vraiment importants pour moi. Je vous ai déjà parlé du tour du Lac Tahoe que nous devions faire avec Katarina et Lomba, n'est-ce pas ? Voilà le genre de pari auquel je fais référence. Avec l'expansion de la Team Peter et l'intégration de tout son effectif et de son ethos sous la bannière BORA-hansgrohe, toute cette pratique de défi prenait plus d'importance.

C'était difficile de faire la fête à Doha, mais pas impossible. L'alcool n'est pas interdit au Qatar, mais sa vente et sa consommation sont encadrées par une législation stricte indiquant les endroits dans lesquels vous pouvez acheter de l'alcool et ceux dans lesquels vous pouvez en consommer. Tous ceux qui ont déjà croisé un fan slovaque savent qu'il ne se déplace jamais sans son uniforme qui comprend : un drapeau slovaque, une tenue de sports en tissu synthétique, un survêtement (le plus souvent mais pas toujours), une casquette, en général à l'effigie d'une marque de boisson énergétique et, obligation légale et contraignante dans les rues de Bratislava, une maxi canette de bière de Pilsner Urquell. La rumeur prétend qu'aux Championnats du monde, à Doha, les fans ont dû demander une autorisation spéciale aux services diplomatiques slovaques pour pouvoir arpenter les rues de la capitale du Qatar sans la cannette réglementaire. Nous sommes des citoyens respectueux des lois mais aussi de nos principes. Nous avons respecté la loi à la lettre mais sans trahir l'esprit ni tourné le dos à la tradition slovaque, notre destin : faire la fête.

De retour chez moi, j'ai sorti mon petit carnet noir pour voir qui devait quoi.

Ces petits paris entre amis ne sont pas des paris stricto sensu. Un pari serait libellé ainsi : « Si tu gagnes, je fais ceci mais si tu perds, tu dois faire cela. » C'est un peu plus collégial en ce sens que si le défi est réalisé, nous devons tous faire quelque chose drôle ou de débile.

Parfois, c'est juste pour se marrer et passer le temps. Par exemple, après une course, en Belgique, nous avions dû assister à une manifestation organisée par Hansgrohe. Nous sommes ensuite sortis dîner dans ce grand restaurant, à Courtrai. Nous étions quatre : Juraj, Giovanni, Gabriele et moi. Au milieu du repas, un mec est venu me voir. « Bonsoir, mon entreprise fabrique des chaussures et j'aimerais que vous les portiez. »

J'ai avalé mon morceau de steak et j'ai posé mon couteau et ma fourchette.

« C'est gentil mais j'ai déjà un contrat avec un sponsor chaussures. Je ne peux donc pas porter les vôtres. Mais merci quand même.

– Quelle est votre pointure ? Je vous en apporterai quelques-unes.

– Eh bien, mon frère Juraj, que voilà, fait du 43. Et mon autre frère, né d'une autre mère, Gabriele, fait du 42. »

Ce n'était évidemment pas ce qu'il avait en tête. Il y a eu un blanc pendant qu'il avalait sa salive en jetant un regard aux deux individus qu'il n'avait probablement jamais vus et dont il n'avait jamais entendu parler. « Bien sûr. Je vous les apporte à votre hôtel dans la matinée.

– Parfait, à demain. »

Inutile de vous dire que nous les attendons encore.

Nous avons passé une excellente soirée et nous nous sommes bien amusés. Et nous avions un pari sur la note. Celui qui donnerait le montant le plus éloigné paierait l'addition. C'est quelque chose que nous faisons régulièrement, mais en général, nous ne dînons pas dans des restaurants aussi chics que celui-là, et je peux vous dire que Giovanni Lombardi s'y entend quand il s'agit de commander du vin.

Je vous ai peut-être donné l'impression que Gabriele est très au fait du prix des choses, surtout quand il risque de devoir les payer. Cela ne l'empêche pas de perdre sa chemise contre moi, tous les jours, à la PlayStation. Il maintient qu'il a un contrat avec Giovanni pour que j'aie toujours un moral au plus haut avant les courses. Si c'est le cas, je peux vous dire que mon moral est toujours au beau fixe, même au beau milieu de l'hiver. Ce pari, ce jour-là, dans le restaurant a confirmé mes soupçons à propos de Gabriele. Il a deviné le prix à un euro près. Un euro ! Dans un restaurant de luxe, à une table avec quatre hommes avec des goûts dispendieux, en pleine bataille d'ego, animés de la confiance qui habite ceux qui sont persuadés qu'ils n'auront probablement pas à régler l'addition. Il avait, de toute évidence, mémorisé le prix de chaque plat commandé et effectué le calcul de tête.

La pression était sur les autres. Giovanni négocie tous mes contrats et gère mes finances. S'il avait perdu, j'aurais été plus inquiet que si j'avais perdu moi-même. Inutile de s'inquiéter, il n'était pas très loin du compte. Et moi ? Eh bien, lorsque vous jouez à ce jeu depuis aussi longtemps que moi, vous vous doutez toujours que ce genre de défi peut pointer le bout de son nez et vous restez sur le qui-vive comme… Eh bien, comme un sprinteur. Vous ne pensiez pas que j'avais perdu ? Oh Juraj, mon cher, très cher frère… Sors ta carte de crédit. Au moins, tu auras une jolie paire de chaussures invisibles demain matin.

Gabriele a passé la plus grande partie de l'année 2016 à crier sur les toits que je remporterai un deuxième maillot de champion du monde à Doha. Au début de l'année, il m'a annoncé que si je l'emportais, il se ferait tatouer le logo Peter Sagan sur la cheville. « OK, et qu'est-ce que tu veux que je te donne si je suis battu ?

– Je ne sais pas, a-t-il dit. Quelque chose qui compte beaucoup pour toi et qui comptera beaucoup pour moi aussi.

– Pourquoi pas ça ? » J'ai passé la main à l'intérieur de ma chemise et j'ai sorti la chaîne en or et le crucifix que je porte depuis l'adolescence. « Wow, tu ferais ça ? OK. Tope là ».

Il y a un clip, sur YouTube, sur lequel on me voit hurler en franchissant la ligne à Doha. Comme toujours, c'est Gabri qui m'a félicité le premier. Il sautait dans tous les sens. Vous pouvez me voir en train de hurler en pointant du doigt. Vous avez peut-être cru qu'il s'agissait d'une célébration à la Cristiano Ronaldo/Richard Virenque auquel cas, vous avez eu tort. Je pointais le doigt en direction de Gabri en hurlant : « Tu as une semaine pour te faire tatouer ! »

À présent, j'aimerais que vous preniez quelques secondes pour visualiser Giovanni Lombardi. Ses collègues de peloton disaient qu'il était rusé come un renard. Pendant ses quinze années chez les professionnels, il a été partout, il a tout fait. Il a travaillé pour Gianluigi Stanga, Walter Godefroot, Mario Cipollini et Bjarne Riis et il n'a jamais baissé les yeux devant quiconque. C'est le genre de mec qui a l'air intelligent même en salopette de décorateur. Pouvez-vous imaginer quelqu'un de moins susceptible d'avoir un tatouage PS à la cheville ? Et pourtant, il en a un. Il a aussi une Cadillac blanche. Voilà ce que Doha a rapporté.

La discussion s'est tournée vers Bergen peu de temps après cet épisode, il me semble. Cela me semblait beaucoup trop prématuré. Je n'avais pas passé beaucoup de temps en Norvège mais j'en avais assez vu pour savoir que les routes y ont tendance à s'élever. Et si la chaleur du Qatar me convenait parfaitement, comment diable allais-je me comporter dans l'automne norvégien ? Bien sûr, que j'irai. J'étais le champion du monde en titre. Mais cela me semblait loin, et j'imaginais déjà tous les autres prétendants en train de me mettre en joue. Je sentais même déjà le viseur entre mes épaules. Une centaine de coureurs, une centaine d'histoires et quatre-vingt-dix-neuf fusils de sniper avec mon maillot en ligne de mire.

Cela n'a pas empêché les paris de tomber.

Pendant une réunion de famille, Papa a annoncé à Lomba qu'il arrêterait de fumer si je l'emportais en Norvège. Il était prêt à tourner le dos à cinquante ans de cigarette. C'était une énorme source de motivation pour moi. Nous pensons tous être immortels lorsque nous sommes jeunes et les adolescents qui ont grandi derrière le rideau de fer n'étaient pas plus immunisés aux chants des sirènes des fabricants de cigarettes que ceux qui vivaient dans une autre partie du monde. La santé de nos parents devient un sujet d'inquiétude lorsqu'ils vieillissent, et si Papa arrêtait de fumer, ce serait une victoire fabuleuse.

Lomba avait une faiblesse pour le tabac plus particulière. Un jour – je crois qu'il prétend que c'est en Suède ou quelque part en Scandinavie – il s'est mis à chiquer le tabac. Une habitude détestable. Papa lui a fait promettre de mettre la chique à la poubelle s'il arrêtait la cigarette. Giovanni n'était pas trop inquiet à cette époque. Il se disait que Bergen était encore loin et avec un parcours un peu trop vallonné pour un coureur aussi charpenté que le casse-pieds slovaque qu'il devait se coltiner.

Nous avions défini plusieurs objectifs pour 2017. Nous attaquerions la saison en Australie, au Tour Down Under. La presse cycliste évoquait le palier que BORA-hansgrohe allait devoir franchir et se demandait pourquoi j'avais signé dans une petite équipe comme celle-là alors que j'aurais pu rejoindre Quick-Step, Sky ou consorts. Leur vision était trop limitée. Pour moi, ce n'était pas un palier mais une progression. Je me rapprochais de mon objectif. Finis les compromis, finis les conflits d'intérêts inhérents aux grosses équipes. De plus, nous n'aurions pas besoin de phase d'apprentissage. Nous étions une bande de frères rompus à ces joutes. Nous avions déjà couru toutes ces courses. Avec d'autres maillots, dans d'autres voitures, sur d'autres tables de massage, avec d'autres programmes d'entraînement, d'autres pieds d'atelier, mais toujours sur des vélos Specialized.

Nous avons ajouté un astérisque à côté des courses qui constitueraient nos objectifs pour la prochaine saison :

Flandres
Roubaix
Californie
Tour
Canada
Bergen

Oui, cette liste est plus longue que celle de la plupart des autres leaders d'équipe. Mais cela me plaisait. Si vous mettez tous vos œufs dans le même panier et que le panier vous glisse des mains… C'est un gros bordel à nettoyer.

Que la saison commence.

2017

PRINTEMPS

Milan-San Remo est une course sympa. J'y avais pris la deuxième place en 2013. Je m'étais glissé dans la bonne échappée, un petit groupe de coureurs dans lequel figurait aussi Fabian Cancellara. Nous avions commis l'erreur de trop nous concentrer l'un sur l'autre et nous avions été coiffés sur la ligne par Gerald Ciolek, le rusé sprinteur allemand. J'entends certains d'entre vous hurler : « Attends ! MSR ne fait pas dans les 300 kilomètres ? Et tu nous as rabâchés, tout au long de ce livre, que tu n'étais pas très performant sur les courses longues à cette époque. » Vingt sur vingt pour la concentration. Mais cette année-là, le temps exécrable avait contraint les organisateurs à raccourcir la course. À l'approche du col du Turchino, il neigeait tellement que la course avait dû être interrompue. Nous nous étions réfugiés dans des voitures et nous avons emprunté le tunnel pour passer de l'autre côté du col ! Je dois aussi ajouter que la première partie de cette course amputée du Turchino n'avait pas été aussi difficile du fait de l'absence d'attaques. La neige avait laissé place à la pluie.

Bref, une de ces journées où les coureurs cyclistes méritent leur salaire.

Quatre ans plus tard et avec un Monument à mon palmarès, j'avais bon espoir de l'emporter à San Remo. Le parcours est assez sélectif. Il ne reste en général que les hommes forts dans le final. La petite ascension du Poggio, juste avant l'arrivée, est assez brève. Elle est plus une rampe de lancement qu'un obstacle lorsque je suis au meilleur de ma forme. Je m'éclate sur les descentes techniques, comme celle du Poggio et je croyais en mes chances si j'arrivais sur la Via Roma au sein d'un petit groupe.

Les Italiens sont de grands romantiques. Ils sont devenus fous lorsque j'ai attaqué sur ce célèbre final. Pas tant parce que c'était moi, mais ce joli maillot arc-en-ciel complétait parfaitement le tableau. La première grosse course de l'année, Il Primavera, la plus grosse course d'un jour en Italie, le champion du monde… Ils raffolent de ce genre de trucs. Et, vous savez quoi ? C'est supposé être un spectacle. Les spectateurs ne regardent pas les courses cyclistes pour connaître le résultat, sans quoi ils se contenteraient de lire le journal le lendemain matin ou de consulter leur téléphone. Les fans veulent du spectacle, et si vous ne pouvez pas faire l'effort de leur donner une raison de crier lorsque vous portez le maillot arc-en-ciel, eh bien, franchement, vous ne devriez pas le porter. On me demande souvent si je ressens la pression du maillot. Eh bien, oui, je sens le poids du maillot mais ce n'est pas de la pression. Juste le devoir de faire le spectacle.

J'avais un peu d'avance au sommet. Je volais dans les virages à épingles entre les vergers, les serres et les jardins potagers du versant sud du Poggio.

Tout semblait parfait. Je pensais en avoir assez fait. Mais devinez quoi ? Revoilà mon empêcheur de tourner en rond polonais préféré, ce bon vieux Michael Kwiato dans son nouveau maillot Sky avec le col et les manches arc-en-ciel, lancé à ma poursuite. Non, vous rigolez, avec Julian Alaphilippe dans sa roue, en plus ? Que faut-il faire pour remporter cette course ? Les battre au sprint, j'imagine.

Si j'avais remporté ce sprint, je vous aurais dit que c'était le plus grand de l'histoire du cyclisme mais je l'ai perdu. Mais quand même… quel sprint d'anthologie.

J'ai dû le lancer. Les événements m'ont malheureusement forcé la main. Je m'étais retrouvé en tête. Nous roulions à bloc tous les trois – nous n'avions pas d'autre choix avec le peloton lancé à nos trousses. Avec le recul, je pense que j'en ai probablement un peu trop fait. Lorsque nous sommes entrés dans la ville, je m'attendais à ce qu'au moins l'un d'eux me relaie mais ils étaient déjà en train de préparer le sprint. J'ai placé un démarrage avant que Kwiato ou Alaphilippe ne fonde sur moi, j'ai creusé un écart mais la ligne d'arrivée était encore loin. Je les sentais revenir, revenir… Nous avons atteint la ligne avec un tel synchronisme qu'un coup de pistolet ne nous aurait pas départagés. Avec Kwiato, nous nous sommes touchés lorsque nous avons jeté nos vélos sur la ligne mais nous avons réussi à éviter la chute. Les commentateurs étaient incapables de dire qui avait gagné. Moi, oui : Kwiato. Il avait parfaitement mené sa barque. Félicitations à mon plus vieux rival.

Je préfère peut-être perdre une course fantastique qu'en remporter une ennuyante. Peut-être. Je l'ignore. Mais une chose est sûre, c'était vraiment une course fantastique.

Direction la Belgique en tant que vainqueur sortant du Tour des Flandres et champion du monde en titre. Une autre grande journée.

Il faisait chaud et sec. Les premières hirondelles du printemps volaient bas au-dessus des prés des Flandres et l'odeur vivace du fumier de poule chatouillait les narines. Quelqu'un m'a dit, l'autre jour, que la Belgique produit tellement de fumier que c'est le seul pays du monde qui est obligé d'en exporter. Est-ce vrai ? Mon Dieu, je l'ignore. Je suis coureur cycliste, pas agroéconomiste. Ça reste un fait intéressant même si c'est une connerie. Lorsque vous descendez le Koppenberg, il y a un virage serré à gauche au pied qui se resserre juste au moment où vous pensez en avoir fait le tour et, après ce virage, il y a le plus gros tas de fumier de Belgique. Vu l'allure à laquelle les coureurs arrivent en bas de ce mont, il y en a bien quelques-uns qui ont dû plonger dedans tête la première. Peut-être pendant le Tour des Flandres Cyclo, la veille de la course ? Vingt mille cyclistes du dimanche qui essaient de battre leurs potes dans cette descente ? Tout ce que verriez de ces gars, ce serait leurs chaussures de cyclistes qui émergent de la boue. De quoi laisser perplexes les futures générations d'archéologues.

Philippe Gilbert comprend lui aussi parfaitement le concept de spectacle. Il est belge mais il n'est pas originaire des Flandres. Il est wallon qui vient de l'autre côté du pays mais les spectateurs l'adorent parce qu'il a du panache. Il a porté un an le maillot de champion du monde et il comprend que les coureurs doivent en donner au public pour leur argent. Au cours des dernières saisons, il a aussi porté le maillot tricolore de champion de Belgique, probablement le deuxième plus beau maillot cycliste du monde. Il avait rejoint Quick-Step après plusieurs saisons chez BMC et ils avaient une équipe extrêmement compétitive sur les Classiques du Nord. Comme Fabian Cancellara l'année précédente, le présumé leader de l'équipe de Gilbert, Tom Boonen, allait prendre sa retraite. S'il parvenait à remporter cette édition, son dernier Tour des Flandres, ce serait sa quatrième victoire sur la course. Quatre victoires qui feraient très bien sur son palmarès, à côté de ses quatre pavés, le trophée remis au vainqueur de Paris-Roubaix. Le genre de palmarès devant lequel on ne peut que s'incliner et applaudir.

Ils ont tous les deux animé le début de la course. Boonen volait sur le Mur de Grammont et renouait avec son glorieux passé. En 2006, Tom a remporté cette course avec le maillot de champion du monde sur les épaules. Il était le dernier à l'avoir fait avant moi. Imaginez le public ce jour-là ! Le meilleur Flandrien remportant leur course préférée avec le maillot de champion du monde sur les épaules. Cela a dû être une sacrée journée pour les fans de cyclisme.

Le Mur de Grammont avait servi de rampe de lancement à beaucoup de ses autres grandes victoires mais il a perdu son importance stratégique depuis que l'arrivée a été déplacée vers Audenarde il y a quelques années, au grand dam des fans. Il avait retrouvé sa place sur le parcours mais à 90 kilomètres de la ligne et non plus à 20. C'est pourtant là qu'il a choisi d'attaquer et de dynamiter le peloton, et il l'a littéralement fait exploser. Lorsque nous sommes arrivés sur le Vieux Quaremont pour la seconde de nos trois ascensions de la journée, c'est Gilbert qui a fait parler sa puissance. Nous étions un peu éparpillés lorsqu'il a attaqué, et il est parti en solitaire affronter les monts escarpés et les secteurs pavés des 55 derniers kilomètres. En dernière position, Boonen nous regardait, ravi, moi, Greg Van Avermaet, Kristoff et tous les autres assurer la poursuite. Il savait que si nous reprenions Gilbert, ce serait à son tour d'attaquer. Quick-Step semblait avoir toutes les cartes en main. Le Taaienberg serait le prochain tournant, dans une journée qui en compta beaucoup. Je savais que je devais me débarrasser de certains concurrents et partir de loin si je voulais revoir Gilbert et avoir une chance de conserver mon titre sur De Ronde. Attendre n'était pas une option. Le Taaienberg est un endroit comme un autre pour attaquer, un mont pavé qui serait la star de n'importe quelle course qui ne comprendrait pas le Mur de Grammont, le Quaremont, le Koppenberg ou le Paterberg. Le plan de Tom, qui s'était dessinée si joliment, est parti par la fenêtre comme un ballon qui se dégonfle rapidement au moment où sa chaîne s'est coincée dans l'espace entre son pédalier et son cadre, lorsqu'il a essayé de passer sur le plus petit plateau au pied du mont. Avec la route qui se rétrécit et le peloton qui accélère, impossible d'être dépanné rapidement à cet endroit et sa course s'est conclue sur cette terrible déception.

J'ignorais qu'il avait eu un problème mécanique. J'avais juste accéléré aussi vite que je le pouvais pour le distancer. Au sommet, j'avais fait éclater le peloton et ceux qui n'avaient pas sauté ont collaboré avec moi pour tenter de revenir sur Gilbert. En haut du Quaremont, pour sa dernière ascension du jour, avec encore 17 kilomètres à parcourir, Greg, Oliver Naesen et moi comptions moins d'une minute de retard sur Gilbert. Nous avons fait parler notre puissance sur tout le secteur pavé. Nous savions que c'était tout ou rien à présent. La route était sèche. Il y avait beaucoup de poussière et au lieu de rouler sur la crête des pavés comme j'en ai l'habitude, j'ai choisi la difficulté et la boue sèche du bas-côté à gauche de la chaussée pour aller plus vite. La course était en train de se jouer. J'emmenais un gros braquet.

En une fraction de seconde, tout s'est écroulé.

Je vous ai dit que les chutes se déroulent, parfois, au ralenti. Vous la voyez arriver et tout passe en vitesse « Matrix ». Pas cette fois. J'étais en train de me dire qu'il faudrait rattraper Gilbert avant le sommet du Paterberg, et quelques secondes plus tard, j'étais en train de regarder le ciel bleu des Flandres comme dans une mauvaise farce. Greg m'avait percuté. Naesen l'avait percuté à son tour et nous avions tous dégringolés sur les pavés. Greg avait pu remonter en selle mais Naesen et moi avions besoin d'un nouveau vélo. Le Quaremont est le pire endroit pour connaître un incident mécanique. La chaussée n'est pas plus large qu'une salle de bains et les voitures de nos équipes se trouvaient loin derrière le peloton éparpillé.

Nous ne pouvions compter que sur la voiture d'assistance Shimano de la course. Elle s'est arrêtée au milieu d'un nuage de poussière. Un mécanicien a bondi hors de l'habitacle. Il a descendu un vélo du toit de la voiture et l'a tendu à Naesen qui est reparti sans demander son reste. En deux temps, trois mouvements, le mécano est remonté en voiture et a repris sa route. Hein ? Que s'était-il passé ? Tu ne m'as pas vu, mec ? Il avait dû me prendre pour un spectateur en maillot rayé qui essayait d'aider Naesen à remonter en selle.

Je secouais la tête, effaré. Je me suis baissé pour ramasser mes lunettes de soleil 100 %. Bon sang, ce que j'adore ses lunettes. Je n'ai jamais porté un maillot arc-en-ciel sans elles. Pour moi, les deux vont ensemble comme les quenelles et le fromage (sérieusement, si vous venez un jour en Slovaquie, vous devez goûter notre plat national, le bryndzové halušky). Je m'apprêtais à les ramasser lorsque j'ai entendu le bruit d'un dérailleur et j'ai vu Niki Terpstra leur rouler dessus. Génial. Une de ces journées où rien ne va. Quelle autre tuile allait me tomber dessus ? Si j'étais tombé dans une bassine de tétines ce jour-là, nul doute que j'en serais ressorti en me suçant le pouce.

Je sais. Vous vous demandez si nous aurions repris Gilbert ? Est-ce que je l'aurais emporté ? Malgré la chute, Greg n'a terminé qu'à trente secondes. Tu l'aurais battu au sprint, n'est-ce pas, Peter ? Il est impossible de répondre à cette question. Philippe Gilbert a remporté la course. Il a levé le pied quand il a compris qu'il avait course gagnée. Il en avait peut-être encore sous la pédale si nous l'avions rattrapé. Avec Greg, nous aurions peut-être refusé de collaborer pour la poursuite. Greg aurait pu me battre au sprint – après tout, Kwiato l'avait bien fait deux semaines plus tôt. La chaîne de Tom ne se serait peut-être pas coincée dans son cadre. Cancellara n'aurait peut-être pas pris sa retraite un an plus tôt. Rik Van Looy aurait peut-être emprunté une machine à remonter le temps. Je sais. Je deviens flippant mais je pourrais continuer jusqu'au bout de la nuit avec les « Et si ? » en cyclisme. C'est pour cela que nous aimons ce sport. Et si je m'étais entraîné un peu plus dur ? Et si j'avais regardé où j'allais ? Désolé mais ce sont des conneries. Philippe Gilbert a remporté un magnifique Tour des Flandres grâce à une incroyable échappée en solitaire. Devinez quoi ? Il y avait plus de cent histoires mais une seule mérite d'être racontée, la sienne.

Qu'est-ce qui a provoqué ma chute ? Eh bien, tout d'abord mon inattention et un mauvais choix de trajectoire. Mais j'étais certain d'avoir touché quelque chose sur les barrières. Gabriele a visionné les images des douzaines de fois mais il n'était pas de cet avis. La plupart des suiveurs pensaient que j'avais heurté le pied d'une des barrières placées le long de la route. Je n'y croyais pas parce que j'avais les yeux rivés sur la route, justement pour éviter les pieds des barrières. Nous roulions vite mais j'avais l'impression que mon guidon s'était coincé dans quelque chose. Et puis quelqu'un a envoyé à Gabriele une vidéo qu'un spectateur qui se trouvait de l'autre côté de la chaussée avait prise avec son téléphone. Et là, le doute n'était plus permis. Il faisait doux.

Un spectateur avait retiré sa veste et l'avait enroulée autour de la barrière. Cela n'aurait pas dû suffire à me stopper mais bien sûr, pour mieux voir, tout le monde s'appuyait sur ces barrières qui se sont inclinées, et la veste pendait devant la barrière, accrochée par les manches. La poignée de mon frein gauche s'est prise dans la veste. Solidement arrimée à la barrière, elle n'a pas bougé et, à son point de tension maximale, elle a brusquement tiré mon guidon vers la gauche et, *ensuite*, ma roue avant a heurté le pied de la barrière.

Fait étrange, le spectateur à la veste, un enseignant néerlandais, était une vague connaissance de Body ! Nous ne l'avions appris que quelques jours plus tard et je m'étais fait la réflexion que nous aurions certainement trouvé cela moins drôle si nous nous en étions rendu compte sur le coup. Je n'en ai jamais voulu à ce spectateur. J'aurais dû passer très au large de l'endroit où il se tenait. Je me suis dit que ce serait amusant d'échanger mon maillot arc-en-ciel en lambeaux couvert de boue avec sa vieille veste, histoire de la garder en souvenir de ce jour mémorable. Il aurait, lui aussi, un souvenir et une histoire à raconter pendant les repas de famille ou les dîners entre amis.

Gabriele s'est entretenu avec lui au téléphone. Aimerait-il venir sur Paris-Roubaix en tant qu'invité de l'équipe BORA-hansgrohe ? Faire une petite présentation devant la presse au cours de laquelle nous échangerions la veste et le maillot, regarder la course avec nous et nous rejoindre sur le final ?

Il était d'accord sur le principe mais il y avait le coût du voyage depuis les Pays-Bas. Et cette veste était chère. Si nous couvrions ses frais de transport et le remboursement de la veste, il modifierait son emploi du temps. Gabriele a décidé que cela n'en valait pas le coût.

Les journalistes voulaient tous savoir la même chose. Je n'avais pas terminé les deux premiers Monuments. Allais-je remporter Paris-Roubaix ? Je ne raisonne pas ainsi. Une centaine d'histoires. Je prends le départ et j'essaie de remporter la victoire. Il y a beaucoup trop de variables qui interviennent dans ce genre de courses. Il est impossible de prédire comment elles vont se dérouler. J'ai remporté des courses dans lesquelles des coureurs étaient plus forts que moi et j'ai été battu par des coureurs que je pensais battre. Tout le monde veut gagner. La plupart d'entre nous rentreront à la maison déçus.

Et je suis rentré déçu de Roubaix.

Je me suis trouvé dans la situation que je préfère. J'avais attaqué. J'étais accompagné par mon équipier, Maciej Bodnar, et par deux gros moteurs, Daniel Oss et Jasper Stuyven. Comme la semaine précédente, Greg Van Avermaet était vraiment très fort mais il ne collaborait pas avec nos poursuivants à cause de la présence de son équipier, Daniel Oss qui pouvait prétendre à la victoire. Je suis ravi que Daniel ait rejoint BORA-hansgrohe aujourd'hui. Le mec est un hybride entre un pur-sang et un bœuf. Même si Daniel avait refusé de participer pour augmenter les chances de Greg de revenir sur notre petit groupe, avec Body et Stuyven, nous roulions à bloc et les autres équipes auraient du mal à nous reprendre, surtout sur les pavés. Body roulait comme un titan et le peloton n'arrêtait pas de s'éparpiller et de se reformer à cause des dégâts que nous produisions. Et bang ! Une crevaison. Body a attendu avec moi. J'ai changé de roue et nous avons produit un effort pour reprendre notre place dans le groupe principal. Oss et Stuyven étaient toujours en tête de la course.

Sur le long et difficile secteur pavé de Mons-en-Pévèle, à environ 60 kilomètres du vélodrome, j'ai baissé la tête et j'ai roulé aussi vite que je le pouvais. Il vaut mieux toujours rouler à l'avant sur les pavés. Cela vous permet de choisir votre trajectoire, d'avaler moins de poussière et de moins craindre les erreurs des autres. Vous êtes aussi en position de dicter la course. Oss et Stuyven ont été repris et le peloton s'est scindé en deux et trois groupes pendant un moment. Greg était avec moi et semblait très en forme. Je nous voyais nous disputer la victoire dans les derniers mètres et je pensais que nous pouvions réduire un peu la liste des prétendants. Stybar était en tête et j'ai réussi à revenir sur ce groupe tout seul sur le secteur de Templeuve. Rien qu'en énonçant les noms de ces secteurs, je sens la poussière et je vois le paysage plat, les panneaux de signalisation français et ceux à l'entrée de chaque secteur. Je me suis dit : « C'est là que la course se gagne ou se perd. » Greg se trouvait dans le groupe derrière avec Tom Boonen, qui visait une *cinquième* victoire sur Paris-Roubaix. Un cinquième succès qui en aurait fait le recordman du nombre de victoires sur cette course, une sacrée façon de tirer sa révérence. Le groupe de tête fatiguait. C'était le moment idéal de placer une dernière attaque et de partir seul avant le secteur décisif du Carrefour de l'Arbre. En entrant sur le prochain secteur pavé, je roulais à 99 % pour essayer de faire le trou… Et j'ai crevé.

Greg m'a dépassé pendant que j'attendais une roue. Il a rattrapé le groupe de Stybar et l'a emporté en solitaire. *Chapeau*[12], monsieur. Vous êtes un survivant et un performer. Le cyclisme a besoin de plus de coureurs comme vous. Bien sûr, vous pourriez me faciliter la vie en me battant un peu moins souvent mais vous êtes vraiment un chic type.

Je me suis échappé deux fois. J'ai crevé deux fois et j'ai été repris. Le sempiternel récit de mes dimanches sur les routes

12. *En français dans le texte (NDT).*

reliant Compiègne à Roubaix au fil des années : attaquer et crever aux mauvais moments.

Mon premier DS, chez Liquigas, Stefano Zanatta, a toujours dit que je ne gagnerai jamais Paris Roubaix. Selon lui, c'est une question de technique. « Certains coureurs volent au-dessus de la crête des pavés sans vraiment les toucher. Boonen, Museeuw, Tchmil. Peter ? Il les heurte trop violemment. Il va toujours crever ».

J'étais en partie d'accord avec lui. Les crevaisons n'ont rien à avoir avec la chance. C'est une question de technique comme votre serviteur l'a montré aux Jeux Olympiques. Néanmoins, si je ne pensais pas être en mesure de l'emporter, je resterais chez moi. Je prendrais une semaine de congé pour arriver frais et dispo sur l'Amstel Gold, une semaine plus tard, prêt à tout casser. Ou je resterais les doigts de pieds en éventail avec Katarina et Marlon et je laisserais les autres se casser les dents sur les pavés.

TEAM PETER

Je n'oublie jamais de remercier mon équipe, dans la victoire comme dans la défaite. Je suis peut-être le dernier clou planté sur la ligne mais il a fallu un nombre hallucinant de marteaux, de tournevis, de boîtes à outils et d'aller-retour jusqu'à la quincaillerie pour me permettre de franchir la ligne en vainqueur.

Le cyclisme est une anomalie en ce sens que c'est un sport individuel disputé par des équipes.

Les personnalités de ceux qui vous entourent sont tout aussi importantes que leurs compétences physiques. Vous devez avoir confiance en vos coéquipiers, vos mécaniciens, vos directeurs sportifs, vos coaches et vos soigneurs et vous devez savoir comment chacun d'entre eux réagira en toutes circonstances parce que, dans le feu de l'action, vous n'aurez probablement pas le temps de communiquer. Par exemple, je n'ai pas besoin de demander à Burghardt ou à Bodnar de se porter en tête pour accélérer l'allure du groupe de tête à 30 kilomètres de l'arrivée sur un Monument si je suis encore en course pour la victoire. Ils savent comment éviter que des coureurs faussent compagnie au groupe, et ils ont la capacité de le faire.

Depuis tout jeune, j'ai appris à faire confiance et à m'appuyer sur un petit groupe d'individus qui sont aussi importants pour obtenir des résultats que, je ne sais pas, les séances d'entraînement ou un vélo en bon état de marche. Grâce à la patience et à la volonté de Willi et de Ralph à BORA-hansgrohe, nous sommes aujourd'hui tous réunis sous la même bannière et, je l'espère, pour longtemps. Avec Willi et Ralph, il n'y a pas de négociations. Ils n'ont pas accepté d'engager les membres de la Team Peter pour me faire plaisir. Ils ont compris ce que chacun pouvait apporter à l'équipe.

Les membres de la Team Peter sont plus que des coéquipiers. C'est une équipe à l'intérieur de l'équipe, et même si j'ai eu la chance d'avoir Marcus Burghardt, Maciej Bodnar et Daniel Oss à mes côtés à différents moments de ma carrière, ce sont avant tout des professionnels qui se défonceront toujours pour leur leader. Oui, bien sûr, nous sommes de bons amis, mais lorsque Daniel courait pour BMC, il a toujours tout donné au service de Greg Van Avermaet comme il l'avait fait à mon service chez Cannondale ou le fait de nouveau aujourd'hui chez BORA-hansgrohe.

La Team Peter est une petite unité composée d'individus réunis autour d'un objectif, me permettre de remporter des courses, et c'est pour cela qu'il est si important pour moi de les remercier. Ils ont souvent sacrifié leurs objectifs et leurs ambitions personnelles pour le bien de la Team Peter, et lorsque je suis sur un podium – je sais que cela sonne comme un cliché – les applaudissements sont aussi pour eux.

Le premier membre de la Team Peter était là bien avant que quelqu'un ait l'idée de la constituer. Il était même là avant que je sois conçu. Il s'agit, vous l'avez deviné, de Juraj Sagan. Il n'est jamais facile d'être le frère du milieu, et lorsque votre petit frère complètement pourri gâté par tous les membres de la famille devient une grande gueule et un grand coureur cycliste, c'est encore plus difficile. Surtout lorsque vous êtes le vrai fan de cyclisme de la famille. Pendant les vacances scolaires, lorsque je regagnais la maison, je trouvais Juraj accroupi devant la télé qui m'expliquait, avec des trémolos dans la voix, que « Pantani avait pris deux minutes à Ullrich sur le plateau de Beille ! » À quoi je répondais par un : « Si tu le dis » avant de ressortir avec une échelle de corde et un lance-pierre. Pantani était le chauve. Voilà tout ce que je savais. Juraj prenait nos courses très au sérieux. Il préparait sa tenue la veille, nettoyait sa chaîne, cirait ses chaussures et réfléchissait à une stratégie alors que je me pointais en baskets sur le vélo de notre sœur et attaquait dès le départ. J'ai dû lui taper pas mal sur les nerfs, mais il a toujours été fier de moi, et aujourd'hui cela fait presque dix ans que nous courons ensemble, au sein de la même équipe, chez les professionnels ! Combien de frères peuvent en dire autant ? Je suis incapable de vous décrire ce que cela signifie de remporter le titre de champion du monde de l'UCI et de pouvoir le fêter, sur la ligne, avec quelqu'un qui comprend vraiment ce que cela signifie pour un Sagan ou un Slovaque, et quelqu'un qui a fait plus que quiconque pour vous aider à décrocher ce titre. C'est un sentiment extraordinaire.

Juraj a gagné ses galons. Il a remporté le championnat de Slovaquie et, à vingt-neuf ans, il continue de progresser. Il est là dans les derniers kilomètres des grandes courses et roule avec confiance et autorité, une arme de plus dans l'arsenal de BORA-hansgrohe.

L'autre grand avantage pour moi d'avoir Juraj à mes côtés, c'est qu'il est incroyablement malchanceux dans les paris quotidiens que nous nous lançons les uns les autres. Cela défie toute logique, à tel point que cela en devient risible. Si la Team Peter sort manger, je refuse d'y aller tant que Juraj ne vient pas. Mes chances de devoir payer l'addition sont divisées par deux dès qu'il passe la porte.

Passons à présent au capitaine de la Team Peter, l'homme qui a planté la graine et qui en a fait un géant doublé d'une redoutable machine de guerre. C'est lui aussi un géant dans son domaine. Il s'agit, vous l'avez deviné, du plus grand agent du cyclisme, Giovanni Lombardi. Lorsque l'on m'a présenté Lomba, j'étais néo-pro chez Liquigas et il venait juste de prendre sa retraite. À ses débuts, il était considéré comme un sprinteur très rapide et très élégant. Il a remporté plusieurs étapes sur le Giro d'Italia mais sa plus grande qualité n'avait pas tardé à pointer le bout de son nez : ses talents de stratège. Il a toujours réponse à tout. Lorsque j'ai un problème, je me demande toujours : « Que ferait Lomba ? »

Giovanni était rapide mais il n'était pas Mario Cipollini. Il a donc été trouvé les dirigeants de l'équipe qui comptait dans ses rangs le deuxième meilleur sprinteur, Erik Zabel, et leur a tenu le discours suivant : « Je peux vous aider à battre Cipollini ». Erik Zabel a remporté cinq de ses six maillots verts sur le Tour lorsque Lomba était son coéquipier et le dernier wagon du train qui l'emmenait jusqu'à quelques centaines de mètres de la ligne. Il a ensuite rempli le même rôle pour Cipollini pendant le glorieux été indien de la carrière du vieux lion.

Au sein du peloton, il a toujours eu la réputation d'être doué avec les chiffres. Dans les étapes de montagne, sur un Grand Tour, Giovanni était toujours capable de calculer la vitesse à laquelle le gruppetto devait rouler pour éviter l'élimination. Il en a fait un art, l'*autobus* des spécialistes de la plaine qui regagnait l'arrivée, après une journée tranquille, avec environ une minute d'avance sur les délais d'élimination. Une réputation somme toute méritée à l'époque. Lorsqu'il a pris sa retraite pour devenir agent de coureurs, nul doute que ses aptitudes pour le calcul mental et son expérience d'ancien coureur professionnel constituaient deux sérieux atouts. Cependant, ce n'est pas son habilité à jongler avec les chiffres qui lui a permis de devenir le roi dans la profession qu'il a choisie. C'est son refus de gérer tous les problèmes – et ils sont légion et divers – autrement que bille en tête. Quel est le problème ? Comment peut-on le régler ? Des questions simples mais qui sont, souvent, très difficiles à poser. Je suis certain que si un jour je devais m'asseoir pour négocier je ne sais quoi et que Giovanni est assis de l'autre côté de la table, non seulement je n'aurais aucune chance de gagner, mais je saurais surtout que ma vie a dû prendre, pour une raison qui m'échappe, un très mauvais tournant. Il n'a jamais peur. Il sait toujours ce que tous les acteurs assis à la table désirent mais surtout ce qu'ils sont prêts à lâcher. Et c'est ce qu'il obtient.

Chez Tinkoff, la veille du départ du Tour de France, à Utrecht, en 2015, Oleg avait demandé à me voir pour discuter argent et primes et je ne sais quoi. J'avais, bien sûr, eu l'intelligence de demander à Giovanni de m'accompagner. Nous sommes arrivés avant Oleg mais Stefano Feltrin qui était son general manager à l'époque était déjà là. La Team Peter s'était souvent heurté à Feltrin. Il contrôlait les cordons de la bourse et rechignait à satisfaire nos demandes qu'il jugeait incessantes et déraisonnables. Je pensais que nous allions attendre Oleg mais Lomba y a vu une occasion à ne pas manquer.

« Tu dors bien, Stefano ?

– Oui, a répondu sèchement Stefano. Pourquoi me poses-tu cette question ?

– Je ne sais pas. J'ai dû croire que tu restais debout toute la nuit à chercher de nouveaux moyens ingénieux de baiser les coureurs. Pour permettre à Oleg d'économiser quelques euros pour que tu puisses glisser ta langue un peu plus loin dans son cul. »

Stefano a saisi son téléphone mobile et l'a jeté contre le mur sur lequel il s'est brisé en un million de petits morceaux que Steve Jobs aurait eu du mal à identifier. Qui sait, ils sont peut-être encore sous un bout de moquette dans cette chambre d'hôtel anonyme aux Pays-Bas.

Feltin écumait. Il ressemblait à ce personnage des Looney Tunes qui a de la fumée qui lui sort des oreilles, avec les klaxons et les voyants de surchauffe allumés.

« Giovanni, je vais *te* dire quelque chose. Si tu me demandes si je te baise, eh bien, non, je ne te baise pas. Parce que le jour où je t'enculerai, ce sera la pire enculade que tu aies connue et tu sauras, sans le moindre doute, que tu es en train de te faire enculer. Tu le reconnaîtras. Et Dieu sait que tu t'es déjà fait enculer un paquet de fois. »

Giovanni a souri et lui a répondu avec un petit rire. Oleg est entré et le sujet n'a plus jamais été évoqué.

Quant à l'enculade, je crois que Lomba l'attend toujours.

Maroš Hlad est le troisième plus ancien membre de la Team Peter. Il n'est peut-être pas le premier masseur à s'être occupé de mes jambes mais c'est après un de ses massages, à Žilina, alors que j'étais encore adolescent, que je me suis senti pour la première fois dans la peau d'un cycliste. Ce mec était incroyable. Vous êtes-vous déjà fait une promesse lorsque vous étiez gosse du genre, « Lorsque je serai riche, je porterais… Des chaussettes neuves tous les jours. J'achèterais à ma mère une voiture neuve. Je n'utiliserai que le carburant le plus cher. » Quelque chose dans le genre ? Eh bien, je m'étais fait la promesse suivante : « Lorsque je serais professionnel, je me ferais masser par Maroš tous les jours. » Et grâce à mes équipes et l'extraordinaire talent de négociateur de Giovanni, j'ai pu honorer cette promesse. Maroš m'accompagne partout.

Cette confiance et cette foi en mon entourage ne pourrait être mieux illustrées que par ma relation avec Maroš. Toujours d'humeur égale et complètement imperméable aux sautes d'humeurs, il me transmet son calme et sa sérénité. Après chaque massage, je ressors de la pièce de meilleure humeur que lorsque j'y suis entré. Vous connaissez ce poème ? « Si tu peux rencontrer Triomphe après Défaite et recevoir ces deux menteurs d'un même front[13] » ? C'est tout Maroš. Heureux mais toujours pondéré lorsque nous gagnons, calme et philosophe lorsque nous perdons. Il va sans dire que c'est un excellent masseur et il faudrait des années à un autre physio, aussi doué soit-il, pour connaître aussi bien que lui toutes les singularités de mon corps meurtri. Je ne pourrais pas imaginer ma vie sans lui. Au Brésil, pour les Jeux Olympiques, nous avions loué une maison sur la plage, Giovanni, Gabriele, Maroš et moi et, tous les soirs, nous taillions le bout de gras, en regardant le soleil plonger dans l'océan Atlantique. J'ai rarement été plus heureux de ma vie.

Je ne sais pas si je suis devenu plus difficile à masser en vieillissant ou tout simplement plus exigeant mais un jour, Maroš nous a annoncé qu'il avait besoin d'aide pour s'occuper de mes jambes, et depuis, nous sommes ravis d'avoir Peter Kalany à nos côtés. C'est probablement la meilleure illustration de l'expression : « Il me faudrait une autre paire de mains ». Si je ferme les yeux, est-ce que je peux dire lequel est en train de me masser ? Soyez sympa, ne me posez pas la question.

13. Poème de Rudyard Kipling publié en 1910 qui se termine par le célèbre vers, « Tu seras un homme, mon fils » (NDT).

Un des aspects les plus pénibles de la vie de coureur cycliste est de devoir renégocier son contrat chaque année après avoir passé les douze derniers mois à se sacrifier pour son leader et à sacrifier ses propres chances de faire un bon résultat. En septembre, le team manager regarde vos résultats et se fend d'un nonchalant « Ouais, eh bien, pas grand-chose à se mettre sous la dent, n'est-ce pas ? » C'est tellement injuste. Tout le monde sait que c'est injuste, tout le monde s'en plaint mais le système perdure. Le mec qui s'est planqué tout l'été mais qui a réussi à se glisser dans une échappée sur une de ces étapes de transition qui se traînent en juillet lorsque le Tour de France a décrété une trêve ramasse un tas de points UCI pour avoir battu au sprint un mec de quarante ans à Montpellier ou à Carpentras et gagne un zéro supplémentaire sur son contrat pour la prochaine saison. Pendant ce temps, son coéquipier qui a passé trois semaines à protéger du vent son leader au général, a assuré le tempo sur le Ventoux et le Tourmalet, est redescendu vers la voiture pour lui chercher de l'eau toutes les demi-heures, lui a donné son vélo lorsque les vitesses de la star étaient coincées et s'est couché épuisé tous les soirs se retrouve au chômage parce qu'il n'a rapporté aucun point.

Tout ce préambule pour vous expliquer qu'il est inutile de vous inquiéter si vous n'avez jamais entendu parler d'un cycliste polonais répondant au nom de Sylwester Szmyd. Si je vous dis qu'il a couru pour les meilleures équipes pendant dix-sept ans mais n'a remporté qu'une seule étape sur le Dauphiné Libéré, vous pensez peut-être que je lui accorde un trop grand respect ou que je lui fais un compliment maladroit, mais vous auriez tort. Prenez quelques minutes pour y réfléchir. Vous avez accepté d'abandonner tout espoir de podium pour vous mettre au service de votre équipe et donc de ne jamais remporter la moindre course et malgré cela, votre nom est inscrit sur la feuille de course de votre équipe au départ de chaque épreuve, mois après mois, année après année, saison après saison chez Liquigas, Lampre et Movistar. Cela montre à quel point vous êtes indispensable au succès de l'équipe. En montagne, les bons porteurs d'eau sont comme les dents d'une poule et les bonnes équipes savent reconnaître quand elles en tiennent un. Alejandro Valverde et Nairo Quintana savaient reconnaître un coureur sur lequel ils pouvaient compter lorsqu'ils en voyaient un.

Sylwester était chez Liquigas lorsque je suis devenu professionnel. Pour moi, il était le meilleur. Jamais la moindre plainte, jamais le moindre doute. Il faisait son travail, jour après jour. Et bon sang, quel grimpeur. Il dégageait une telle impression de facilité. Avec ses jambes maigres et son teint polonais, on aurait dit un ruban de pâte sur un vélo qui disparaissait sur la route loin devant vous.

En plus de ça, il avait le surnom le plus cool dans le cyclisme. À ses débuts, il était au service du légendaire Marco Pantani, chez Mercatone Uno, le plus grand grimpeur que le cyclisme ait jamais vu sur les cols d'Europe. Année après année, Sylwester a continué d'apposer sa signature en bas de nouveaux contrats tandis que ses anciens coéquipiers continuaient de se retirer. Pantani avait disparu dans une tragique sortie de route. Un jour, un de ses anciens coéquipiers italiens qui prenait ce jour-là sa retraite s'est tourné vers lui et lui a dit, « Sylwester, tu es le dernier d'entre nous. Le dernier coéquipier de Pantani encore en activité. Tu es le dernier équipier, le dernier "gregario". »

Le dernier gregario. Voilà un film que personne n'irait voir.

Et aujourd'hui, après avoir été pendant de nombreuses années un voisin, un mentor et un partenaire d'entraînement,

Sylwester a enfin officiellement pris sa retraite. Mais le dernier gregario ne grille pas les cigarettes au volant d'une voiture d'équipe… Il déteste ça lorsqu'il ne peut pas rouler avec nous, et vous pouvez voir que ça le démange lorsque les courses partent sans lui.

Ah oui, et cette seule étape qu'il a remportée ? Sur le Mont Ventoux. Si vous faites quelque chose qu'une seule fois, autant le faire bien, n'est-ce pas ?

Le membre le plus doué intellectuellement de la Team Peter a eu un parcours peu banal. Patxi Vila sort de cette mine inépuisable de grands coureurs basques élevés sur les pentes de la Jaizkibel, la montagne sainte d'Euskadi. Une région où les enfants naissent sur un vélo et à qui les équipes professionnelles font signer un contrat avant que vous ayez eu le temps de dire *vamos !* Mais Patxi, aussi bon soit-il, n'a pas accepté les premières offres qui se sont présentées. Il voulait d'abord faire des études et avoir une qualification. Il a signé son premier contrat professionnel chez Banesto à vingt-cinq ans après avoir obtenu un diplôme en sciences des sports.

Même pro, il était déterminé à tout essayer. Il travaillait tous les jours avec des personnes atteintes du syndrome de Down. Il est devenu un participant solide du Giro d'Italia, du Tour de France et de la Vuelta a España, et probablement l'un des rares coureurs à avoir à son palmarès le record improbable d'avoir terminé ces trois courses, discrètement mais sûrement, à la vingt-deuxième place. Non content d'avoir intégré le peloton si tard, il l'a aussi quitté tôt pour rejoindre Specialized avec pour mission de faire de leurs vélos les meilleurs du marché. Mon opinion sur les vélos est simple – s'ils roulent, cela me suffit – mais savoir que Patxi a apporté à Specialized sa science du vélo me rassure au plus haut point.

Après son passage chez Specialized dans l'usine qui a mis au point le S-Works, Patxi a rejoint Tinkoff en qualité d'entraîneur et il a ainsi pu continuer de travailler avec les S-Works, en course et non plus à l'usine. Il est devenu mon coach à un moment où j'étais au plus bas et il a réussi à remettre ma carrière – toute ma vie – sur les rails en quelques semaines. Il a eu la générosité d'esprit de suggérer que j'avais autant fait pour sa carrière que lui pour la mienne mais il a posé une main sur mon épaule et m'a sorti du précipice. C'est quelque chose que je n'oublierai jamais et je ne compte pas le laisser quitter la Team Peter de sitôt.

Il est la caution technique sur laquelle nous nous appuyons. Chaque fois qu'il le peut, il dirige l'entraînement depuis la selle plutôt que depuis la voiture. Patxi est aujourd'hui notre directeur sportif et Sylwester est devenu mon coach personnel, la fonction occupée par Patxi au début de notre collaboration.

Oh, et il est toujours d'un calme olympien. Le matin d'une grosse course, voilà à quoi ressemble une conversation avec Patxi :

« Hey, Patxi. Comment tu te sens, ce matin ?

– Prêt. »

Franchement, vous ne trouvez pas ça cool ?

C'est agréable d'avoir un directeur sportif qui connaît les vélos aussi bien qu'il connaît les coureurs, mais il y a d'autres personnes dans toutes les équipes qui ont besoin de connaître les vélos. Je fais bien sûr référence aux mécaniciens. S'ils se trompent, je ne peux pas gagner. S'ils se trompent vraiment, je peux ne pas revenir en un seul morceau. Et si je m'inquiète de ne pas gagner ou de ne pas revenir en un seul morceau, mes chances de succès en prennent un sérieux coup.

Je vous présente Jan Bachleda et Mindaugas Goncaras, selon moi les meilleurs mécaniciens du peloton et deux membres inestimables de la Team Peter. S'ils me disent que je peux en toute sécurité grimper dans un tonneau et sauter dans les chutes du Niagara, je monte sans hésiter dans le tonneau. Ceci dit, j'espère que quelqu'un de haut placé m'interdira de le faire.

Voilà. Vous connaissez à présent tous les rouages de la Team Peter. Je vous ai déjà parlé de Ján Valach – membre à part entière de la Team Peter. Vous connaissez donc tous les grands professionnels qui me facilitent le travail et qui ont directement contribué aux succès que nous avons rencontrés ensemble.

Oui. Tout le monde. Merci. À plus tard.

Quoi ?

OK, Gabri, ne pleure pas, je te faisais marcher. Mesdames et Messieurs, M. Gabriele Uboldi, qui est constamment à mes côtés, qui m'évite les ennuis et me laisse gagner aux jeux vidéo. Jetez un œil aux photos de moi sur les réseaux sociaux et vous le repérerez en quelques secondes. L'homme de l'ombre qui nous vient de Gènes en passant par Valence, ancien professionnel de poker à Las Vegas, incollable sur l'America's Cup et qui a plus de chiens que la plupart ont de sous-vêtements. Gabriele est l'incarnation de la Team Peter. À l'instar de tous ceux que je viens de citer, il est un rouage essentiel de l'équipe. Il dévoue sa vie à nos succès et passe une grande partie de ses journées à réparer nos conneries. Il répond toujours présent chaque fois que j'ai besoin de lui, partout dans le monde, dans n'importe quel fuseau horaire, mais la véritable raison pour laquelle nous passons autant de temps ensemble, c'est parce que nous nous apprécions vraiment. Team Peter, j'ai de la chance de vous avoir et j'en suis conscient.

2017

ÉTÉ

L'année n'avait pas trop mal débuté même si les résultats auraient pu être meilleurs. Kwiato m'avait coiffé sur le fil à San Remo dans le sprint le plus serré de l'histoire. Ma tentative pour ajouter le cent unième Tour des Flandres au-dessus du centième sur mon palmarès avait été stoppée net dans son élan. J'avais cassé mes lunettes. J'avais enchaîné une série de deuxièmes places (encore) et j'avais failli me faire frapper par une dame qui promenait son chien.

À sa décharge, elle était sur un passage protégé et je roulais sur la route et pas sur la piste cyclable. Seule circonstance atténuante en ma faveur, j'étais en plein contre-la-montre sur la Tirreno-Adriatico à San Benedetto del Tronto. Personne ne lui avait dit qu'il y avait une course cycliste.

Quoi qu'il en soit, j'étais impatient que la chance tourne. BORA-hansgrohe m'offrait un environnement professionnel parfaitement serein au sein duquel les compromis et les conflits d'intérêts avaient été bannis. Ce n'est pas une critique du mode opératoire de Tinkoff, juste le constat que les plus grosses équipes doivent faire face à ce genre de soucis. J'étais en bonne forme cet été-là. J'avais remporté le classement par points sur trois courses : la Tirreno-Adriatico, le Tour de Californie et le Tour de Suisse et j'avais l'intention d'égaler le record d'Erik Zabel avec un sixième maillot vert consécutif sur le Tour de France.

Une fois encore, le départ était donné hors de France, à Düsseldorf cette fois-ci. En d'autres termes, davantage de problèmes logistiques et de longs transferts en début de course, mais ayez une pensée pour les coureurs du Giro d'Italia. Je n'ai jamais disputé le Tour d'Italie – un jour, peut-être – mais les dernières éditions sont parties de Scandinavie, d'Irlande du Nord et, en 2018, d'Israël ! Cela fait parler de la course, je suppose, mais cela accroît aussi le stress et la fatigue des coureurs et surtout du staff des équipes pendant la période où la course est la plus dangereuse.

En parlant de danger, il tombait des cordes en Allemagne pour la première étape, un contre-la-montre. J'étais heureux de ne pas me compter parmi les candidats au général ni de me sentir obligé de faire l'étape parce que cela vous oblige à prendre un maximum de risques sur un terrain devenu dangereux. C'est ce qui est arrivé à Alejandro Valverde, qui connaît ses années fastes au milieu de la trentaine. Il est arrivé sur la course avec le statut de co-leader de la Movistar qu'il partage avec Nairo Quintana, mais il s'est retrouvé à l'hôpital à la fin de la journée après avoir dérapé sur la chaussée mouillée et fini sa course dans les barrières.

Le lendemain, nous avons pris la direction de la Belgique, là encore sous des trombes d'eau. C'est Chris Froome qui a chuté cette fois mais il est parvenu à regagner le peloton avant que nous nous mettions en ordre de bataille pour le sprint.

Qu'est-ce qu'un sprint ? Il est vrai que le plus souvent, c'est une loterie. Je me suis retrouvé en tête alors que j'aurais préféré être à l'abri quelques roues plus bas. Lorsque j'ai mis les gaz, Kittel, Greipel, Cavendish et consorts étaient déjà à plein régime. Je me suis retrouvé englué, à seulement deux longueurs derrière Marcel Kittel sur la ligne mais en dixième position, loin du dragster allemand.

La troisième étape me convenait davantage. Nous allions enfin rejoindre la France mais le tracé, en Lorraine, semblait plus difficile. Les organisateurs de la course avaient choisi une route plus plate pour entrer dans Liège que celle que les fans de Liège-Bastogne-Liège connaissent si bien. Le final comprenait une petite bosse escarpée, un type de parcours sur lequel j'ai toujours su tirer mon épingle du jeu sur le Tour depuis ma toute première victoire sur l'épreuve, à Seraing, à quelques kilomètres de la ville d'arrivée. Cela s'annonçait bien.

Dans ce genre d'étape, vous devez avant tout éviter qu'une échappée aille au bout. C'est le danger des tracés sinueux roulant faisant la part belle aux routes plus étroites. La première heure avait été particulièrement agitée. Tout le monde a essayé de se glisser dans une échappée avant que la course ne trouve son rythme. Après une journée très tranquille, nous avons abordé le final *gruppo compacto* et j'avais de bonnes chances de l'emporter grâce à la présence de cette méchante petite bosse qui présentait un dénivelé de 11 % dans ses 2 derniers kilomètres. Cela suffirait pour faire dérailler les trains des sprinteurs et éliminer quelques coureurs rapides.

Les prétendants au général restaient sagement aux avant-postes afin de réduire le risque de perdre plusieurs secondes sur leurs rivaux sur ce final sélectif. Au pied de la rampe, je roulais entre Alberto et Froomey et non pas entre Greipel ou Kittel.

Richie Porte était là, pour les mêmes raisons, mais il a vu une chance de remporter l'étape et il a démarré à environ 500 mètres de la ligne. C'était la rampe de lancement idéale pour moi et je l'ai dépassé pour m'adjuger la victoire. Ma première accélération avait suffi pour distancer Greg Van Avermaet et Michael Matthews. J'allais l'emporter confortablement lorsque j'ai soudain déchaussé, comme à Richmond. Incroyable.

Là encore, heureusement, je n'ai perdu ni mon équilibre ni mon élan. J'ai pu rechausser, reprendre mon sprint et éviter la panique. J'avais encore un peu de marge et j'ai pu relâcher mon effort sur la ligne et adresser un salut royal au public comme si cette ultime cascade à quelques mètres de la ligne avait été volontaire. Vous savez ce qu'on dit de la sérénité affichée par le cygne à la surface alors que ses pieds palmés se livrent, sous l'eau, à une véritable danse endiablée ? J'ai vécu la même chose, sauf que mes pieds étaient fixés sur des pédales de vélo.

Quel plaisir de gagner sur le Tour. La nouvelle fait le tour du monde. C'était d'autant plus spécial de gagner avec le maillot de champion du monde sur les épaules. Cela étant dit, je prévoyais de changer de maillot sous peu. Je lorgnais le maillot vert. La troisième étape m'avait bien servie dans cet objectif. J'avais engrangé le maximum de points pendant que la plupart de mes rivaux avaient été relégués en dehors des points. Je leur avais repris un peu de l'avance qu'ils avaient prise, la veille. Avec une autre arrivée au sprint probable le lendemain, je pensais pouvoir grappiller encore quelques points et faire le bilan le week-end suivant.

J'étais à mille lieues d'imaginer que l'étape dans la plaine, d'apparence anodine, qui nous conduirait de Luxembourg à Vittel serait la plus mémorable de toute ma carrière sur le Tour de France.

Jusqu'aux derniers 300 mètres, elle a vraiment été anodine. Une longue journée agréable le long de la Moselle avec pas grand-chose à raconter. Je ne vous ennuierai donc pas avec cela. En revanche, je vais essayer de vous présenter ma version des faits des événements survenus sur la ligne d'arrivée, d'abord en temps réel comme je les ai vécus puis avec le recul après avoir visionné plusieurs ralentis.

Dimension Data a commencé à accélérer l'allure. Lotto a ensuite pris le relais pour Greipel mais c'est Alexander Kristoff qui a véritablement lancé le sprint. Il préfère les sprints longs qui demandent un effort soutenu aux sprints explosifs, et il filait à vive allure. J'ai essayé de prendre sa roue mais j'ai soudain entendu les crissements de pneus des autres sprinteurs qui fondaient sur moi sur ma gauche. Obligé de me déporter sur la droite j'ai senti un coup de coude sur ma droite alors que la distance avec les barrières se réduisait dangereusement. J'ai entendu un cri et le bruit au combien reconnaissable du métal, du carbone et du lycra qui heurtent le bitume, bruit que l'on entend sur toutes les chutes.

Quelques secondes plus tard Arnaud Démare remportait l'étape. Je terminais deuxième, Kristoff troisième mais Mark Cavendish, John Degenkolb et Ben Swift étaient à terre.

J'ai appris que c'était Cav qui était tombé à côté de moi. Merde, cela semblait grave. Nous allions très vite. J'ai aperçu Gabriele, 100 mètres après la ligne, avec sa mine des mauvais jours et j'ai tout de suite craint que quelqu'un, probablement Cav, soit grièvement blessé. Il a mis son bras autour de mon épaule et m'a conduit rapidement vers le bus BORA-hansgrohe. « Peter, nous avons un problème. » Quoi ? *Nous* avons un problème ? Je savais que le sprint s'était mal terminé et que des coureurs étaient peut-être blessés. Nous risquons nos vies chaque fois que nous essayons de remporter une étape du Tour de France avec rien d'autre qu'une couche de polystyrène et des gants en cuir pour nous protéger du bitume. Avec Cav nous nous sommes touchés à grande vitesse. L'un de nous aurait pu chuter mais c'était lui que la malchance avait frappé. Et Gabri qui m'annonce que *nous* avons un problème. Nous ? Moi ? Pourquoi ?

Nous avons visionné le ralenti. Merde. Nous sommes en train de nous faire tasser. Cav se trouve à ma droite et on voit clairement mon coude se diriger dans sa direction. Les choses s'annonçaient mal.

J'ai immédiatement appelé Cav pour lui dire que j'étais désolé. Pas « désolé » de t'avoir envoyé dans les barrières mais « désolé que tu aies chuté. » Il y a une fraternité entre les sprinteurs : vous devez respecter la sécurité des autres et vous devez avoir de l'empathie pour tout le monde lorsque les choses se passent mal. C'était Cav aujourd'hui mais cela aurait pu facilement être l'inverse, et ce sera peut-être le cas le lendemain.

Après quelques minutes de délibération, le jury de la course a annoncé que j'étais rétrogradé à la dernière place du classement de l'étape avec une pénalité de 30 secondes au classement général et une autre de 80 points au classement par points. Je sortais du top dix au classement général et je perdais plusieurs places au classement du maillot vert.

Cav souffrait d'une fracture de l'épaule et d'une profonde entaille à la main. Il devait bien sûr quitter le Tour. Et, soudain, moi aussi. Suite à une réclamation déposée par Dimension Data, le Tour de France venait de prendre la décision de m'exclure.

Mon changement de trajectoire m'avait valu la première pénalité mais ils avaient tranché en faveur de Dimension Data qui m'accusait d'avoir délibérément donné un coup de coude à Mark pour le faire chuter.

C'était faux. Je ne lui ai pas délibérément donné un coup de coude. Nous avons contesté la décision mais nos protestations sont restées lettres mortes. Cav était hors course sur blessure. J'étais hors course par décision du jury de la course.

J'adore Mark Cavendish. J'ai l'habitude de dire que bien que nous courions régulièrement les uns contre les autres, nous ne nous connaissons jamais vraiment à moins de devenir amis dans la vie, mais c'est relativement rare. Mark est l'exception parce que c'est un livre ouvert. Il est tellement entier et émotif qu'il est facile de l'apprécier et de le comprendre. Vous avez l'impression de le connaître même si vous ne l'avez rencontré que quelques fois et, en 2017, cela faisait une paie que nous nous côtoyions. Ce soir-là, je l'ai appelé pour prendre de ses nouvelles. Il traversait un moment difficile. Il s'était déjà fracturé cette épaule quelques années auparavant sur le Tour du Yorkshire. Elle s'était légèrement déplacée depuis et elle avait surtout été fragilisée. Il était très abattu et de toute évidence, il ne savait pas trop quoi penser de l'accident. Il savait que je ne lui voulais aucun mal et que j'étais inquiet pour lui, mais il n'avait pas encore digéré que c'était mon coude qui avait provoqué sa chute. Je pense que c'était les membres de son équipe qui lui avait soufflé cette version – son directeur sportif n'avait pas mâché ses mots – mais ils diraient sans doute qu'ils essayaient de protéger leur coureur. Je sais que Gabri et mon entourage auraient fait exactement la même chose si les rôles avaient été inversés.

Les autres coureurs m'accablaient eux aussi. André Greipel a déclaré : « Ce n'est plus un ami ».

OK. Voilà pour les événements. Je pense savoir ce qui s'est produit et je sais que le jury a commis une erreur. J'en ai discuté de nombreuses fois avec mes coéquipiers et mes amis. J'ai tout lu, tout visionné, regardé sous tous les angles, écouté tous les avis. Examinons les choses en détail et je vous exposerai mon point de vue. Vous avez le droit de sauter ce passage si vous en avez déjà assez entendu sur ces fâcheux événements. Ne vous inquiétez pas, je ne vous en voudrai pas.

André Greipel est bien calé dans la roue de son dernier équipier lorsque Kristoff déclenche sa longue accélération avec Bouhanni dans sa roue. En voyant Kristoff le dépasser sur sa droite, Greipel se dit, « Voilà mon train », abandonne la roue de son coéquipier pour sauter dans celle de Kristoff et involontairement serre Bouhanni vers la droite.

Derrière Bouhanni, arrivant de derrière sur sa droite mais plus vite, il y a Arnaud Démare. Il est serré à droite par le changement de trajectoire du groupe initié par Greipel, un peu comme lorsque vous tapez sur une corde pour regarder l'onde de choc se propager le long de celle-ci. Ce n'est la faute de personne. C'est le cyclisme et le sprint en particulier. Rien d'autre que les lois de la physique en action. Les changements de trajectoire de Bouhanni et de Démare me poussent dans la même direction et le dernier à droite c'est Mark Cavendish. *Ils étaient cinq dans le lit, et le plus petit leur dit : « Poussez-vous ! Poussez-vous ! » Et alors ils se poussèrent, et le cinquième tomba par terre*[14]. Nous avions commencé le sprint au milieu de la chaussée et brusquement nous nous étions déportés contre les barrières et Cav s'était retrouvé dans la position malencontreuse de celui qui n'avait plus de place. Nous nous sommes tous poussés et l'un de nous est tombé.

Jusque-là tout est logique, mais c'est ce qui s'est produit ensuite qui m'a renvoyé dans mes pénates monégasques pendant

---

14. D'après les paroles de la comptine, « Dix dans un lit » (NDT).

que la caravane prenait la direction des Alpes. Sur la vidéo, pendant que j'essaie de conserver l'équilibre dans la bousculade, mon coude s'écarte d'un coup et Cav chute lourdement dans le même mouvement. C'est là que le jury commet une erreur. Je n'ai pas délibérément écarté le coude. En fait, je ne l'ai pas écarté du tout, pas même pour garder l'équilibre comme certains ont pu le supposer. Voilà ce qui s'est passé. Mark va plus vite que moi mais dans un espace qui est en train de disparaître à vitesse grand V. Lorsque nous nous sommes touchés, à cause de sa trajectoire et de sa vitesse plus importante, la poignée de son frein gauche touche l'arrière de mon avant-bras droit. C'est cette collision qui manque presque de nous faire chuter tous les deux, voire tous, mais qui l'envoie directement au tapis sur cette maudite épaule droite. Mon coude qui s'écarte est le résultat de ce contact, pas sa cause.

Je comprends que les images sont trompeuses, tout comme je suis sûr que vous comprenez pourquoi j'avais été si surpris d'entendre que j'avais provoqué la chute de Mark. Avec des réactions moins dramatiques et une analyse un peu plus professionnelle, le problème aurait pu être résolu de façon plus intelligente et on aurait pu éviter que cette affaire prenne des proportions démesurées et échappe à tout contrôle.

Laissons quelques instants de côté la sévérité des blessures de Mark et les répercussions de mon exclusion de la course. Je considère que ma première pénalité pour avoir dévié de ma trajectoire était elle aussi injuste. Je n'ai pas délibérément choisi de dévier vers la droite. Je n'ai pas eu le choix. Que devais-je faire ? Chuter ? Emmener tout le monde avec moi ? Si j'étais rétrogradé, tout le monde devrait l'être. Avec Greipel, Bouhanni et Démare, nous nous étions tous déportés sur la chaussée mais c'était le résultat d'un fait de course et aucunement une manœuvre dangereuse ou une « faute professionnelle » intentionnelle.

Le soufflet a commencé à retomber. Avec Mark, nous avons échangé plusieurs tweets et messages de soutien, André Greipel, qui est un gentleman, s'est excusé pour sa réaction à chaud et a expliqué à son équipe Lotto qu'ils avaient tort de me tenir responsable de la chute. Il n'avait pas à le faire et j'ai vraiment apprécié son geste.

C'est au moment où tout le monde semblait avoir tourné la page que l'UCI s'est fendu d'un communiqué pour annoncer qu'elle allait renforcer ses contrôles sur les fins des courses à cause de l'attitude de Peter Sagan sur le Tour de France ! Dimension Data avait relancé la machine en demandant que je sois suspendu rétroactivement. Putain de Dieu. Allons-y. C'est la course. Ce sont des choses qui arrivent. Je n'ai pas essayé de tuer quelqu'un et encore moins mon ami Mark Cavendish. Lorsque vous regardez les coups de poing et les coups de tête qui peuvent partir dans la mêlée que sont les finish des étapes du tour de France, tout ce cirque à propos de moi et de Mark était ridicule.

J'espérais vraiment que Mark irait peut-être sur Twitter pour dire au monde entier que c'était une vaste fumisterie mais c'était à lui de prendre la décision, pas à moi de le suggérer, mais je comprends. Cela l'aurait aussi placé en porte-à-faux vis-à-vis de la position de son équipe et c'est quelque chose qu'il vaut mieux éviter. Au final, cela aurait remis de l'huile sur le feu et retardé la sortie des urgences du patient – la crédibilité du cyclisme – qui attendait l'autorisation de retrouver le monde qui était, depuis longtemps, passé à autre chose.

J'ai été une triste compagnie pendant plusieurs jours. Cependant, on ne peut pas rester éternellement assis à s'apitoyer sur son sort.

Qu'est-ce qui m'a finalement convaincu de lever mon cul et de me plonger dans une activité frénétique ? Le sentiment d'avoir laissé tomber tout le monde. BORA-hansgrohe et Willi qui avaient eu foi en moi et avaient misé, au sens propre et au sens financier du terme, sur moi, et pour qui cela avait dû être une sacrée douche froide de voir l'emplette pour laquelle ils n'avaient pas lésiné incapable de répondre à la principale aspiration qui avait motivé son acquisition. Giovanni, Gabriele, Maroš... Tous les membres de la Team Peter qui avaient travaillé si dur pour que le Tour de France se passe bien et qui voyaient tous les efforts consentis réduits à néant. Mes coéquipiers étaient concentrés sur le Tour, chacun avec un objectif précis maintenant que la tête du missile balistique intercontinental avait été enlevée et démobilisée, mais c'était surtout pour ma famille et mes amis que je me sentais mal, eux qui avaient assisté impuissants à ces événements et qui avaient entendu et lu toutes ces ignominies déversées sur moi et s'étaient sentis obligés de me défendre et de me protéger. C'est pendant ces jours-là que vous comprenez le véritable sens du mot « supporters ».

J'avais besoin de faire quelque chose – n'importe quoi – pour chasser les pensées sombres qui m'assaillaient mais je voulais surtout faire quelque chose pour les remercier. Je ne pouvais rien faire pour mes coéquipiers et amis de l'équipe à qui il restait encore plus de deux semaines de Tour, mais ils savaient que j'étais avec eux par la pensée et que j'aurais été là, en chair et en os, sans la décision du jury de la course.

Je pouvais néanmoins faire quelque chose pour mes amis, ma famille et le gang de la Team Peter qui n'était pas engagé dans la course.

Hmm. Voyons voir. C'est là que l'on se rend compte des nombreux avantages de résider à Monte-Carlo. J'ai composé le numéro d'une agence de location de yachts. Pourriez-vous me louer un yacht pour environ dix personnes pour une croisière, disons, la semaine prochaine ? C'est possible ? Génial. Ils m'avaient rappelé, un peu plus tard, pour confirmer qu'ils pouvaient organiser une croisière sur un yacht pour dix personnes. Aucun problème. Mais si cela m'intéressait…

Il était une fois… L'homme le plus riche du monde, un armateur grec, Aristote Onassis. Et les riches armateurs sont supposés posséder des bateaux luxueux. La Seconde Guerre mondiale venait de prendre fin. Les mers et les océans étaient recouverts de navires qui ne pouvaient plus être utilisés dans le but pour lequel ils avaient été construits, à savoir couler les autres navires ou empêcher les autres navires de couler d'autres navires. Parmi ces navires, il y avait un vaisseau baptisé HMCS *Stormont*, une frégate canadienne qui avait protégé les navires marchands pendant la Bataille de l'Atlantique, avant de transporter des soldats alliés jusqu'aux plages de Normandie pour le Débarquement. Un navire de quatre-vingt-dix-neuf mètres aux lignes épurées qui serait le vaisseau idéal pour permettre aux alchimistes d'Onassis de construire le palais flottant le plus opulent que le monde ait jamais contemplé. Son aménagement lui a coûté la bagatelle de quatre millions de dollars. En 1954. N'oubliez pas que tout cela se passe pendant la terrible période d'austérité d'après-guerre. Nul doute que tout cet étalage de luxe a dû en révulser plus d'un. Une fois les travaux d'aménagement terminés, c'était le plus beau navire du monde et, pour beaucoup, il le reste encore aujourd'hui. Il l'a baptisé du prénom de sa fille, Christina.

Le *Christina O* a accueilli à son bord bon nombre de célébrités, Richard Burton et Elizabeth Taylor, Grace Kelly et la famille princière monégasque, Frank Sinatra… Winston Churchill a fumé le cigare sur son luxueux pont arrière. Jackie Onassis y a, bien sûr, passé de longues journées d'été, en mer, loin de la foule, malgré la rumeur qui veut que son défunt époux, John F. Kennedy, ait en son temps folâtré sous les ponts avec une certaine Marilyn Monroe.

Aujourd'hui, vingt ans après avoir regagné son titre de reine de la Méditerranée grâce à un sérieux lifting dont la facture s'élève à plus de cinquante millions de dollars, le *Christina O* est proposé à la location aux particuliers qui ont les moyens de se l'offrir et la patience d'attendre cinq ans pour avoir le privilège d'appareiller à son bord. Celui qui l'avait réservé venait d'annuler. Je pouvais le louer pour mes vacances mais nous devions appareiller de Monte-Carlo le lendemain.

OK, Je prends.

Le reste de la journée est passé comme dans un songe. Je devais avertir tout le monde qu'ils devaient être à Monaco le lendemain, puis j'ai dû réserver et payer le voyage de tout le monde. J'ai passé la journée à jongler entre Internet, les agences de voyages, les téléphones qui n'arrêtaient pas de sonner, les personnes que je devais rappeler, une carte de crédit en surchauffe, les numéros de passeports et les vols de liaison. En temps normal, c'est Gabri qui se charge de ce genre de formalités à ma place, mais n'ayant pas fait mon travail pendant le Tour, il était dès lors normal que je fasse le sien pour me faire pardonner.

J'avais encore du mal à le croire mais nous avons appareillé le lendemain. Le *Christina O* fendait les merveilleux flots azur de la Méditerranée. Nous étions vingt-huit à son bord.

C'est quand même malheureux de se dire que bien que n'ayant pas encore trente ans, je ne passerai jamais de meilleures vacances que ces quelques jours magiques passés à bord du

Christina O. Le soleil a brillé sans interruption jusqu'à ce qu'il soit forcé de disparaître à l'horizon, chaque soir, pour laisser la place à de magnifiques cieux nocturnes. Des oiseaux de mer et des bancs de poissons aux écailles étincelantes nous suivaient tels les courtisans de Louis XIV attirés par l'apparat de sa cour. Nous avons longé la côte d'Azur et la côte ligure. Nous avons pu contempler ces paysages sous un œil nouveau et prendre le temps de les admirer, chose impossible lorsque l'on escalade la Cipressa à fond de train ou lorsque l'on dévale le Poggio pour rejoindre San Remo au plus vite. Les courses cyclistes ont souvent pour cadre des endroits magnifiques mais je ne me souviens pas avoir vu quelque chose de plus beau que Portofino. Nous avons tous passé un merveilleux après-midi dans ce décor enchanteur. Nous avons flâné dans ses rues sombres et étroites qui serpentent entre les hautes façades colorées avant de nous tremper les pieds, dans la baie, au milieu d'un banc de poissons aux écailles aux reflets d'argent.

Nous avons mangé comme ces favoris du Roi Soleil habitués aux mets les plus fins. Nous avons bu comme si la Prohibition commençait dans une semaine, date à laquelle je devrais remonter sur le vélo. Gabriele a sauté du pont dans une mer d'huile et nous a fait admirer son nouveau tatouage, un superbe portrait de Heath Ledger dans le rôle du Joker dans *The Dark Knight*, avec sa célèbre réplique, « Why so serious ? » Où avait-il été péché cette idée ?

Le temps passé auprès des personnes que vous aimez le plus n'est jamais du temps perdu, même lorsque vous le passez à ne rien faire. Ce sont des instants magiques.

Il faut que je vous décrive le navire. Je ne sais pas par où commencer. Putain, si, je sais : par le pont arrière. Une immense zone ouverte dominée par une magnifique piscine dont le fond était orné par une superbe mosaïque représentant le combat de Thésée contre le Minotaure. Nous y avons passé de nombreuses heures dans la chaleur de la journée. Puis, lorsque la nuit commençait à tomber, il suffisait d'appuyer sur un interrupteur pour voir la piscine se vider et le fond remonter au niveau du reste du pont pour nous offrir un dancefloor avec un Minotaure à piétiner sur lequel nous faisions la fête jusqu'au retour du soleil.

Je discutais avec le capitaine – j'espère que vous ne pensiez pas que je dirigeais ce truc moi-même ? – de l'opulence et il a prétendu que les sièges étaient recouverts d'un cuir spécial fait à partir de prépuce de baleine. Cela semble difficile à croire, je sais, mais jusqu'à ce que je voie les analyses d'un laboratoire me prouvant le contraire, je refuserai d'en démordre.

J'ai pleinement profité de la vie pendant ces quelques jours. C'était tellement rafraîchissant de ne plus essayer de tout contrôler. Il y a des choses que vous ne pouvez pas contrôler, comme le temps qu'il fait, un changement de trajectoire au milieu d'un sprint ou la façon dont le reste du monde percevra le mouvement de votre coude.

Je n'avais aucun contrôle sur les décisions de l'UCI, de l'ASO ou du jury de la course mais je pouvais contrôler mon destin et mes actions, et c'était bien ce que j'étais résolu à faire à partir de maintenant.

Il y avait autre chose que je ne pouvais de toute évidence pas contrôler, mon équilibre. J'ai glissé en m'approchant du jacuzzi, j'ai heurté tête la première le rebord opposé et je me suis cassé les deux dents de devant. Les dents qui avaient remplacé mes dents de lait lorsque j'avais eu neuf ans et qui m'avaient fidèlement servi depuis. Elles avaient survécu à toutes mes chutes. Nous avions décidé de n'en parler à personne à moins que nous – enfin moi – ne soit dans le pétrin et que le *Christina O* se retrouve sur le banc des accusés. J'avais déjà compris que ce navire avait eu une importance cruciale dans ma vie. Il n'y aurait pas eu de fin de saison glorieuse, pas de Bergen, pas de tentative pour remporter un troisième titre de champion du monde sans le *Christina O*. Mon palais flottant de rédemption.

Eh bien, je ne peux pas tout contrôler, nous sommes d'accord, mais je peux trouver un dentiste.

LES AUTRES COUREURS

Les gens me posent souvent des questions sur les autres cyclistes. « Eh Peto, Kristoff il est comment ? Froomey ? Spartacus ? »

Honnêtement, je l'ignore. Bien sûr, je les connais, et nous entretenons en général des relations empreintes d'une grande courtoisie et d'un grand respect. Mais de là à les *connaître* ? Pas vraiment. Et ils vous diraient la même chose. Oui, ils pourraient vous parler de ma position sur le vélo, vous dire comment je suis susceptible de réagir dans certaines circonstances et peut-être vous narrer un événement ou une anecdote, mais aucun d'eux ne pourrait vous dire qu'il me connaît réellement.

Le public pense que nous travaillons ensemble mais ce n'est pas vraiment le cas. Imaginez que vous teniez un commerce sur la grande rue, une boucherie, par exemple. Vous passerez bien sûr plus de temps avec tous ceux qui travaillent dans votre magasin, et si votre boucherie marche bien et que votre personnel aime y travailler, au bout de quelques années, vous connaîtrez bien tous ceux qui y travaillent comme Maciej Bodnar, Roman Kreuziger et Marcus Burghardt. Mais et ce mec, Tom, qui travaille à la boulangerie un peu plus loin dans la rue ? Il a l'air sympa. Nous avons échangé quelques mots autour d'une bière, à la réception à Noël, l'année dernière. Je crois qu'il s'appelle Dumoulin. Et le mec du salon de coiffure ? Celui qui est toujours bien habillé… Marcel je crois ? Oui, un mec sympa. Vous voyez où je veux en venir. Vous ne travaillez pas vraiment ensemble et de par la nature changeante du cyclisme professionnel, bien souvent, lorsque vous commencez à connaître quelqu'un, il change d'équipe.

Nous faisons bien évidemment des boulots différents qui ne se mélangent pas vraiment autant que vous pourriez le croire. En 2015, j'ai côtoyé Alberto sur, peut-être, deux courses parce que nous avions des emplois du temps complètement différents bien que faisant partie de la même équipe. Certaines équipes, comme la Sky, scindent leur équipe en unités avec, par exemple, l'unité des Classiques, l'unité du Giro, l'unité espagnole et chaque unité aura ses coureurs, ses mécaniciens, ses masseurs, ses entraîneurs et ses DS qui travailleront ensemble toute l'année, et ils ne croiseront les membres des autres unités que s'ils en changent. Nous avons de la chance chez BORA-hansgrohe. Nous sommes une équipe de taille plus modeste et tous les coureurs se connaissent, mais il nous faudra adopter ce genre d'organisation lorsque l'équipe grandira, et c'est déjà plus difficile pour les nouveaux qui arrivent en début de saison.

J'ai des potes dans le peloton professionnel que je côtoie en dehors des courses et avec lesquels il m'arrive de sortir boire un coup ou manger une pizza. Ce sont en général des coureurs qui habitent près de chez moi ou avec lesquels je m'entraîne comme Sylwester Szmyd, un ami, un compagnon d'entraînement et un voisin de longue date qui est aujourd'hui mon coach. Oscar Gatto est l'un des rares coureurs avec qui je traîne à ne pas appartenir à mon équipe.

Je peux vous parler de leurs qualités sur un vélo et des problèmes qu'ils peuvent me poser en course. Je m'entends bien avec tout le monde, les relations superficielles entre personnes partageant le même lieu de travail. Même Mark Cavendish avec qui je me suis retrouvé, à mon corps défendant, au cœur d'une des polémiques qui a fait couler beaucoup d'encre pendant la saison 2017, vous dirait qu'il existe un respect mutuel entre nous. Je ne voudrais pas qu'il en soit autrement. Nous sommes un groupe de coureurs qui s'affrontent au plus haut niveau dans un sport où il faut parfois avoir recours à la photo finish pour départager le premier de ses suivants.

Parce que nous avons, chaque saison, des emplois du temps différents, j'ai eu très peu l'occasion de discuter avec beaucoup des grands noms de notre discipline. Par exemple, je connais à peine Alejandro Valverde et Nairo Quintana, deux géants de notre sport et co-leaders de la Movistar. Nous n'avons jamais échangé plus que des sourires aimables et des bonjours parce que nos routes ne se croisent que très rarement. Sylwester a roulé avec eux pendant des années et il trouve la dynamique du duo très intéressante. Les années d'expérience de Valverde lui confèrent le rôle de capitaine de route mais Quintana jouit, à l'extérieur de l'équipe, surtout en Amérique du Sud, d'une grande réputation. En fait leur collaboration ressemble beaucoup à celle que peuvent entretenir un capitaine de vaisseau et l'amiral de la flotte. Rayon potins, je vais vous révéler un scoop que Sylwester m'a confié et dont je n'avais jamais entendu parler. Sylwester et son épouse sont partis en lune de miel en Colombie. Quintana avait discrètement et personnellement organisé chaque détail de leur voyage pour qu'ils aient le meilleur séjour possible. Cela vous en apprend un peu plus sur l'homme.

Chris Froome fait toujours preuve de la plus grande courtoisie, d'une grande dévotion pour le cyclisme et d'une grande loyauté envers son équipe. Le reste du monde ne se prive pas de spéculer à propos de sa place dans la discipline mais il se contente de baisser la tête et continue d'engranger des résultats. Nous en discutions l'autre jour au restaurant avec Gabriele et Giovanni. Nous ne pensons pas que ce soit un tricheur. Avec ses airs de scientifique constamment dans la lune, nous sommes persuadés qu'il s'agit d'une erreur. Mais des règles ont été enfreintes et lorsque cela se produit, il doit y avoir sanction. Le fan lambda de cyclisme a toujours du mal à croire aux erreurs – pour eux, contrôle positif égale tricheur – mais les choses sont, de toute évidence, plus complexes et c'est le point dont j'aimerais vous entretenir.

Je pense que c'est le bon moment pour vous donner un rapide aperçu du monde du cyclisme professionnel et des contrôles anti-dopage.

Tout d'abord, vous devez savoir qu'un sportif professionnel doit transmettre aux contrôleurs un planning incroyablement détaillé leur indiquant à quel endroit il se trouve à tout instant. Pas de changement de programme intempestif. Pas de visite chez votre cousin pour faire une partie de PS4 en lieu et place de la sortie de récupération de quatre heures prévue parce qu'il commence à pleuvoir. Pas de visite impromptue à l'hôpital pour voir un ami qui vient de tomber malade. Vous devez suivre votre planning à la lettre ou avoir une sacrée bonne raison d'en dévier, et vous devez en avertir quelqu'un. Pas étonnant que certains commettent des erreurs, et nous ne devons surtout pas considérer tous ceux qui commettent une erreur comme des tricheurs. Nous devons accepter que les contrôles soient un élément aussi important de notre travail que monter des côtes, se rendre à une manifestation organisée par un sponsor ou bien s'entraîner.

Dans nos emplois du temps bien remplis, nous devons dégager une fenêtre d'une heure, chaque jour, pendant laquelle les contrôleurs peuvent nous trouver chez nous ou à l'endroit qui nous sert de camp de base si nous ne sommes pas chez nous. J'indique les créneaux de six à sept heures ou de sept à huit heures parce que je suis certain d'être chez moi dans ces créneaux-là. Bien sûr, si vous aviez prévu de faire la grasse matinée et qu'ils frappent à votre porte à six heures, c'est un peu pénible, mais c'est un tout petit prix à payer pour préserver l'intégrité de notre discipline et notre réputation. S'ils viennent en dehors de cette fenêtre mais un jour où vous avez indiqué que vous serez chez vous, vous avez une heure pour vous présenter. Les seules fois où j'ai du mal avec cette procédure c'est lorsqu'ils se pointent à six heures du matin sur une course à étapes comme le Tour de France, des courses sur lesquelles nous avons du mal à nous endormir et sur laquelle le repos est primordial.

Le vainqueur de l'étape, les porteurs de maillots et le leader d'une catégorie de l'UCI sont contrôlés à chaque course. Au cours de la saison, je donne des centaines d'échantillons qui seront tous testés et constitueront la seule preuve d'innocence ou de culpabilité. Entre les contrôles en course et les contrôles inopinés, je suis probablement contrôlé environ une fois par semaine pendant toute la saison. Et je trouve cela très bien. Ces contrôles sont absolument nécessaires. En fait, il vaut mieux être contrôlé tout le temps parce qu'il y aura moins de variations dans vos résultats. Dans le passé, il y a eu des soupçons sur certains coureurs dont les résultats présentaient des écarts importants entre les contrôles. D'un autre côté, si vous n'êtes pas contrôlé régulièrement, après une période d'entraînement intense en altitude vous seriez déçu de ne pas voir un gros pic au niveau de vos résultats. La solution est simple : des contrôles plus fréquents et certainement pas moins de contrôles.

Imaginons que vous soyez sorti avec des amis, samedi soir, il y a deux semaines. Vous avez bu, disons, cinq pintes et pris un kebab en rentrant chez vous. Vous vous êtes couché à une heure et vous vous êtes levé à huit heures. Vous vous sentez en forme et vous êtes sorti faire une balade à vélo. Samedi dernier, vous êtes sorti avec les mêmes potes. Vous avez encore bu cinq pintes, mangé un autre kebab et, là encore, vous vous êtes couché à une heure, seulement vous vous êtes réveillé avec une horrible gueule de bois. Impossible de tenir debout. Ne parlons pas de monter sur un vélo. Cela vous rappelle des souvenirs ? Nos corps ne réagissent pas toujours de la même manière aux mêmes stimuli. C'est pour cela que vous devez être contrôlé tout le temps, parce que certains jours, vous vous sentez moins bien sans pouvoir expliquer pourquoi alors que vous avez fait exactement la même chose que la veille. Vous ne voulez pas voir une ligne ondulée sur votre passeport sanguin parce que cela fera froncer quelques sourcils. Si vous êtes contrôlé le plus souvent possible, toutes vos courbes seront plates. Sauf si vous trichez. Auquel cas vous vous ferez attraper et bon débarras.

Revenons aux autres coureurs… Mais abandonnons les prétendants aux grands Tours pour nous intéresser aux coureurs avec lesquels je passe le plus de temps, littéralement épaule contre épaule : les sprinteurs. Le sprint est l'une de ces disciplines sportive dans laquelle votre personnalité est constamment en évidence. Il n'est pas facile de se faire une idée du caractère d'un nageur, mais tous ceux qui ont vu jouer Zlatan Ibrahimović se sont forgé une opinion sur sa personnalité. Je sais, c'est étrange, et peut-être complètement débile, mais c'est comme ça.

Admettons qu'il faut un certain panache pour être un sprinteur. Là encore, je ne peux rien vous dire sur leur personnalité, mais je peux vous décrire leurs caractéristiques de sprinteurs.

Pendant toute ma carrière, Marcel Kittel a été le plus rapide en ligne droite, toutes choses égales par ailleurs. Sur le plan de la vitesse pure, c'est un adversaire redoutable. Si tout se passe bien pour lui, il va souvent l'emporter. Heureusement pour nous autres, plusieurs variables peuvent venir lui gâcher la journée et elles ne s'en privent pas.

Sa carrière avançant, Marcel ferait bien de s'inspirer d'André Greipel. Un gentleman qui a le respect de tous les autres coureurs dans toutes les courses auxquelles il participe, surtout auprès de ses collègues sprinteurs. Les qualités d'André lui ont permis de se maintenir dans le top trois alors qu'on aurait pu raisonnablement s'attendre à ce que sa vitesse de pointe ait été quelque peu émoussée par les nombreuses saisons. Nous parlons de quantités infimes mais sur un sprint, cela peut faire une différence considérable. Sa longévité est exceptionnelle. Il sait ce qu'il faut faire mieux que quiconque et il ne commet presque jamais d'erreur de jugement.

Si Kittel a été le plus rapide en vitesse pure, au cours des dernières saisons Fernando Gaviria est, sans aucun doute, le sprinteur de demain. La vitesse pure de ce mec est hallucinante. Il a été à très bonne école chez Quick-Step, et il n'a que vingt-trois ans. Bien sûr, d'autres coureurs de sa génération vont arriver sur le circuit, mais ils devront être rapides pour l'empêcher de régner sur le sprint dans les années à venir. Sur les étapes les plus plates du Tour de France, dans les prochaines saisons, on peut raisonnablement penser que celui qui devancera Gaviria remportera l'étape.

En termes d'explosivité, Mark Cavendish domine tous ses concurrents depuis si longtemps qu'il est difficile de croire qu'il a remporté ses quatre premières étapes sur le Tour de France en 2008. Sa vitesse de pointe lorsqu'il prend la tête est restée largement inégalée depuis, même s'il a du mal dernièrement à retrouver sa meilleure forme. Pour battre Cav, vous devez admettre que sa vitesse de pointe est inégalable mais qu'il ne peut pas la maintenir longtemps. En d'autres termes, le timing est beaucoup plus important pour lui que pour les autres. N'abandonnez jamais s'il est devant vous, mais ne le considérez jamais battu s'il est derrière vous.

Alexander Kristoff est tout le contraire de Mark. Son coup de reins n'a rien d'exceptionnel mais sa vitesse de pointe est celle d'un jet volant à vingt mille pieds. Si vous lui laissez suffisamment de temps pour emmener son braquet et faire un écart, vous aurez du mal à le rattraper. Il ne remporte probablement pas autant de courses qu'il le mériterait parce que beaucoup de coureurs, moi y compris, utilisent sa remarquable pointe de vitesse comme rampe de lancement pour leurs propres ambitions mais c'est un adversaire redoutable. Si j'additionne tous les sprints les plus serrés que j'ai disputés au fil des saisons, Alexander Kristoff doit figurer dans 50 % d'entre eux, dont cet incroyable bras de fer à Bergen. Il ne faut pas oublier qu'il a remporté deux Monuments, témoignage de sa faculté à rouler à l'avant sur des courses difficiles tout en restant capable de produire un dernier coup de reins lorsque tous les autres sprinteurs se sont rangés sur le bas-côté.

Le passage de sprinteur à coureur de Classiques s'apparente à un gouffre, et pendant quelques saisons, j'ai bien cru que je serais incapable de le franchir. Tom Boonen est certainement le meilleur exemple d'un coureur qui a su franchir ce palier au cours des dernières années. Sur le podium à Roubaix à vingt-et-un ans et, cinq ans plus tard, vainqueur du maillot vert sur le Tour. C'est le style de Tom qui est le secret de sa longévité. Il était toujours d'une grande élégance sur le vélo. Impossible de l'imaginer en train d'en briser un. C'est à cause de lui que Zanatta pensait que je ne gagnerais jamais Paris-Roubaix. Mon vélo heurte chaque pavé alors que Tommeke flottait cinq centimètres au-dessus, comme un train monorail japonais. On ne gagne pas par hasard trois Ronde et quatre Paris-Roubaix. Tom a couru pour Quick-Step pendant la majorité de sa carrière et contrairement à ce que vous pourriez croire, ce ne fut pas toujours un avantage. L'équipe était si forte et comptait tellement de vainqueurs potentiels que Tom pouvait être le parfait leurre pour ses coéquipiers – souvenez-vous de la victoire de Niki Terpstra sur Paris-Roubaix lorsque personne n'a voulu ramener son leader sur la tête.

L'autre géant des Classiques est sans aucun doute Fabian Cancellara. Il avait emprunté un autre chemin pour se hisser au sommet. Pendant très longtemps il a eu la réputation d'être un spécialiste des efforts brefs en contre-la-montre, mais il a terminé sa carrière avec sept Monuments à son palmarès, comme Boonen. Leurs carrières n'ont cessé de se croiser. Sur nos premiers affrontements, Cancellara ne m'avait pas vraiment à la bonne. J'avais profité de son attaque en fin d'étape pour remporter ma première victoire sur le Tour de France et il avait pris ma célébration loufoque sur la ligne pour un manque de respect. J'ai fini par gagner son respect. Un gentleman et surtout quelqu'un de suffisamment intelligent pour comprendre que les rivalités profitent à tout le monde. J'adorais sa façon de pédaler, tout en contrôle grâce à la puissance de sa sangle abdominale. Les connaisseurs lui ont souvent reproché de trop travailler pendant les courses et de permettre à ses adversaires de profiter de son travail. Vous savez quoi ? On s'en tape ! Oui, il n'a peut-être pas remporté toutes les courses qu'il aurait dû gagner, mais il assurait le spectacle. C'était un showman qui roulait aussi vite qu'il le pouvait chaque fois qu'il montait sur son vélo. C'est pour cela que les fans l'adoraient. Pas seulement à cause de son incroyable palmarès, mais aussi pour son style et son panache qui ont illuminé toutes les courses sur lesquelles il s'alignait. Je ne serai jamais Fabian Cancellara, mais c'est comme cela que je veux courir.

Passons à mes rivaux actuels. Ma carrière et celle de Michal Kwiato sont liées depuis le premier jour. À l'âge de dix-sept ans, nous avons disputé les Championnats du monde junior de l'UCI au Mexique – lui pour la Pologne, moi pour la Slovaquie – et vu Diego Ulissi remporter la course sur route. Michal a remporté le contre-la-montre à Cape Town l'année suivante tandis que je ramenais la médaille d'argent dans la course de cyclo-cross. Il a une endurance-puissance incroyable pour quelqu'un d'apparence aussi frêle. J'avais du mal dans les courses longues au début de ma carrière mais sachant que nous avons exactement le même âge, Michal a remporté la plus longue de toutes, le Championnat du monde, à seulement vingt-quatre ans. Il m'avait déjà battu au printemps sur Strade Bianche grâce à une attaque en fin de course à laquelle j'avais été incapable de répondre. Il est le dernier à avoir porté ce magnifique maillot arc-en-ciel avant moi et je doute que vous trouviez beaucoup de courageux prêts à parier qu'il ne le portera pas à nouveau un jour. Si vous entrez chez un bookmaker pour parier que ni lui ni moi ne le portera encore une fois avant la fin de notre carrière, je doute qu'il vous offre une bonne côte. Il s'est également adjugé ce qui reste peut-être la plus belle course qu'il m'ait été donné de disputer, ce Milan-San Remo sur lequel je me suis échappé sur le Poggio mais sans pouvoir les dépasser, lui et Julian Alaphilippe, course lors de laquelle Kwiato m'a battu dans cet incroyable sprint à trois sur la Via Roma. Le sous-estimer serait une grave erreur. Je ne pense pas qu'il existe une course sur laquelle vous pouvez affirmer, de façon catégorique, que Michal ne peut pas la remporter.

Dernier mais non des moindres, GVA, Greg Van Avermaet. Nous semblons inséparables dans les esprits des bookmakers. Comme moi, il est toujours là. Comme moi, tout le monde le surveille. Cela n'a pas été facile pour nous depuis que Fabian Cancellara et Tom Boonen ont raccroché leurs vélos. Tout le peloton semble penser qu'il n'y a que deux roues dans lesquelles il faut se caler. C'est de toute évidence ridicule. Même s'il est champion olympique et moi champion du monde, sur le papier personne ne se risquerait à affirmer que nous dominons, séparément ou conjointement, la discipline. Le plus amusant à propos de Greg et moi, c'est que nous avons beaucoup de choses en commun et que nous nous ressemblons beaucoup. Nous avons le même calendrier, nous cochons les mêmes courses, nous n'hésitons pas à nous glisser dans les échappées, nous savons tous les deux sprinter, nous sommes tous les deux des dangers à la fin des longues courses, et pourtant, nous avons des caractères tellement différents. Peut-être parce qu'il est belge ? Le poids de l'histoire flamande pèse énormément sur les épaules des coureurs belges. Les gens attendent tellement qu'ils deviennent le nouveau Merckx/Van Looy/Schotte/De Vlaeminck/Museeuw/Boonen. Il y a toujours de grands coureurs dans le peloton, des spécialistes qui auront davantage les honneurs des pronostiqueurs sur certaines étapes. Cela peut vous desservir en faisant peser davantage de pression sur vos épaules ou vous servir en vous permettant de vous cacher derrière les autres favoris. Lorsque Greg et moi étions dans une échappée, cela me tapait sur les nerfs de voir les autres le considérer comme un coureur lambda et me surveiller comme si j'avais des fusées aux pieds et un bouton sur lequel il me suffirait d'appuyer pour me propulser dans la stratosphère. Cependant, et cela est peut-être dû à la retraite de ces deux titans évoqués précédemment, j'ai l'impression que la situation en train de changer et qu'il a lui aussi maintenant du mal à filer en douce. C'est également quelqu'un de très sympa, de très direct et d'une grande franchise, et un adversaire toujours redoutable. Impossible d'imaginer Greg s'aligner sur une course juste pour faire le nombre et c'est ce qui en fera toujours, à mes yeux, un mec bien.

2017

AUTOMNE

Le *Christina O* m'avait complètement requinqué. Chacun de ses 99 mètres. Cela ne faisait aucun doute dans mon esprit. Tout ce dont j'avais besoin, à présent, c'était de remonter sur mon vélo et tout irait pour le mieux dans le meilleur des mondes. Parfois les meilleurs plans sont les plus simples. Pourquoi cette tête d'enterrement ?

Ne voyant pas l'intérêt de changer une méthode qui avait déjà fait ses preuves, j'ai repris la direction de Park City, dans l'Utah, pour effectuer un stage d'entraînement en altitude dans un environnement serein. Il flotte quelque chose dans l'air, aux États-Unis, qui semble m'apaiser dès que l'avion touche la piste. J'adore le rythme de vie de la côte ouest. Deux semaines à rouler, manger et dormir à 2 200 mètres au-dessus du niveau de la mer boostent votre préparation même si, les premiers jours, vous avez des jambes de plomb et une minuscule paire de poumons qui auraient du mal à gonfler un ballon de baudruche. Lorsque le moment est venu de rejoindre le Canada où se déroulait la prochaine course inscrite à mon calendrier, j'étais dans une forme olympique.

J'ai pris le départ du Grand Prix de Québec en tant que tenant du titre. J'étais confiant pour la course mais aussi pour les semaines à venir. Après tout, c'était là que le projet Désert avait réellement pris son envol, l'année précédente. C'était un bon test pour les championnats du monde, sur plusieurs plans, pas seulement à cause de sa place au calendrier juste avant le grand show mais parce que c'était une course sur circuit. Ces courses sont toujours un peu différentes de celles qui conduisent les coureurs d'un point à un autre. Elles vous permettent d'étudier le final plusieurs fois, de voir où les coureurs doivent s'employer, quels sont les virages qui peuvent poser problème, les endroits où vous pouvez placer une attaque.

Je vous ai répété, tout au long de ce livre, que deux courses ne sont jamais identiques et pourtant, le GP de Québec 2017 n'aurait pas pu ressembler davantage à celui de 2016. Comme lors de l'édition précédente, Rigoberto Urán a tenté de partir de loin deux fois dans les dernières centaines de mètres en plein milieu du ballet des trains des sprinteurs. L'astuce, dans ces moments-là, est de ne pas paniquer, de faire confiance à sa pointe de vitesse et d'espérer être capable de maintenir cette allure afin d'éviter tout retour. Ça n'a pas manqué : à 150 mètres de la ligne avec un peloton qui tissait sa toile sur toute la largeur de la chaussée pendant que les derniers coureurs des trains s'écartaient, une jolie petite brèche de la largeur d'un Sagan s'est ouverte en plein milieu de la chaussée. Je m'y suis engouffré et j'ai foncé jusqu'à la ligne.

Comme en 2016, Greg Van Avermaet a pris la deuxième place. Les journalistes m'ont donc demandé, après la course, si on devait s'attendre à la même issue, à Bergen deux semaines plus tard. « Greg et moi ne sommes pas les seuls prétendants à la victoire en Norvège. La liste est beaucoup plus longue », leur ai-je répondu. Une centaine de coureurs, une centaine d'histoires. Ou plutôt, à Bergen, deux cents coureurs et deux cents histoires.

Quelqu'un m'a fait remarquer qu'il s'agissait de ma centième victoire chez les professionnels. Cent histoires différentes. Oui, bien sûr, c'est un chiffre dont je peux être fier, mais sur le moment j'avais ressenti plus de plaisir sur chacune de ces victoires qu'en entendant ce total. Peut-être que lorsque je serais gros et vieux et que j'essaierai de persuader Marlon que j'ai été quelqu'un, il y a longtemps, je ressortirais un truc débile comme celui-là, mais, jusque-là, je continuerai d'essayer de remporter toutes les courses sur lesquelles je m'alignerai. J'ai répondu aux journalistes : « Je préférerais vivre cent ans plutôt que gagner cent courses ».

L'autre course canadienne, à Montréal deux jours plus tard, n'a pas été la cent unième victoire. Malgré la déception légitime, ce fut vraiment une excellente préparation. Si je n'avais pas encore compris qu'avec un maillot arc-en-ciel sur les épaules et du feu dans les jambes, je devais m'attendre à ce que tous les autres coureurs soient à l'affût du moindre de mes gestes, j'étais vraiment un cas désespéré. Ils auraient tout aussi bien pu me dire : « Vas-y champion. Montre-nous ce que tu as dans les jambes. » Je trouve que c'est de bonne guerre. Cependant je savais que le marquage serait moins au cuissard sur les championnats du monde parce que c'est une course sur laquelle tous les coureurs arrivent avec l'intention de ramener la médaille d'or à la maison. Oui, les autres coureurs vont me surveiller mais ils seront plus enclins à tenter quelque chose eux-mêmes, et plus il y a de vainqueurs potentiels, plus haute sera la cote du favori même si vous restez le favori.

J'ai eu une course vraiment difficile à Montréal tout comme l'équipe : mes coéquipiers ont dû aller chercher toutes les attaques, et tout le monde se calait immédiatement dans notre roue chaque fois que l'un d'entre nous tentait quelque chose. Toute l'équipe BORA-hansgrohe, y compris Juraj, qui m'accompagnerait encore en Norvège, avait fait de l'excellent travail à Québec en contrôlant le peloton dans le final, et ils avaient encore roulé à bloc aujourd'hui. Lorsque les attaques ont commencé à fuser, en fin de course, personne – et je dis bien *personne* – n'a collaboré avec nous dans les poursuites. Ils se sont contentés de se caler dans ma roue en espérant que je les ramène sur l'échappée pour qu'ils puissent me contrer. J'ai été battu au sprint par Greg et Michael Matthews, le même trio de tête (dans un ordre différent) que deux jours plus tôt mais cette fois nous avons terminé septième, huitième et neuvième. Difficile mais exactement ce dont j'avais besoin.

J'ai regagné Monte-Carlo pour quelques jours avant de prendre la direction de Bergen pour y disputer le contre-la-montre par équipes. Le CLM par équipes est toujours la première épreuve des Championnats du Monde pour permettre aux coureurs et aux équipes de se réunir avant l'épreuve sur route réservée aux professionnels qui se déroule le week-end suivant. J'avais eu la meilleure préparation possible pour les Championnats du monde. J'avais l'avantage de deux victoires. Grâce à la *Christina O* et au Canada, j'étais dans la meilleure forme de ma carrière.

Et tout est parti en vrille.

Je me suis réveillé à Monaco avec de la fièvre. La morve et la sueur suintaient de mon corps tels des rats quittant un navire en train de couler. Les coureurs sont souvent malades. Nous jouons avec le feu en exigeant trop de nos corps. Physiquement, nous nous approchons aussi près du soleil que possible. Nous dépassons les limites du raisonnable. Ce n'est donc pas vraiment une surprise lorsque survient le retour de bâton… Mais ce n'était pas le cas. Je n'avais jamais été en meilleure forme et pourtant, je tremblais et je transpirais sous les draps, à midi, pendant que mes concitoyens monégasques profitaient du soleil. C'était juste l'un de ces bons vieux virus, qu'un inconnu m'avait refilé sur une course, dans un hôtel, dans un avion, je ne sais où. J'espérais juste qu'il souffrait autant que moi, au fond de son lit, quelque part dans le monde.

La Team Peter s'est mise en action comme à chaque période de crise. Giovanni et Gabriele ont appelé Ján Valach pour l'informer qu'il n'y avait aucune chance que je sois en état de courir le CLM par équipes – la course avait lieu le lendemain ! – et que j'étais incertain pour la course sur route. Ils ont tous les trois décidé de se montrer philosophe mais de laisser la porte ouverte jusqu'au départ de la course. Ils étaient bien sûr conscients qu'il ne fallait pas s'attendre à me voir faire une performance dans une semaine.

Et moi dans tout ça ? J'ai passé trois jours alité.

Lorsque j'ai enfin quitté le lit et ouvert les rideaux pour admirer le soleil du matin qui brillait sur Monaco, nous étions le mercredi. La course se déroulait dimanche à 2 500 kilomètres de là.

Je suis sorti rouler ce jour-là, et le suivant. Le vendredi matin, je me sentais plutôt bien. J'ai téléphoné au gang de Monaco. Si je devais ne serait-ce que prendre le départ dimanche, je devais m'entraîner sérieusement aujourd'hui. Avec Sylwester Szmyd, Oscar Gatto, Moreno Moser et Alex Saramotins, nous avons pris la direction des Alpes Maritimes. Les premiers rayons d'un soleil d'automne brillaient sur la méditerranée. Je me sentais bien. Nous roulions tous des mécaniques, bien déterminés à en remontrer aux autres. Si vous avez déjà emprunté cette autoroute qui relie la France à l'Italie et qui passe entre la côte d'Azur et les Alpes, vous savez qu'elle est surplombée par quelques sommets assez élevés. Monaco présente effectivement de nombreux avantages pour les sportifs professionnels qui y vivent, mais cela leur permet aussi d'habiter au pied des montagnes. En quelques minutes, vous pouvez vous perdre – mentalement et physiquement – et vous élever pour quelques heures au-dessus des rues débordantes d'activité et de passants de Nice-Antibes-Monaco.

Au milieu de nos efforts pour en mettre plein la vue aux autres, dans une petite descente sinueuse, à trois heures de la Côte, Oscar nous a gratifiés d'un spectaculaire dérapage contrôlé en prenant très large dans un très joli virage à droite. Mais comme je ne le sais que trop, l'esbroufe est parfois mauvaise conseillère et Oscar en a fait les frais en entaillant sévèrement son pneu arrière. La chambre à air dépassait du boyau et a explosé dans un bruit de coup de fusil.

« Cazzo[15], Gatto ? C'est quoi ce bordel ? »

Nous avons tous éclaté de rire et, profitant de cet arrêt forcé pour nous réhydrater, nous avons vidé nos bidons. J'ai arraché un bout de guidoline de mon guidon pour recouvrir l'intérieur du trou de son pneu – les juniors vététistes sont les rois des réparations de fortune comme vous le savez – et il ne restait plus qu'à gonfler sa nouvelle chambre à air. Gabriele prétend que je me prends pour l'inspecteur Gadget.

Nous avons pris la direction des montagnes où nous avons exploré la moindre petite route et escaladé la moindre petite colline. Ma réparation de fortune a tenu une heure. Et puis bang ! Oscar nous a contraints à un nouvel arrêt.

« Vaffanculo[16], Oscar ! »

---

15. « Eh merde ! » en italien (NDT).

16. « Va te faire foutre ! » en italien (NDT).

Nous avons rebu un coup. Nous avions rempli nos bidons plusieurs fois aux robinets le long des routes et aux sources dans les montagnes. Cette fois, j'ai découpé un bidon vide et j'ai glissé la courbure en plastique à l'intérieur de ce qui restait du pneu entaillé d'Oscar. Est-ce que l'inspecteur Gadget y aurait pensé ? Une autre chambre à air de secours et nous étions de retour aux affaires.

Pour conclure cette sortie de six heures, nous sommes revenus à bloc vers la côte avec un objectif bien précis en tête, lâcher quelqu'un. Nous avons traversé à vive allure l'Escarène et escaladé le col qui le sépare de Peille. C'est une toute petite route avec pas mal de graviers dans les virages sur l'autre versant, dans la descente. Dans l'un d'eux, il y avait un morceau de rocher, à droite, en plein sur notre trajectoire. Sylwester l'a évité, tout comme moi, mais le troisième coureur n'a pas eu cette chance et son pneu avant l'a heurté de plein fouet avant même qu'il ait eu le temps de le voir. Il n'y a rien à gagner pour celui qui devinera le nom de la victime… J'ai nommé Oscar lui-même.

En arrivant à sa hauteur, nous avons constaté qu'il était amoché. Il était tombé sur le visage. Il y avait du sang partout sur la chaussée. Heureusement, le portable passait. Son soigneur, chez Astana, est immédiatement parti pour nous rejoindre en montagne mais il n'arriverait pas avant trente minutes. Nous avons nettoyé Oscar du mieux possible et nous l'avons assis sur le bord de la route. Il a été conduit directement à l'hôpital et nous avons continué, mais le cœur n'y était plus. Nous roulions en silence en direction de la Côte. Heureusement, en arrivant dans la plaine, nous avons reçu une bonne nouvelle. Oscar n'avait rien de grave, son casque avait encaissé le plus gros du choc et il sera toujours aussi beau, une fois guéri.

J'ai proposé d'aller fêter cette bonne nouvelle et nous avons pris la direction de la pizzeria. Oscar allait bien et nous venions de vaincre les routes les plus difficiles des Alpes Maritimes. J'allais peut-être bien prendre la direction de Bergen.

Je suis rentré à la maison et Maroš a massé mes jambes fatiguées pendant une heure. Je me suis mis au lit pour faire la sieste, fatigué mais plutôt content de ma journée d'entraînement.

Une heure plus tard, je rampais hors du lit. J'ai à peine eu le temps d'arriver jusqu'aux toilettes pour régurgiter, à grand bruit, tout le contenu de mon estomac. Quelque chose que j'avais mangé ? Pour être franc, cela ressemblait à tout ce que j'avais mangé. Peut-être la pizza ? À moins que ce soit toute cette eau récupérée dans nos bidons tout au long de notre sortie. Merde, merde, merde. Je m'envolais pour Bergen le lendemain. Le départ de la course sur route des Championnats du monde sur route de l'UCI allait être donné dans trente-six plus tard. Merci maillot arc-en-ciel. Cela a été amusant mais je pense que c'est à quelqu'un d'autre de te porter. Au revoir mon véritable ami.

Il faisait frais et humide en Scandinavie, ce matin-là, un jour et demi plus tard. Je ne sais combien de fois j'avais été aux toilettes depuis cette sortie. Peu importe ce que j'avalais, je me sentais ballonné, vide ou nauséeux.

Il y avait 40 kilomètres à couvrir avant d'arriver sur le circuit principal, puis onze tours de 19 kilomètres. Juraj était à mes côtés lorsque nous sommes entrés sur le circuit et franchi la ligne d'arrivée pour la première fois. J'ai dit à mon frère : « Regarde-la bien. Je ne pense pas que nous la revoyons. »

Et j'ai gagné.

8 AVRIL 2018

ÉPILOGUE

Compiègne est une grande petite ville dont vous n'aviez peut-être jamais entendu parler jusqu'à ce jour. Elle possède quelques grands boulevards, de hauts bâtiments en pierre plate et des places qui encouragent le passant ou le cycliste de passage à s'asseoir un moment pour s'imprégner du calme ambiant tout en sirotant un café, une bière fraîche ou peut-être un Ricard si vous sortez du travail.

Il n'est dès lors peut-être pas si surprenant qu'on demande à Compiègne le temps d'un dimanche, chaque printemps, de se substituer à Paris. Pas pour un décor de film même si je suis certain que cela ne poserait aucun problème, mais comme ville de départ de la course cycliste d'un jour la plus célèbre du monde. Et pourtant, il ne viendrait jamais à l'idée de quiconque dans le milieu cycliste d'appeler l'enfer du Nord, Compiègne-Roubaix, n'est-ce pas ?

Sean et Patxi m'ont raconté qu'avant l'ère des grands bus, les équipes avaient l'habitude de se réunir sur la place sise au milieu de la ville, pas très loin de la ligne de départ. Aujourd'hui, les plus matinaux peuvent encore y garer leurs énormes Volvo et leurs DAF aux vitres teintées mais les autres se garent les uns derrière les autres sur une de ces longues et larges avenues bordées d'arbres le long desquelles de grosses maisons endormies sont alignées à une distance respectable du bitume. En 2018, le camion BORA-hansgrohe est le dernier de la longue file de bus hi-tech garés sous les arbres qui commencent à bourgeonner. C'est une bonne chose pour les calmes et placides habitants de Compiègne mais une mauvaise pour les autres équipes. Laissez-moi vous expliquer pourquoi.

Il y a environ un an, j'ai découvert ces extraordinaires haut-parleurs Bang & Olufsen, ceux qui ressemblent à des antennes de satellite. Si vous venez chez moi, ou chez mon père ou chez mon frère, vous ne pourrez pas les manquer... Ils sont vraiment cools. Eh bien, ce printemps-là, nous en avions apporté deux sur les courses. Même si le Paris-Roubaix ne part plus de Paris, BORA-hansgrohe a offert aux Parisiens toutes les chances d'entendre le départ malgré les 80 kilomètres qui les séparaient de la ligne de départ. Les haut-parleurs qui sont fixés à l'extérieur de la porte ont instantanément transformé cette avenue au charme printanier dont le calme n'est habituellement troublé que par le chant les oiseaux en une des boîtes de nuit les plus sombres, les plus bruyantes et les plus glauques de Bratislava. Il y a toujours beaucoup de monde autour de notre bus et vous pouvez voir le personnel des autres équipes tendre le cou pour observer ces attroupements, le regard à la fois envieux et désapprobateur. Mais nos fans adorent ça, nous adorons ça, j'adore ça. Nous sommes là pour faire le show. Nous sommes là pour marquer les esprits mais surtout, nous sommes là pour gagner. Un état d'esprit parfaitement résumé en un mot par Patxi, notre directeur sportif, lorsqu'il a répondu ce matin-là aux pardessus de l'UCI venus examiner nos vélos.

« Comment vous sentez-vous, ce matin, monsieur Vila ?
– Prêt ».

Pendant qu'ils procèdent à leur inspection en passant leurs iPads sur les cadres de nos S-Works pour vérifier qu'ils ne dissimulent aucun moteur, ce qui ne manquerait pas de déclencher une sirène d'alarme, ils clignent tous les deux inconsciemment des yeux au rythme de la musique. Pourquoi ces têtes d'enterrement, les mecs ?

Le printemps a été étrange. C'est le moins que l'on puisse dire. Je vais vous en faire un rapide débrief pour remettre ce Roubaix dans son contexte.

Cette année-là, nous avons adopté une nouvelle stratégie. Avec Patxi et Sylwester, aujourd'hui respectivement mon directeur sportif et mon coach et non plus mon coach et mon ami, nous avons décidé de concentrer nos efforts sur les deux points d'orgue des Classiques du Nord, le Tour des Flandres et Paris-Roubaix. Ils ont donc conçu un programme de préparation pour que j'arrive au sommet de ma forme sur les lignes de départ de ces deux compétitions. Un changement par rapport aux saisons précédentes et une parfaite illustration de ce que je disais à propos de Willi et de Ralph chez BORA-hansgrohe et de la différence entre ma nouvelle équipe et Tinkoff. Oleg se laissait emporter par sa passion et son enthousiasme et voulait tout gagner, tout de suite, tous les jours. Patxi, et Sean avant lui, ont travaillé avec des vainqueurs de grands Tours comme Alberto Contador, Chris Froome et Bradley Wiggins. Ils connaissent l'importance cruciale de la phase d'affûtage, ces quelques jours qui précèdent la course pour laquelle vous vous préparez, pour vous permettre de rester au meilleur de votre forme. Patxi et Sylwester souhaitaient adopter cette approche avec moi. Oui, la moisson de podiums tout au long du printemps avait du bon mais n'échangerions-nous pas, sans la moindre hésitation, une douzaine des podiums sur lesquels nous avons été éclaboussés par le champagne d'un autre contre une victoire dans un Monument ?

Et, bien sûr, lorsque nous avons parlé de cette nouvelle stratégie à Ralph et à Willi, ils nous ont répondu : « C'est vous les experts. » C'est la différence. Ils n'ont pas engagé la Team Peter uniquement pour notre capacité à remporter des courses. Ils se fient à notre expertise. C'est plutôt cool. D'autant que pour eux, le risque est plus élevé, parce que BORA-hansgrohe bénéficiera de moins d'exposition chaque semaine et, si je rate mon coup, ce sera une perte sèche pour eux. Mais cette stratégie devrait, et Patxi et Sylwester en étaient persuadés, nous rapprocher un peu plus près de mes rêves de remporter les courses les plus prestigieuses.

Pas de malentendu entre nous. Il n'était pas question de sacrifier des courses comme Strade Bianche ou Milan-San Remo, juste de les disputer pendant ma montée en puissance et non plus d'arriver en pleine forme sur la ligne de départ.

J'ai donc entamé ma saison européenne 2018 sur Strade Bianche. Je ne suis pas passé loin de la victoire à Milan-San Remo mais j'ai une fois de plus perdu une très jolie course. Vincenzo Nibali m'a privé, moi et quelques autres, d'une grande victoire à San Remo, sa deuxième victoire d'affilée sur un Monument après sa victoire acquise avec tout autant de panache dans le Tour de Lombardie à la fin de la saison 2017. C'est un grand showman et je lui tire mon chapeau. Vaut-il mieux perdre une course fabuleuse qu'en remporter une ennuyeuse ? Je n'en suis pas sûr. Je vais essayer de remporter quelques courses fabuleuses pour ne plus avoir à me poser cette question.

Dans presque toutes les courses que je dispute, il semble que je fasse figure de favori. Les retraites de Tom Boonen et de Fabian Cancellara ne m'ont pas aidé sur ce plan... D'excellents coureurs comme Niki Terpstra et Greg Van Avermaet n'ont pas encore l'aura de ces deux monstres sacrés et par conséquent, je me retrouve bien souvent à courir contre le reste du monde. J'essaie de prendre cela comme un compliment et de m'en servir à mon avantage mais lorsque je suis au creux de la vague, cela peut devenir déprimant.

Heureusement, l'unité envoyée par BORA-hansgrohe sur les Classiques était la meilleure équipe dans laquelle j'ai couru. Nous avons réussi à piquer Daniel Oss à BMC. C'est ce qui s'appelle faire d'une pierre deux coups. Nous avions récupéré un autre coureur surpuissant et Greg en avait perdu un. Body et Burghardt volaient littéralement et ils affichaient une motivation incroyable. Quant à Juraj, il était dans la meilleure forme de sa carrière.

Prochaine étape, Gand-Wevelgem, et j'ai remporté cette putain de course. Vous savez que je jure rarement – seulement dans le peloton et en flamand – donc cela devrait vous montrer ce que ce succès signifiait pour moi. Burghardt a été impérial tout au long de la course. Des grands noms ont porté le maillot de champion d'Allemagne et cela fait ressortir le meilleur chez Marcus. Nos adversaires savent que, même après 230 kilomètres de course, il peut imprimer un tempo élevé quand il s'agit de revenir sur des échappés mais aussi que s'ils le laissent partir, il a le potentiel pour l'emporter. Bref, une arme de destruction massive dans l'arsenal de BORA-hansgrohe. Je doute que le peloton ait atteint l'arrivée au complet sans sa puissance ou la peur qu'il a instillé chez nos adversaires. Et mon flair pour trouver la meilleure trajectoire pendant le sprint a, une fois de plus, fait la différence.

J'étais conscient de ne pas être encore au summum de ma forme mais cela ne m'empêchait pas de remporter des courses longues en battant au sprint des mecs aussi rapides que Viviani et Démare. Triple vainqueur de Gand-Wevelgem. J'aime le chiffre trois. Une semaine plus tard, sur le Tour des Flandres, j'ai eu l'impression d'avoir fait tout ce que je pouvais. J'ai déjà évoqué la longue ombre de Tom Boonen qui planait au-dessus de l'équipe Quick-Step. Sa retraite a vraiment libéré ses anciens coéquipiers. Aujourd'hui, ils ont tous l'impression de pouvoir décrocher la victoire. Daniel Oss a réalisé un grand numéro, le premier sous le maillot BORA-hansgrohe, lorsque je lui ai demandé de « durcir » la course (rappelez-moi de ne *jamais* lui demander la même chose à l'entraînement), mais avec Niki Terpstra, Philip Gilbert et Zdenek Stybar qui étaient en pleine forme pour Quick-Step, son effort a profité à tous les grands noms et pas seulement à moi. Terpstra a profité d'une attaque de Nibali – quel coureur ! – pour partir et l'emporter en solitaire. J'ai tenté ma manœuvre habituelle. J'ai pris large et à fond le virage serré, au pied du Paterberg, et je me suis mis en danseuse comme si ma roue arrière était en feu et me brûlait le cul. Cela a fonctionné, dans une certaine mesure. J'ai distancé les autres mais Terpstra était trop loin et volait vers la victoire. C'est la vie. Au moins, j'avais essayé et je n'avais aucun regret. De toute façon, il aurait été difficile d'organiser la poursuite avec Greg, Nibali et les autres avec tous ces maillots bleus Quick-Step qui se seraient calés, bien à l'abri, dans nos roues et qui auraient été les plus frais dans le final, si nous avions repris leur coéquipier néerlandais. J'ai essayé de partir tout seul mais cela n'a rien donné. J'ai été repris par le groupe de poursuivants et Terpstra a signé une belle victoire sur un Monument.

Nous voilà donc à Compiègne. Le moment charnière de mon printemps. Depuis le Tour des Flandres, le week-end précédent, je me sentais revivre en ces premières semaines du printemps. Ce n'est peut-être pas le bon terme, mais pendant ce séjour en Belgique à battre le pavé, j'avais pris plaisir à rouler avec des amis, un sentiment que je n'avais pas ressenti depuis longtemps et c'était déjà ça.

Toutes les discussions pendant la semaine précédant Roubaix tournaient autour du temps qu'il ferait pendant la course, et tout le monde se demandait si la pluie nous honorerait de sa présence.

Je ne crois pas avoir jamais couru un vrai Paris-Roubaix sous la pluie, ces courses dont Giovanni vous dira qu'elles sont pour les *vrais* coureurs. J'ai vu les vidéos : Andrei Tchmil et Franco Ballerini dans les années quatre-vingt-dix et la victoire en solitaire de Johan Museeuw, à l'aune de laquelle toutes les victoires en solitaire sont évaluées, dans la dernière édition vraiment disputée sous la pluie, seize auparavant. La course dans laquelle Tom Boonen s'était lui aussi révélé. Toute sa brillante carrière s'était écoulée depuis cette journée épique sans qu'il tombe des seaux dans Le Nord, le deuxième dimanche d'avril.

Énormément de fans imploraient les nuages d'ouvrir les vannes. Le hashtag #prayforrain[17] était tendance sur Twitter. Pendant la semaine entre De Ronde et l'enfer du Nord, leurs prières ont été exaucées. Nous nous en étions donné à cœur joie pendant une sortie de reconnaissance, en nous éclaboussant, en guidant savamment nos coéquipiers dans les trouées les plus profondes et les flaques les plus sales juste pour le plaisir, avec des rires et des défis lancés au-dessus des cafés. J'avais un nouveau vélo que je comptais bien pousser dans ses derniers

---

17. Une prière pour la pluie (NDT).

retranchements. Pas passionné par les vélos ? Sautez le petit passage qui suit…

Specialized fabrique trois vélos de route. Le Venge, le modèle aérodynamique, très populaire auprès des coureurs comme Daniel Oss avec ses longues manivelles de changement de vitesse et sa forme héritée des vélos utilisés sur les contre-la-montre. Je l'utilise parfois lorsque la vitesse est la seule donnée à prendre en compte. N'est-elle pas toujours la seule donnée à prendre en compte, Peto ? Non. Le Venge est une arme peu versée dans le compromis. Par rapport à d'autres modèles, il pèche côté maniabilité et polyvalence. À utiliser sur, dirons-nous, une étape courte d'une course disputée sur de bonnes routes susceptible de se finir par une arrivée groupée.

Pour la plupart des épreuves qui proposent des virages, des bosses, des descentes, des changements de rythme et des courses à étapes sur lesquelles vous devez être d'attaque pour repartir le lendemain, vous avez besoin d'une machine offrant, dirons-nous, davantage de polyvalence. Ma monture préférée est le Tarmac, le produit phare depuis de nombreuses années de la gamme route de Specialized. La parfaite arme tout terrain.

Le troisième vélo est conçu pour le client lambda, une machine confortable permettant d'effectuer de longues sorties, qui vous protège des éclaboussures de toutes sortes mais qui vous permet aussi d'attaquer la ligne d'arrivée. Comment s'appelle-t-il déjà ? Ah oui. Le Roubaix.

C'est le seul jour où j'utilise vraiment ce vélo. Je peux l'utiliser sur une course comme le Grand Prix de l'Escaut pour le tester mais pour moi, c'est le vélo d'une seule course.

Specialized m'avait conçu deux Roubaix S-Works pour cette course, les deux or et noir, mes couleurs, un avec des freins à patins, l'autre avec des freins à disque.

La tendance dans le cyclisme moderne est aux freins à disque, plus efficaces par mauvais temps. Rien d'étonnant, dès lors, à ce que tous les modèles Roubaix disponibles sur le marché soient aujourd'hui équipés de freins à disque. Je n'ai rien contre les freins à disque mais le problème sur Paris Roubaix a toujours été les crevaisons et les ennuis mécaniques. J'aurais peut-être besoin de changer de roue pour rester dans la bonne échappée ou éviter d'être distancé lorsque l'allure allait devenir plus élevée. La dernière chose que je veux, à cet instant précis, c'est de devoir me préoccuper de la compatibilité des matériels. Avec de la volonté, de l'huile de coude et le bon juron prononcé au bon moment, vous pouvez faire entrer n'importe quelle roue sur n'importe quel cadre… Sauf si votre vélo est équipé d'un rotor de freins à disque. Nous étions conscients que probablement 90 % des roues de secours disponibles sur le parcours seraient conçues pour les vélos traditionnels et c'est ce qui a fait pencher la balance du côté « old school ».

Avec Patxi, nous avions d'un commun accord décidé de faire l'impasse sur le dérailleur électronique. Avec un vélo qui rebondit constamment sur ces satanés secteurs pavés qui ont fait la gloire de Paris-Roubaix, il y a toujours le risque qu'une transmission saute et de se retrouver dans l'incapacité de changer de vitesse. De plus, ce n'est pas comme sur le Tour des Flandres où le choix des vitesses est hyper important sur des monts comme le Koppenberg ou le Mur de Grammont. En cas de force majeure, vous pourriez même courir Paris-Roubaix avec une seule vitesse.

Le jour J. Les cui-cui des pouillots véloces remplissaient l'air, les merles gazouillaient, les premières hirondelles du printemps volaient au ras des pâquerettes dans les prés. Les spectateurs coiffés de casquettes pour protéger leurs crânes dégarnis du soleil et transportant d'énormes glacières remplies de canettes de bière pour étancher leur soif se dirigeaient vers les secteurs pavés éloignés, tel Jack et Jill[18] gravissant la colline. Soit dit en passant, il y avait davantage de Jack que de Jill. Les Belges et les Néerlandais entonnaient des chants folkloriques incompréhensibles, les Français écoutaient à tue-tête du rap parisien sur des stéréos qui n'avaient de portables que le nom et les Anglophones essayaient de se fondre dans l'ambiance. De pluie, il n'y eut pas. Il restait quelques flaques dont certaines étaient certainement là depuis début octobre. Mais cela n'avait rien de commun avec ce que le gang du #prayforrain avait espéré.

Je portais le numéro 111. Nous y avions vu un bon présage. Les nouvelles combinaisons spéciales, mises au point par Sportful pour moi et baptisées Bomber 111 porteraient ce même numéro. Sportful avait choisi le nom 111 en référence à chacun de mes titres de champion du monde, mais c'est aussi le numéro du bombardier Heinkel qui a fait tant de dégâts pendant la Seconde Guerre mondiale. J'espérais atteindre les faubourgs de Lille sans être rattrapé par une escadrille de Spitfires.

Sur Paris-Roubaix, les débuts de course sont quelque peu différents de ceux des autres grosses courses. Il y règne la même agitation avec des attaques incessantes pour se glisser dans la bonne échappée, mais à la différence des autres courses, cela ne se calme pas au bout d'une heure. À cause du premier secteur pavé aux alentours de Troisvilles, après environ 100 kilomètres de course, l'allure de la course sera toujours élevée, échappée ou pas. Impossible d'espérer encore remporter la course si vous avez été ralenti par une chute ou une grosse cassure à Troisvilles.

---

18. Titre d'une comptine anglaise du XVIIIe siècle où deux enfants, Jack le petit garçon et Jill la petite fille, gravissent une colline pour aller chercher de l'eau (NDT).

Ce sont toujours deux heures très difficiles et très tactiques pendant lesquelles vos coéquipiers sont d'une aide précieuse. Cinq coureurs ont réussi à s'échapper mais l'allure restait très nerveuse à l'arrière, même si nous n'avions aucun besoin de les rattraper.

Les derniers 10 kilomètres avant le secteur de Troisvilles ressemblent aux 10 derniers kilomètres d'une étape de première semaine de Tour de France. Quick-Step, Sky, BMC, FDJ, BORA-hansgrohe… Tout le monde accélère l'allure en tête de peloton qui se transforme en une longue file indienne.

Les choses sérieuses commencent enfin. Après un léger faux plat descendant, un virage prononcé nous conduit jusqu'à cette fine bande de pavés insouciants encadrée par des trouées terribles de chaque côté. « Du calme. Du calme. Du calme ». Le mantra que je me répète lorsque chaque atome doué de raison me hurle de faire exactement l'inverse. *Pas* de relâchement. Contracte-toi. Panique. Arrête. Fais quelque chose !

Les nuages de poussière épaississent l'air et réduisent le champ de vision. Il vaut mieux avoir une vue claire. Cependant, si vous avez une vue claire, cela signifie que vous êtes en tête de la course ou que vous avez été lâché. Tous les autres doivent s'en accommoder. Nous essayons de nous souvenir de nos sorties de reconnaissances mais il est impossible de visualiser chaque détail, chaque petite tranchée ou chaque trouée avec précision. Avec votre vélo qui rebondit sur les pavés, vous vous forcez à regarder loin devant le pavé sur lequel votre pneu est sur le point de rouler et à le conserver à mi-distance tout en essayant apporter quelque semblant de technique et de normalité. Le Roubaix S-Works a un garde-boue à l'avant. Cela ne suffit pas à le transformer en une luxueuse chaise à porteurs mais cela suffit à vous convaincre que vos globes oculaires ne vont pas sortir de leurs orbites. Ce n'est que le premier secteur mais vous savez que vous aurez franchi un gros obstacle si vous parvenez à le traverser sans encombre.

Un grand bruit à l'arrière. De toute évidence, il y a eu une chute. Une grosse d'après les bruits. La radio est rarement d'une grande aide dans ces moments-là mais on dirait que notre équipe a été épargnée et surtout, j'apprends que Greg Van Avermaet est retardé.

Vous vous êtes déjà trouvé dans un jacuzzi à plein tube lorsque les bulles s'arrêtent et que tout se calme ? Mon Dieu, j'adore ce moment. C'est ce que l'on ressent lorsque l'on sort d'un secteur pavé pour retrouver le bitume. Un moment de plénitude complète et totale. L'horizon qui ressemblait au tracé d'un détecteur de mensonge qui s'affole se transforme en l'espace de quelques secondes en un trait épais et régulier de marqueur. Mais le prochain se profile déjà à l'horizon.

Les Quick-Step sont tous à l'avant à présent. C'est leur chance de distancer BMC. On ne gagne pas Paris-Roubaix ici mais on peut le perdre en une seconde.

Parfait pour BORA-hansgrohe. Je me sens bien. Burghardt est en pleine forme, tout comme Body et Oss. Nous aurons quelques pétards à allumer dans cette course. Pour l'instant, nous avons de la chance. Quick-Step et BMC gaspillent les leurs dans un tête-à-tête et nous avons gardé les nôtres au sec.

À St Python – chaque fois que je passe devant le panneau du village sur une sortie de reconnaissance je me dis que j'aimerais lire un jour sa biographie, mais j'oublie toujours – Tony Martin montre l'importance d'avoir un gros moteur dans son équipe en étirant tout seul tout le peloton. De nouvelles chutes, déjà plein d'abandons et les sirènes des ambulances qui évacuent les blessés à l'arrière. Nous procédons à une rapide revue d'effectif :

aucun BORA-hansgrohe ne manque à l'appel et nous accélérons. GVA revient enfin dans le groupe au prix d'une poursuite difficile que ni lui ni ses coéquipiers n'ont apprécié mais je sais par expérience que cette rage peut parfois alimenter le feu dans vos jambes plus tard dans la course au lieu de vous casser les pattes.

Vous entendrez souvent dire que la Trouée d'Arenberg est le secteur le plus difficile mais qu'il se trouve trop loin de l'arrivée pour permettre de creuser un écart décisif. Vous me permettrez de ne pas être d'accord avec ces deux affirmations. Oui, la transition est brutale et c'est bigrement difficile. Mais c'est le secteur dix-neuf, qui arrive après une demi-douzaine de secteurs qui ont fait terriblement mal aux jambes des coureurs et qui peuvent, à tout instant, mettre fin précipitamment à leur course. Donc l'idée que ce secteur ne soit pas vraiment stratégique disparait immédiatement. Ensuite, si vous réussissez à faire un écart à Arenberg, la deuxième moitié de la trouée est si difficile et si longue que vous avez une occasion fantastique pour distancer vos adversaires et leur maintenir la tête sous l'eau surtout avec les secteurs plus longs et plus éprouvants qui se profilent juste après.

Deux coureurs Mitchelton-Scott ont apporté de l'eau à mon moulin en quittant la course de la plus douloureuse des manières un peu après que nous soyons passés sous les deux immenses ponts miniers qui gardent l'entrée de la forêt. Notre reconnaissance, la semaine précédente, m'a rappelé à quel point c'est un lieu étrange. Pendant les trois cent soixante-quatre autres jours de l'année, le silence qui règne sur ce long bosquet plat n'est troublé que par quelques chants d'oiseau. On se croirait vraiment dans une forêt enchantée façon Hansel et Gretel – dans une version définitivement plus frères Grimm que Bambi – où vous vous attendez presque à voir un fantôme flotter entre les arbres. C'est le grand Jean Stablinski, issu d'une famille venue de Pologne, un enfant de la houille et des graviers qu'il extrayait à mains nues avant de devenir un des plus grands coureurs de Classiques de tous les temps, qui a fait découvrir aux organisateurs ce sentier étrange et secret qui passe entre les arbres. Il avait creusé les galeries en dessous et roulé à vélo au-dessus, comme dans *Stranger Things*.

Aujourd'hui, le public gronde, les hot-dogs cuisent et le soleil brille. Marcus Burghardt entre le premier sur les pavés qui viennent à notre rencontre, telles des poutres brisées sortant de la terre. Je suis en troisième position et nous roulons tous plus vite que des vélos le devraient sur des terrains aussi inhospitaliers. Ça y est. La course est lancée. Allez Marcus, ça y est.

Nous sommes encore une cinquantaine devant. Paris-Roubaix est la course à élimination par excellence, comme prévu.

L'échappée de cinq coureurs est encore devant mais l'effort massif de Burghardt m'a donné le rare luxe de choisir mon propre chemin à travers Arenberg. La vitesse folle du premier tiers cède rapidement la place à la difficulté horrible du deuxième tiers, mais je vois mon long itinéraire droit devant. Le tunnel de bruit qui a vu ce petit bout de France être affublé du sobriquet d'Alpe d'Huez plate dans le passé a subi une étrange transformation. Aujourd'hui les spectateurs sont concentrés sur la droite de la chaussée. Ils hurlent, les yeux exorbités, à quelques centimètres de nos oreilles alors que la gauche n'est que désolation avec des troncs d'arbres droits sur lesquels vous n'osez pas laisser errer vos yeux de peur de perdre votre concentration et de passer par-dessus le guidon dents les premières, ou peut-être de voir un parent depuis longtemps décédé vous faire signe.

Daniel Oss est à mes côtés. Philippe Gilbert file comme une locomotive lorsque nous sortons de la forêt pour retrouver le bitume. Il reste environ 90 kilomètres et c'est vraiment le territoire de « Fast Phil ». Daniel a été son coéquipier. Il le connaît bien. Nous le surveillons de près, mais surveiller et neutraliser sont deux choses bien différentes sur cette course. Gilbert et Teunissen, de la Sunweb, nous prennent vingt secondes et c'est à BORA-hansgrohe et à BMC de faire quelque chose pour combler cet écart, de préférence avant le prochain secteur pavé. Le travail d'équipe est moins efficace sur les pavés et les variables s'empilent de façon alarmante.

Il y a plusieurs secteurs qui cernent un charmant château d'eau placé au milieu de nulle part. Tous ceux qui ont roulé sur ces routes de fou s'en souviennent. Le tracé est fait de telle sorte que vous avez l'impression qu'il vous aimante. Vous passez devant plusieurs fois, vous levez les yeux quelques minutes plus tard et il est encore là, devant vous. J'ai un flash-back : je revois Alberto parti à la poursuite de Nibali dans le Tour de France le jour du « Envoie-les tous chier ! » d'Oleg. Gilbert est toujours devant. Je vole, j'ai une forme fantastique, mais je suis déjà passé par là. Cent histoires. Et comme l'a dit Zanatta, je ne remporterai jamais Paris-Roubaix parce que je ne suis pas assez aérien sur le vélo.

Qui a eu l'idée de signer Daniel Oss ? Filez-lui une prime. L'Italien monté sur pistons était mon coéquipier lorsque nous étions plus jeunes, chez Cannondale et aujourd'hui nous sommes de nouveau réunis sous la même bannière. Il rembourse une année de salaire en rattrapant Gilbert pour l'équipe, pour moi, pour le reste du peloton. Bien joué, Daniel. Plus que 70 kilomètres jusqu'au vélodrome.

Le groupe de poursuivants se disloque et se reforme un nombre hallucinant de fois sur les secteurs suivants. Un commentateur cycliste habitué à travailler sur d'autres courses en perdrait son latin. Une suite de groupes de deux ou trois coureurs, avec des gars qui sautent dans le groupe qui le précède et d'autres qui se laissent absorber par le groupe qui le suit. Imaginez une course de chevaux avec ce genre de scénario ! Cela ressemblerait davantage à une débandade ou à une attaque de cavalerie qu'à une véritable course. Stybar, Naesen, Vanmarcke, Degenkolb, Rowe, Stannard, Stuyven, Terpstra, Greg, Gilbert, Martin sont tous là avec moi, Daniel et Marcus portant le flambeau Bora… Et encore trois membres de l'échappée devant à quelques secondes. La course est définitivement lancée. Tony Martin attaque et est repris. Niki Terpstra attaque et est repris. Greg lance une grosse attaque qui étire tout le groupe… Avant de se faire reprendre lui aussi. Et puis ça se calme. Je me glisse vers l'avant lorsque Greg revient dans le rang en observant ses poursuivants qui l'observent eux aussi. Je prends 5 mètres puis 10, puis 20 mètres. Et je donne tout ce que j'ai.

Comme toujours sur Roubaix, il y a une succession de virages serrés dans un petit hameau autrefois jamais troublé par le vingtième siècle, et ne parlons pas du vingt-et-unième. Les virages quand nous sortons du village me permettent de jeter un œil en arrière. Marcus roule lentement en tête. Greg qui récupère de l'effort qu'il vient de fournir est dans sa roue. Derrière lui, tout le monde se relève et s'observe les uns les autres. Qu'est-ce qu'ils attendent ? Que je me lance moi-même à ma poursuite pour qu'ils puissent se caler dans ma roue ? Les imbéciles.

Après cinq minutes d'effort soutenu, je rattrape les trois coureurs partis depuis le début de la course. Chapeau bas. Il reste 50 kilomètres à parcourir. Ils viennent donc de passer la plus grosse partie des 200 kilomètres la course en tête. Je ne les connais pas vraiment : il y a le champion Suisse, Silvan Dillier qui je le sais n'est pas un imposteur, Sven Erik Bystrøm et un Flamand aux larges épaules de la Lotto, Jelle Wallays. Il ne serait pas raisonnable d'espérer d'eux une grande aide vu les efforts qu'ils ont déjà consentis aujourd'hui. Je décide de rouler le plus vite possible, comme si j'étais dans une échappée solitaire et accepter le peu d'aide qu'ils seront en mesure de me donner. Cela signifie un surplus d'énergie bienvenu qu'ils n'espéraient pas, ce qui fait qu'ils puisent un peu plus profond dans leur ressource d'énergie pour rester à l'avant encore un peu.

Bystrøm est cuit et décroche lorsque l'allure augmente, mais les deux autres suivent. Lorsque je les avais rattrapés, nous avions vingt secondes d'avance sur le groupe de poursuivants. À présent, malgré ces deux mecs qui ont été devant pendant presque toute la course depuis le départ ce matin, tous les deux parviennent à me suivre sur l'horrible secteur de pavés complètement inutile de Mons-en-Pévèle et nous portons notre avance à quarante-huit secondes. Il est 16 h 15. Il reste 45 kilomètres avant d'entrer sur le célèbre vieux vélodrome. Environ une heure. Allez Peter, c'est ta chance.

J'entends à la radio que le peloton s'est scindé. Personne ne veut collaborer pour la poursuite, mais même s'ils en avaient envie, c'est beaucoup plus difficile sur Paris-Roubaix. Les rebonds incessants sur les pavés et les changements de direction en font un terrain plus propice à une bataille où n'importe quel outsider peut tirer son épingle de ce jeu sans règles. Et de toute façon, hormis Quick-Step, avant mon attaque il ne me semblait pas que les autres équipes avaient beaucoup de coureurs. BORA-hansgrohe était l'une avec le plus de représentants et désormais Marcus et Daniel vont pouvoir rester à l'abri dans les roues des autres leaders et s'économiser au cas où je serais repris. AG2R et Lotto peuvent aussi espérer au moins faire un podium grâce à mes compagnons d'échappée et bien malin celui qui pourrait prédire ce qui m'arrivera pendant cette dernière heure. Ils pourraient très bien se retrouver en train de sprinter pour se disputer cette victoire de prestige. Des considérations qui pèseront lourd dans leur décision de participer ou non à la poursuite.

Nous sortons du secteur pavé et je sens immédiatement que quelque chose ne va pas. Je baisse les yeux. Merde. Ma fourche et mon guidon pointent au nord-ouest et mon vélo va au nord. Ils forment un angle de 30 degrés. S'ils sont coincés et restent dans cette position, je devrais pouvoir gérer. Mais c'est peu probable. Il est plus probable que l'écrou de ma fourche se soit desserré et que tout l'ensemble a viré à gauche. Après le prochain secteur, ils pourraient être à 180 degrés et m'envoyer faire un saut périlleux sur une route napoléonienne et par-dessus mon ignominieuse défaite. Merde, merde, merde. La voiture de l'équipe ? N'y pensons même pas. La route fait 2 mètres de large et il y a trente cyclistes éparpillés en groupes de un et de deux entre moi et Ján Valach. La voiture neutre ? Le temps de m'arrêter, de récupérer un vélo avec les bonnes pédales et de régler la selle, Ján sera passé sans parler de Greg, de Terpstra, de Gilbert et de tous ceux avec un vélo qui roule.

Merde, merde, merde. Il ne faut pas quelqu'un s'en rende compte. Si la nouvelle parvient aux oreilles des poursuivants, cela leur fournira la motivation dont ils ont besoin. Si mes deux compagnons s'en rendent compte, ils vont me lâcher ou abandonner. Deux options qui ne sont pas enviables. Mais je ne pourrais pas assurer une poursuite sans parler de prendre un virage, de me mettre en danseuse, de sprinter… Que faire ?

Je me demande à quel point c'est desserré. Peut-être que je peux le redresser ? Impossible, ne disposant d'aucun moyen pour que ma roue reste droite, mais je mets quand même une grande claque sur le guidon et tout se met à bouger. Inutile. Attendez… Et si je pouvais caler ma roue contre quelque chose ? Nous roulions sur deux files. Après mon relais, Dillier prend la tête et je me glisse dans la roue de Wallays. Je laisse mon pneu avant tellement prêt qu'il est en face de sa roue arrière sur sa gauche. Là. Si, par inadvertance, je touchais sa roue dans ce contexte, je vais certainement chuter et il aurait de la chance de ne pas en faire autant. Mais, et si je le faisais exprès ? Cela serait différent, n'est-ce pas ? Un petit coup rapide pour redresser un peu le guidon et nous continuons comme si de rien n'était, n'est-ce pas ?

« *Godverdomme* ! hurle le coureur de Lotto, le vénérable juron le plus utilisé dans la bible du cyclisme flamand.

– Oh. Désolé. Désolé. Un moment d'égarement. Désolé. Je m'excuse ».

Il hausse les épaules. Cela arrive. Je suis le champion du monde en titre. Je dois avoir au moins une vague idée de ce que je fais. Des choses pires arrivent à chaque minute sur cette course.

Cela n'a pas marché. Je tape une nouvelle fois sur l'avant. Nous allons bientôt entrer sur un autre secteur pavé. Ce n'est pas ainsi que je dois perdre Paris-Roubaix. Et toutes ces conneries à propos de construire sa chance ? Toutes ces conversations sur la pression des pneus ? Lomba qui ne croyait pas en mes chances ?

Je sais où j'ai fait une erreur. Je n'ai de toute évidence pas tapé assez fort. Deux ou trois coups brusques. Cela devrait faire l'affaire. Aucun de nous n'est tombé la dernière fois. De toute évidence je n'en ai pas assez fait.

Je me glisse de nouveau derrière son Ridley. Respire à fond, Peter. Allez. Un… Deux…

Bang ! Bang ! Bang !

« C'est quoi ce bordel, Sagan ? Qu'est-ce que tu fous ?

– Oh mec désolé. La fatigue. Ça va »

Pas de haussement d'épaules amical cette fois, juste un flot d'invectives dans sa barbe et une confusion totale. Le pauvre : 200 kilomètres à l'avant dans la course d'un jour la plus célèbre du monde et voilà qu'un idiot s'amuse à lui faire une farce. C'est un homme au bout du rouleau.

Le pire dans tout ça, c'est que ça n'a pas marché. Dois-je m'arrêter ? La détordre ? Demander à mes deux compagnons s'ils n'auraient pas une clé Allen en essayant de ne pas prendre un poing dans un gant Lotto dans la tronche ?

C'est le moment qu'ont choisi mes anges gardiens pour se matérialiser à côté de moi dans la Ford BORA-hansgrohe. J'ai failli me pencher pour les embrasser. La longue section de bitume avait permis à Ján Valach et à Enrico Poitchke de rattraper et dépasser le groupe de poursuivants et de rejoindre la tête de la course.

« Tout va bien, Peter ? Besoin d'une boisson, de nourriture ? m'a demandé Ján.

– Tu as une clé Allen de 4 millimètres, Ján ? »

Tout le monde aime la clé de quatre. C'est celle qui est fournie gratuitement avec les meubles Ikea. Une minute plus tard, j'étais de nouveau dans la course.

Il reste une demi-heure. Encore sept secteurs pavés. Greg et Terpstra se rapprochent doucement. Il est temps d'allumer quelques pétards. J'accélère sur le secteur pavé de Cysoing et notre avance se maintient à cinquante secondes. Cependant c'est fini pour Wallays qui ne peut plus suivre à cette allure. Le pauvre. Humilié, taquiné et lâché. Il faudra que je m'excuse.

Dillier roule admirablement bien. Je continue d'attendre qu'il se relève mais il continue de passer et de prendre des petits relais. Ce qu'il y a de bien avec ce mec, c'est qu'il pense avoir une chance de l'emporter. Le pire avec lui, c'est qu'il pense avoir une chance de l'emporter. Ne sous-estime pas ce mec, Peto. Il est dans un grand jour.

On m'a raconté une fois que Sean Kelly a perdu ce qui, pour beaucoup, aurait été son premier Tour des Flandres sur une longue liste de victoires dans cette épreuve. À cause d'un excès de confiance, il avait lancé le sprint du petit groupe d'échappés qu'il avait formé et se préparait à saluer la foule en vainqueur lorsqu'il avait vu le nez d'Adrie van der Poel, le longiligne coureur néerlandais, le dépasser et le coiffer sur le fil. La morale de la mésaventure de Kelly ? « Vous avez beau être dans un bon jour. N'oubliez jamais que quelqu'un de plus malin que vous est peut-être, lui aussi, dans un bon jour. » Aussi incroyable que cela puisse paraître pour un coureur qui est la quintessence même du coureur « flamand », cela reste son meilleur classement sur cette course. Je ne pouvais pas laisser Sylvan Dillier être mon Adrie van der Poel.

L'écart ne diminue plus. Il augmente : une minute et dix secondes, une minute vingt-deux, une minute vingt-cinq. Il ne reste plus que le carrefour de l'Arbre, cet horrible, horrible secteur. Les poursuivants vont se relever, sachant pertinemment que c'est leur dernière chance de revenir. J'ai essayé, mais merde, je suis là en train d'essayer de les maintenir à distance et j'ai oublié de contrôler ma respiration et de rouler les épaules pour me préparer mentalement. Je suis aussi vidé que les autres.

Mon plus gros effort. Comme un poursuiteur sur la piste, je calcule mes efforts pour ne pas exploser mais je ne ralentis pas. Je sors du plus horrible secteur pavé du final de Paris-Roubaix et j'entends Sylvan Dillier souffler comme un lévrier épuisé, mais il s'accroche encore. La course nous apprend que Terpstra, Van Avermaet, Stuyven et Vanmarcke sont à une minute derrière. Cela va se jouer rien qu'entre nous. C'est l'instant fatidique.

Avec encore deux secteurs à parcourir, ils reviennent à quarante-six secondes. Rien du tout. Dillier est cuit mais il est encore là.

Encore un petit effort, Peter. Souviens-toi. Souviens-toi de toutes ces courses auxquelles ton père t'a emmené dans toute l'Europe. Souviens-toi des posters d'Ullrich et de Pantani dans la chambre de Juraj. Souviens-toi de Giovanni qui a dû rouler autour du Lac Tahoe. Souviens-toi de ces drapeaux slovaques, à Doha. Souviens-toi comment Gabriele a su te protéger des médias. Pense aux petites mains de Marlon. Encore un petit effort.

Cinquante-et-une secondes.

Cinquante-quatre secondes.

Cinquante-neuf secondes.

Nous sommes sur la longue avenue qui relie les faubourgs de Lille à Roubaix. Le vélodrome est là, sur la droite. Je suis déjà passé par là, mais pas en position de l'emporter. Comment Dillier peut-il croire qu'il va l'emporter ? Cela n'a pas d'importance. Contente-toi de bien mener ta barque, Peter. Commets une erreur et il gagnera. Tu as toutes les cartes en main, pas lui.

Il entre en tête dans le vélodrome et se colle en haut de la piste. Il baisse la tête pour passer sous les drapeaux des spectateurs, ne me laissant qu'une porte pour m'engouffrer. Attends. Attends. Il reste un tour et demi à effectuer sur cette vieille piste. La cloche retentit. Nous sommes toujours sur le haut de la piste. Pas englués dans un surplace comme deux pistards aux Jeux Olympiques jouant au chat et à la souris mais nous avons arrêté de courir. Il tourne constamment la tête vers la gauche. Il a un œil sur moi, l'autre sur la piste devant lui. Encore deux virages. Attends. Attends. 250 mètres. Attends. Encore un virage. Attends, Peter !

200 mètres. 150 mètres. 100 mètres. Maintenant !

Je démarre comme une flèche en travers de la piste et Dillier donne un coup de guidon pour prendre ma roue. Mais j'ai démarré au bon moment. Il n'a pas le temps de me rattraper et de me dépasser.

Je remporte Paris-Roubaix.

La course a été endeuillée. Un jeune homme est mort aujourd'hui. Un jeune Belge, Michael Goolaerts, qui avait toute la vie devant lui. Sur le deuxième secteur pavé, dans la première partie de la course, arrêt cardiaque. Il a chuté sur les pavés et n'a jamais repris connaissance.

Une centaine d'histoires, mais la dernière pour Michael, alors que cela aurait dû être une des premières. Peut-être que dans dix ans, il aurait écrit un livre pour nous raconter comment il avait remporté une demi-douzaine de Monuments et ses maillots arc-en-ciel.

Nous faisons un métier dangereux. Tous les jours, nous risquons tout. Pour la gloire, pour l'argent, pour nos familles, pour nous-mêmes. Je sais que c'est un mot que les gens sont fatigués de m'entendre prononcer mais oui, c'est une loterie. Une centaine d'histoires. Un coureur remporte Paris-Roubaix, un autre meurt. Je regrette qu'il n'ait pas pu déchirer ce ticket de tombola.

Si j'avais un message à transmettre, ce serait celui-ci : profitez de chaque instant. Pas parce que nous sommes immortels mais précisément parce que nous ne le sommes pas. Montrez-vous bienveillants les uns envers les autres. Prenez soin les uns des autres. Et profitez de chaque instant.

CRÉDITS PHOTOGRAPHIQUES

Page 1 : Drapeaux slovaques à Bergen (Tim de Waele/Corbis via Getty Images) ; Mi-course à Bergen (Tim De Waele/Getty Images) ; Sprint à Bergen (Tim de Waele/Corbis via Getty Images) ; Podium à Bergen (Tim De Waele/Getty Images)

Page 2 : Peter jeune chez Liquigas (Yuzuru Sunada) ; Peter, Basso et Nibali (PASCAL PAVANI/AFP/Getty Images) ; Victoire sur la 6e étape du Tour de France 2012 (Tim de Waele/Corbis via Getty Images) ; Le père Peter en train de fêter la victoire (Cycling Weekly) ; Les leaders des quatre classements sur le Tour de France 2012 (Lionel Bonaventure/AFP/Getty Images)

Page 3 : Ján Valach en 1999 (Mario Stiehl/Cycling News) ; Le Kids Tour 2015 (Peter Sagan Kids Tour) ; Avec des enfants à Žilina en 2015 (Samuel Kubani/AFP/Getty Images)

Page 4 : Bobby Julich en train de s'adresser à l'équipe Tinkoff (Luca Bettini/BettiniPhoto) ; en conversation avec Bjarne Riis (Tim de Waele/Corbis via Getty Images) ; Peter en compagnie de Tinkov en maillot vert (Tinkoff/SaxoBank) ; Tinkov les bras levés, en 2016 (Luca Bettini/BettiniPhoto)

Page 5 : Feltrin, Tinkov, Riis (Luca Bettini/BettiniPhoto) ; Avec Contador chez Tinkoff (Tinkoff / Valamar Hotels & Resorts) ; L'équipe Tinkoff en 2016 (Luca Bettini/BettiniPhoto)

Page 6 : Contre-la-montre par équipes à Richmond (Bryn Lennon/Getty Images) ; Sprint à Richmond (Tim de Waele/Corbis via Getty Images) ; Un regard derrière en direction du peloton à Richmond (Tim de Waele/Corbis via Getty Images) ; Célébration du titre de champion de monde (Luca Bettini/BettiniPhoto)

Page 7 : Médaille dans la bouche (Luca Bettini/BettiniPhoto) ; Propulsé dans les airs (Tim de Waele/Corbis via Getty Images) ; En compagnie de Michael Kolář, Juraj et L'ubomír (Tim de Waele/Corbis via Getty Images) ; En train de brandir le drapeau slovaque (Tim de Waele/Corbis via Getty Images)

Page 8 : Avec Tom Boonen après Gand–Wevelgem (Dirk Waem/AFP/Getty Images) ; chaussettes arc-en-ciel (LC/Tim De Waele/Corbis via Getty Images) ; Dernière ligne droite du Tour des Flandres (Tim de Waele/Corbis via Getty Images) ; Sur le podium avec Cancellara (Tim de Waele/Corbis via Getty Images)

Page 9 : Roue arrière en VTT (Tinkoff/Specialized) ; conférence de presse à Rio (Slovak Olympic Committee) ; Pendant la course olympique 1 (Luca Bettini/BettiniPhoto) ; Pendant la course olympique 2 (Pascal Guyot/AFP/Getty Images)

Page 10 : En train d'émarger à Doha (KT/Tim De Waele/Corbis via Getty Images) ; En train de fêter la victoire à Doha (Karim Jaafar/AFP/Getty Images) ; Accolade avec Juraj après Doha (Luca Bettini/BettiniPhoto) ; Trois Champions du monde (Bryn Lennon/Getty Images)

Page 11 : Willi Bruckbauer (Brian Hodes/Veloimages) ; Ralph Denk (Brian Hodes/Veloimages) ; Publicité pour une douche (Hansgrohe) ; Deuxième place à Milan-San Remo (Yann Coatsaliou/AFP/Getty Images) ; Chute sur le Tour des Flandres 2017 (Tim de Waele/Corbis via Getty Images) ; Déception sur Paris-Roubaix (Brian Hodes/Veloimages)

Page 12 : Peter jeune et Juraj en 2011 (Tim De Waele/Getty Images) ; les coureurs de la Team Peter sur le Tour de France 2018 (Justin Setterfield/Getty Images) ; Sylwester Szmyd (Graham Watson) ; Avec Maroš (Brian Hodes/Veloimages) ; En voiture avec Patxi et Gabriele (Patxi Vila)

Page 13 : Giovanni Lombardi dans sa tenue de la T-Mobile (Eric Houdas/WikiCommons) ; Giovanni, Peter et Gabriele (Peter Sagan Fondo) ; Les tatouages de Peter et de Gabriele (Brian Hodes/Veloimages) ; Avec l'imperméable de Gabriele (Jordan Benjamin-Sutton) ; La Team Peter et le bus de l'équipe (Brian Hodes/Veloimages)

Page 14 : Présentation de l'équipe au début du Tour de France 2017 (Tim de Waele/Corbis via Getty Images) ; En train de déchausser ! (Simon Gill/Action Plus via Getty Images) ; Chute à Vittel (Chris Graythen/Getty Images)

Page 15 : En train de revoir les images de la chute à Vittel (Brian Hodes/Veloimages) ; Communiqué de presse à Vittel (Brian Hodes/Veloimages) ; Christina O (yachtcharterfleet.com) ; Cigares à bâbord (Peter Sagan) ; Dents cassées (Peter Sagan)

Page 16 : L'enfer du Nord (Tim de Waele/Getty Images) ; Victoire sur le vélodrome de Roubaix (Tim de Waele/Getty Images) ; En train de fêter la victoire à Roubaix avec Giovanni (Luca Bettini/Bettini Photos) ; Avec le pavé (Tim de Waele/Getty Images)

Imprimé en France par CPI
en avril 2019

Dépôt légal : avril 2019
N° d'impression : 152500